영어가 안 느는 저주를 푸는 해법
: 영어 겹신 이론

영어가 안 느는
저주를 푸는 해법
: 영어 겁신 이론

행복우물

차례

서문
영어 습득에 한국인이 처한 저주를 풀 수 있을까? *08*

Chapter 1

미스터리 할 정도로 어려운 한국인의 영어 습득

영어를 잘한다는 것이란 무엇일까? *19*
더 커진 영어에 대한 욕망 *25*
국가적 비극을 낳는 문제 *31*
영어 학습의 수수께끼를 풀 수 있을까? *43*

Chapter 2

겹신의 실체

이기적 복제자의 발견 *55*
밈에서 겹신으로 *64*
겹신을 대상화하기 *76*
영어 겹신은 나보다 상위자다 *84*

Chapter 3

한국어 겁신을 배신할 필요가 있다

영어 학습은 정복이 아니라 순응이다	93
영어 선생님에게 경외심을 느낄 수 있는가	99
영어 PTSD는 누가 심어 놓았을까?	108
뇌 속에 영어의 공간을 만들자	119

Chapter 4

영어학습의 딜레마와 해법

나는 부족하다 VS 나는 충분하다	133
조금 틀린 문법도 괜찮다, 표출하라	140
복사의 딜레마	147
나만의 영어를 만들자: 변경 말뭉치 전략	155

Chapter 5

답이 없어 보이는 문제: 어쨌든 영어는 마음에 안 든다

영어가 싫은 개인적 마음의 문제	*169*
어떻게 하면 힘듦을 참을 수 있을까	*175*
짧은 소설: 영어의 마지막 계승자	*182*
책임감의 중요성	*191*

Chapter 6

영어학습에 관한 근원적 궁금증

언어란 대체 무엇인가?	*199*
영어학습법의 변천사	*210*
언어는 '편집'이다	*218*

Chapter 7

한국어 겹신 다독이기

디커플링의 찜찜함 해소하기 — *229*

한국어 겹신에게도 이익이 있다 — *238*

Chapter 8

영어 구조 습득과 산출

영어는 '구'다 — *251*

영어 겹신이 맞다고 하는 것이 맞다 — *263*

생각을 영어로 할 수 있는 방법 — *272*

부록
책 속의 핵심 문구들 — *282*

참고문헌 — *286*

서문

영어 습득에 한국인이 처한 저주를 풀 수 있을까?

'나는 왜 이렇게 영어 공부가 어렵고 영어가 늘지 않는가?' 이것은 저만의 고민은 아니었을 것입니다. 저는 석사과정에 진학하면서 이 문제를 푸는 것을 목표로 삼았습니다. 언어학, 심리학, 제2언어 습득에 관한 학문을 공부하고, 한국인의 영어 문장 해석에 관한 주제로 석사 학위 논문을 썼습니다. 이 문제는 다양한 학문 분야가 연관을 맺고 있습니다. 그 후로 인지과학을 전공하면서 다양한 학문 분야를 들여다보며 좋은 방안이나 연구 결과가 있는지를 찾아봤지만, 기존 연구들에서 획기적인 해법은 발견하지 못했습니다. 많은 사람이 알고 있는 '어린 시절에 영어 환경에서 성장하기'가 대체로 아직도 유일한 방법이고, 심지어 시기를 놓치면 평생 영어를 습득할 수 없다는 절망적인 이야기가 통용되고 있었습니다. 하지만 제가 바라는 해법은 '늦은 시기, 성인이 영어 공부를 했을 때 밑 빠진 독에 물 붓기가 아니라 효율적·효과적으로 영어를 습득하기'였습니다. 이것은 불가능한 목표일까요?

혹자들은 "늦은 나이인 우리가 노력해도 영어를 못하는 것은 당연하다(진리·섭리다)."라고도 말합니다. 저는 그 말을 믿지 않았습니다.

영어 습득에서 특히 한국인들은 세계적으로 가장 지독한 저주에 걸려있습니다. 신비롭게 들릴 수도 있지만, '저주'라는 말은 그것을 일으키는 주체(subject: 주어)가 존재한다는 의미입니다. 그것이 우리에게 내린 저주란 예를 들어 다음과 같은 것들입니다.

- 외웠던 것을 잊어버리게 만들기
- 학습·습득 과정이 괴롭고 재미없고 스트레스가 생기게 만들기
- 장기 기억에 저장되어 있는 것도 의식·무의식으로 떠오르지 못하게 만들기
- '내가 만든 문장이 틀릴까 걱정돼', '영어 말하기는 너무나 어려워' 같은 생각이 들게 만들어서 발화하지 못하게 만들기
- 영어를 해석하거나 말하려 시도하는 과정에 문지기처럼 항상 한국어를 거치도록 만들기
- 한국어 원어민이 영어를 못하는 것은 당연하다는 생각이 들게 만들기
- 좋은 영어학습법이 발명되지 못하게 만들고, 만약 존재하더라도 찾지 못하게 만들기

대개 질병에는 그것을 일으키는 주체적 인자가 있습니다. 세균 또는

바이러스가 그것입니다. 중세 시기에 치명적 질병은 흔히 '저주'로 여겨졌습니다. 혹은 '어쩔 수 없는 자연의 섭리'라고 생각했지요. 하지만 병을 일으키는 인자를 규명하자, 그 저주 같은 것을 푸는 해결책을 갖게 되었습니다.

우리가 걸린 영어 습득의 저주에도 인자가 있습니다. 우리의 영어 습득을 방해하는 정확한 인자에 대한 실마리는 '밈(meme)'에 대한 연구에서 비롯되었습니다. 저는 이전 책 《유토피아밈》(장편소설)을 쓰는 계기로 인해 '밈'에 대해 깊이 파고들게 되었습니다. 그리고 오랫동안 구석에 미뤄둔 숙제처럼 놓아뒀던 그 문제가 풀리기 시작했습니다. 밈에 관한 연구(밈학·밈 이론)는 생물학적 진화론과 관련이 큰 인지과학의 한 분야로, 요즘 많이 회자되는 '인터넷 밈'과도 관련이 크지만, 좀 더 고상하게 바라봐야 합니다. '밈'은 리처드 도킨스(Richard Dawkins)가 그 유명한 책 《이기적 유전자》에서 처음 제안한 것이고, 이 단어도 그가 만들었습니다. 후에 자세히 설명하겠지만, 그는 자기를 복제하려는 이기적 유전자와 마찬가지로, 정보와 인지 차원에서 이기적 복제자인 밈이 존재한다고 설명했습니다.

밈학에 따르면, 언어 자체도 밈입니다. 영어도 밈이고 한국어도 밈입니다. 유행어처럼 세부적인 단어들과 문법들도 각각 밈이지만, 그 복합체인 특정 언어 자체도 밈이 됩니다. 마치 한 사람(개체)의 유전자가 세부적 형태들의 유전자들의 집단·복합체인 것과 마찬가지입니다. 진화 과정을 통해, 유전자와 밈은 자기를 더 많이 복제하고 경쟁자들 사이에서 점유율을 높이려는 '이기적' 성질(지향성)을 가지게 되었습니다.

다만 저는 이 책에서 "밈"이라는 말 대신 주로 "겹신"이라는 용어를 사용합니다. 이 용어 자체를 풀이하면 '(타인들과) 중복적인 믿음이나 정보'가 되는데, 밈과 같은 대상을 지칭하는 용어, 즉 동의어로서 새로운 용어가 생길 필요성이 있어 보였습니다. 이에 관해서는 제2장에서 자세히 설명하겠습니다. 그 한 가지 원인을 살짝 말씀드리면, "밈"은 요즘 너무 가벼워졌고 의미가 변했습니다.

어떤 불만스러운 문제를 일으키는 인자를 찾고 해결하는 과정은 '치유' 혹은 '치료'의 과정과도 같습니다. 인지적 과정에서 일어나는 문제의 치유에는 합리적인 이해와 깨달음이 중요한 역할을 합니다. 이는 '인지적 치료'(cognitive therapy)의 일반적인 방식입니다. 자신의 머릿속에 언어의 겹신(밈)이 어떤 역할을 하고 왜 영어 습득을 방해하는지를 이해하는 과정은, 겹신이 만드는 그 '방해 작용'을 해지시키는 데 큰 도움이 됩니다. 그래서 ('겹신'이라 부르는) '밈'에 관한 원리와 내용을 이해할 필요가 있습니다. 그래서 앞부분(특히 제2장)에서 진화론과 진화심리학, 밈 이론에 대한 이야기를 하게 될 텐데, 학문적 내용 같아도 막상 읽어보면 어렵지 않을 것입니다. 저는 이 책에서 독자가 영어 습득을 잘하게 되는 데 도움이 되지 않는 내용은 조금도 넣고 싶지 않았습니다. 그 목적을 위해 대체로 모두 필요한 부분이므로, 이 책은 가급적 건너뛰지 말고 처음부터 끝까지 차분히 읽어주시기 바랍니다. 적어도 이전에 '머리 아프고 어렵게' 영어를 공부하던 과정보다는 훨씬 쉬운 과정일 것입니다. 더구나 그렇게 어렵게 공부했어도 남는 게 별로 없었을 것입니다. 이 책을 읽는 과정은 '밑 빠진 독을 메꾸고', 이후 효율적인 영어 습득이 될 수 있도록 세팅하는 과정이라 할 수 있습니다.

   책의 중반(제4장)부터 마지막 장까지 실질적인 영어 학습 방법이 제시될 것입니다. 그것은 영어 겹신 이론의 '응용' 파트이고, 그것을 위해서 앞부분에 기본적인 전제가 제시됩니다. 그 전제는 자신의 머릿속에서 (이기적 복제자답게) '이기적으로' 자리를 차지하려는 언어 겹신들의 특징을 이해하는 것입니다. 한국어가 모국어인 우리는 한국어 겹신이 이미 두뇌를 선점하고 있습니다. 이를 이해하는 과정을 갖지 않으면, 정신적 '자아'가 한국어 겹신과 구분이 잘 되지 않습니다. 생각도 한국어로만 하게 되고, 영어도 한국어를 통해 이해합니다. 그러면 영어가 들어와 정착할 공간이 없습니다. 자신의 자아가 한국어 겹신과 다르다는 것을 이해해야 합니다. 이것을 '디커플링(decoupling: 하나처럼 엮여 있던 것에서 분리됨)'이라 합니다. 즉 자아와 한국어 겹신과의 분리 작용입니다. 그리고 영어 겹신의 복제하고자 하는 성질을 이용하면 효율을 높일 수 있습니다. 이것이 '영어 겹신 이론'의 기본적 전제가 되는 것입니다. 우리에게 영어 능력이 생긴다는 것은 '영어 겹신이 두뇌에 복제된 것'으로 볼 수 있습니다.

   토익 같은 영어시험성적 높이기나 관광지에서 겨우 쓸 수 있는 영어는 한국인들도 공부하면 할 수 있습니다. 이 책은 그런 임시방편식 영어를 목적으로 하지 않습니다(그런 것은 영어 능력을 가지면 부가적으로 따라오는 것들입니다). 그런 것이 아닌 진짜 영어 능력을 우리가 가지는 것이 가능할까요? 이전까지 불가능했더라도 이제는 달라질 수 있습니다.

   제1장에서는 앞에서 언급한 '특히 한국인들은 세계적으로 가장 지

독한 저주에 걸려있다'에 대한 내용을 설명합니다. 참고로 일본인들도 그 어려움은 마찬가지인데, 대체로 한국인들이 영어를 배우려는 욕구가 더 크기 때문에 더 큰 저주처럼 느껴집니다. 우리가 영어를 배우기 너무 어렵다는 사실이 당연한 것으로 치부되어서는 안 됩니다. 이것은 너무나 이상해서 깊은 조사가 필요한 일, 즉 '미스터리'임을 우리는 인식할 필요가 있습니다.

제2장에서는 앞의 그 미스터리가 발생한 원인을 겹신(밈)의 작용으로 설명합니다. 겹신의 특징에 대해 자세히 알아보고, 그럼으로써 그 원리를 이용할 수 있는 토대가 마련됩니다. 겹신이 별개의 독자적 이익을 추구한다는 점을 이해함으로써, 자아와 마치 하나처럼 엮여있었던 한국어 겹신을 타자로 인식하고, '디커플링'하게 됩니다.

제3장에서는 모국어로서 자아와 생각을 지배했던 한국어 겹신에게서 벗어나 영어 겹신이 들어올 '머릿속 공간'을 마련하게 됩니다. 어쩌면 기존 모국어에 대한 '배신'처럼 보일 수도 있지만, 나쁜 배신은 아닙니다. 다만 이기적인 겹신의 '독재'에서 벗어나 자아가 자유를 찾는 과정일 뿐입니다. 이는 자연의 성질을 이용해서 자연의 심술을 극복하는 기술의 발전과도 같습니다.

제4장에서는 영어 학습 과정에서 난관을 불러오는 딜레마 두 가지를 설명하고 해결 방안을 제시합니다. 첫 번째 딜레마는 학습자가 '나는 지금 부족하다'라고 느끼면서 오류 수정에 집중하는 태도, 그리고 '나는 지금 충분하다'라고 느끼면서 자신감 있게 표출하려는 태도 사이의 딜레마입니다. 언어(영어) 겹신의 특징을 활용하여 이 두 가지 상

반된 태도의 장점만을 결합할 수 있습니다. 결과적으로 그 방안(신조)은, "틀리지 않은/대강 옳은 영어 문장이라면 가급적 표출하라."가 됩니다. 두 번째는 '복사의 딜레마'입니다. 특히 요즘 원어민들의 실제 발화 모습을 그대로 따라 하면서 영어를 학습하는 방식이 많이 사용되는데, '무엇을, 어디까지 복사해야 하는가'의 문제가 있습니다. 너무 똑같이 따라 하기만 하면 학습자의 개성과 자존심이 침해되고 타인의 특징과 성격, 문화까지 복사되는 문제입니다. 결론적으로 이 딜레마에 대해 일명 '변경 말뭉치 전략'을 제안합니다. 간단히 말하면 원어민들의 발화(말뭉치)를 따라서 하되, 학습자가 자유롭게 다른 상황 맥락에서 적용하는 것입니다.

제5장에서는 또 다른 딜레마로 영어에 대한 '개인적 불만'을 살펴봅니다. 개인의 취향이나 개성처럼 외부에서 개입하기 어려운 부분이 있는데, 그러한 개인적 부분으로 인해서 내면 깊은 곳에서 영어가 싫어질 수 있고, 그런 부분이 자기도 모르게 의외로 상당히 많습니다. 그러면 의욕도 떨어지고 동기도 저하됩니다. 개인의 주체적·주관적인 방면을 함부로 개입하거나 무시할 수 없으므로 이것을 해결하기란 매우 어려운 문제인데, 교묘한 방법으로 동기를 자극하면 내재된 취향과는 별개로 영어를 배우려는 동기를 생기게 만들 수도 있습니다. '싫어하는 일이라도 하게 되는 동기'를 어떻게 하면 주입 시킬 수 있을까요? 유인 동기로 흔히 떠오르는 것은 사회적 성공이나 돈이겠지만, 너무 진부하고, 과정의 고통스러움 자체는 해결되지 않습니다. 저의 결론적 방안을 먼저 살짝 말씀드리면, 일종의 '책임감'을 불어넣는 방식입

니다. 가상의 스토리를 통해 '뇌를 속여서라도' 책임감을 가지면 도움이 됩니다. 그러면 개인적으로 하기 싫은 일을 하는 고통이 줄어들거나 극복될 수 있습니다.

제6장에서는 언어라는 것이 대체 무엇인지에 대해 살펴봄으로써 근본적 차원의 궁금증을 해소하고, 그와 맞물려 시대적으로 변해 온 영어학습의 조류에 대해 다룹니다. 그리고 정반합의 관계를 통해 최종적으로 어떤 영어학습 방식이 좋을지를 알아봅니다. 제7장에서는 이제까지 영어 겹신에 도움이 되는 쪽으로만 유도했는데 이와 조화를 이루기 위하여 한국어 겹신을 존중하고 달래주는 내용의 장입니다. 죄책감 같은 마음을 덜고, 충돌이 아닌 한국어 겹신에게 '허락'을 받는 방안을 제시합니다. 마지막 제8장에서는 영어 문장 구조의 특징에 대해 알아보고, 이제까지의 내용을 종합해서 '영어로 생각할 수 있게 되는 방법'을 소개합니다.

영어를 배우는 동기를 떨어뜨릴지 모르는 최근 나타난 한 가지 경향이 있다면, AI(인공지능)의 발전에 대한 기대입니다. 한국어와 영어를 자동으로 번역해주는 AI 기술은 최근 놀랍게 발전했습니다. AI의 발달로 인해 머지않은 미래에는 굳이 영어 공부를 할 필요도 없지 않을까라는 상상은 꽤 오래된 것이었습니다. 하지만, 그런 기대는 안 하는 편이 낫습니다. 간단히 말해, 그것은 너무나 먼 미래일 것이고, 몇 년 전부터 뛰어난 번역 기능을 탑재한 AI 스마트폰이 보급되었지만 그로 인해 영어를 배울 필요성이 실제로 조금도 줄어들지 않았습니다. 본질적으로, AI의 발달로 인해서 영어를 배울 필요가 없다는 말은 "계산기가 발달했으므로 수학을 배울 필요가 없다"는 말과 유사해 보입니다. 지금도 여전히 많은 사람들이 수학 공부를 하는 이유는 자신의 내면 자체를 개발하기 위함입니다. 영어를 배우는 것도 마찬가지입니다. '소통'은 단지 번역만으로 가능한 게 아니라, 이해하는 능력이 필요합니다. 영어가 국제 사회에서 거의 사용되지 않는 날이 오지 않는 한, 영어를 배울 필요성이 유의미하게 줄어들지는 않을 것입니다. 오히려 근래에 더 증가했습니다.

'밑 빠진 독에 물 붓기'는 이제까지 한국인들이 영어에 쏟아부은 노력과 그 결과에 딱 맞는 속담 같습니다. 그런 비효율성과 허망함으로 인해 엄청난 시간적, 경제적 낭비가 발생해 왔습니다. 이것을 심각한 사회적 문제로 인식하지 않고 자연스럽게 받아들이는 관성은 이제 그만할 때도 되었습니다. 획기적 해법이 필요한 상황입니다. 영어가 좀처럼 늘지 않는 사람들 중에는 '영어는 도무지 납득이 안 된다'라고 생각하는 사람이 많습니다. 그 원인을 낱낱이 파헤친 이 책을 통해, 그렇게 이성적이고 깐깐하고 비판적인 성격의 사람들도 영어가 납득이 되는 상태로 바뀌기를 기원합니다.

Chapter 1

미스터리 할 정도로 어려운
한국인의 영어 습득

영어를 잘한다는 것이란 무엇일까?
더 커진 영어에 대한 욕망
국가적 비극을 낳는 문제
영어 학습의 수수께끼를 풀 수 있을까?

영어를 잘한다는 것이란 무엇일까?

유명 영어 강사들이 가장 흔하게 받는 질문은 이러하다고 합니다. "영어를 잘 배울 수 있는 방법은 뭔가요?" 여기서 잘 배운다는 말은 쉽게 또는 효율적으로 배울 수 있는 방법을 뜻할 것입니다. 그리고 여기에서 '잘 배운다'를 '잘 습득한다', '영어를 잘 한다', 또는 '영어를 할 줄 안다'로 바꿀 수도 있을 것입니다. 다시 말해, 'I can speak English!'라는 상태가 될 수 있는 좋은·효과적인 방법은 무엇인지를 궁금해합니다.

이런 질문이 많다는 건, 많은 이들이 어떤 방법을 써봐도 효과적이지 않았기 때문일 것입니다. 이에 대해 제가 목격한 영어 강사들의 대체적인 대답은 이렇게 모여집니다. "게으름 피우지 말고 정말로 열심히 해봐라. 가장 중요한 건 시간과 노력과 연습이다." 다시 말해, '영어에 왕도는 없고 공부량과 집중력에 달려있다.'라는 것입니다. 한 명문대학의 영어교육과 교수는 11,680시간이라는 학습 시간을 제시하면서, 그 정도로 공부하거나 장기간 투자하지 않으면 영어를 잘하기가 불가능하다고 주장했습니다. 비록 원어민 수준이 되는 것을 가정하긴 했지만, 그 막대한 시간량을 들었을 때 우리는 막막함을 느끼게 됩니다. 다만 앞서 다른 영어 강사들의 말처럼 '지금보다 더 많은 노력과 시간 투자가 필요하다'는 결론이 도출될 뿐입니다. 아마도 그 11,680시간은 어린아이가 '모국어'를 배우고 습득하는 기간이 참조된 것으로 보입니다. 그리고 외국어도 하나의 언어이니까 언어를 배우려면 적어도 이 정도는 되어야 한다고 추측했을 것입니다. 그런데 어린아이가 모국어를 습득하는 시간을 영어(외국어) 공부 시간으로 그대로 치환하는 계산법이 맞는지는 의문입니다. 유아의 모국어 습득과 그 후 외국어 습득은 동일한 범주 개념이 아니고, 범주 오류로 보입니다. 다만 우리가 경험하고 목격한 바에 따라, 실제로 공부를 많이 해도 영어를 잘하기가 너무나 어렵기 때문에, 그 막대한 양의 시간이 그럴듯하게 느껴집니다.

    우리는 모국어가 한국어이면서 다른 일도 하면서 틈틈이 영어를 공부해야 합니다. 경험적으로 그렇게 영어 공부를 해도 실력은 잘 늘지 않았습니다. 더구나 '1만 시간의 법칙' 같은 이야기가 설득력을 가지면서, 우리가 영어를 배우려고 노력해도 일반적인 상황이라면 잘하게 되는 것은 '애초에 불가능하다'는 것이 '진리'처럼 다가옵니다. 그런데 이것은 진리, 즉 영원불멸한 사실이 아닐 수 있습니다. 130여년 전까지 진리처럼 생각했던 '인간은 하늘을 날 수 없다'라는 명제는 깨어졌습니다. 과학과 기술이 발달하면 기존 생각은 달라질지도 모릅니다.

즉 1만 시간이 넘는 학습·노출 시간이 필요하다거나 한국에서 평범하게 살면서 영어를 잘하게 되기가 불가능하다는 것은 진리가 아닐 수 있습니다. 단지 비행기가 아직 발명되지 않은 상태와 마찬가지일 수 있습니다.

먼저 혼란스러울 수 있는 표현을 정리해보겠습니다. 영어에 대한 '학습', '습득', '배우다', '공부하다'라는 표현은 그 자체로 엄밀히 따지면 뜻이 약간씩 다를 것입니다. 그런데 모국어(first language)가 아닌 제2언어(second language)를 목표로 '유아가 아닌 청소년기 이후에 일어나는 활동'을 다루는 이 책에서는 서로 큰 차이를 두지 않고 바꿔서 쓸 것입니다(참고로 한국어 원어민이 영어, 일본어, 중국어를 연달아 배우더라도 학술적으로 그것은 모두 '제2언어'라고 부릅니다). 엄밀히 말해 학습(learning)은 주로 의식적 과정(대표적으로 공부 행위)이고, 습득(acquisition)은 주로 무의식적 과정을 의미합니다. 그래서 유아가 자연스럽게 모국어 능력을 키우는 과정은 대체로 '습득'이라고 말합니다. 한편, 언어 능력이 어느 정도 완성된 상태가 되면 언어가 머릿속에서 주로 무의식적으로 처리되므로 '습득'되었다고 봅니다. 즉 과정에서 학습이든 공부든 습득이든 간에 결과적으로 어느 정도 완성된 상태, 우리가 목표로 하는 상태는 '습득된 상태'입니다. 그런데 한국에서 공부를 통해 영어를 배우고 익히는 과정에서도 학습 과정뿐만 아니라 습득 과정이 없다고 할 수 없습니다.

예를 들어 요즘 널리 쓰이는 방법으로 원어민의 영상을 반복적으로 시청하고 따라서 말하는 과정에는 '습득'도 포함됩니다. 학습을 할 때에도 습득 과정이 포함될 수 있고, 습득을 할 때에도 학습 과정이 포함될 수 있습니다. 그래서 이 책에서는 그 표현들에 대해 딱히 구분하지 않고 혼용합니다. 그리고 저는 어딘가에서 들은 적 있는, "모국어는 학습이 아니라 습득 방식으로 배우므로, 제2언어도 습득 방식으로 배워야 한다"라는 주장에도 동의하지 않습니다. 왜냐하면 그런 주장의 이면에는 '학습 방식으로 배울 수 밖에 없는 우리는 제2언어를 습득하기가 불가능하다'라는 주장이 은근히 내포되어 있기 때문입니다. 앞에서 살펴본 그 배움의 불가능성 주장을 환기시키고 있는 것입니다.

9

우리의 목표를 다시 한번 따져봅시다. 앞에서 영어를 '잘' 하려면 어떻게 해야 하는가에 대해 이야기 했습니다. 그런데, '잘한다'는 것은 무엇을 뜻할까요? 이것이 우리의 목표라고 할 수 있을 것 같지만, 과연 그럴까요? 이것부터 의심해봅시다.

우리의 현재 상태가 영어를 '못한다'라고 해봅시다. 이것의 반대는 과연 영어를 '잘한다' 일까요? 만약 노래 실력이나 글쓰기 능력 같은 것이라면 '못한다'의 반대는 '잘한다'가 될 것입니다. 그런데 '못한다'의 반대는 그것만 있는 것이 아닙니다. 예를 들어 '나는 이 문을 못 열겠다'의 반대는 대개 '나는 이 문을 잘 열 수 있다'(이상한 말)가 아니라,

'나는 이 문을 열 수 있다'입니다. 즉 '할 수 있다'가 됩니다. '잘한다'와 '할 수 있다'는 다릅니다. 그런데 영어를 못하는 상태에서 벗어나서 그 반대의 상태가 되는 것이 반드시 전자(잘하는 상태)가 될 필요는 없습니다. '할 수 있는 상태'가 되는 것이 목표일 수 있습니다. 그리고 대체로 우리의 목표는 알고 보면 '할 수 있는 상태'이고, 이것이 되어야 합니다.

물론 궁극적인 목표는 영어를 '잘하는' 것일 수 있습니다. 그러나 순서가 있습니다. 무엇인가를 '잘한다'는 것은 '높은 수준'을 뜻합니다. 그보다 낮은 수준은 '할 수 있는 수준'입니다. 우리는 먼저 할 수 있는 수준이 되어야 합니다. 한 언어에서 높은 수준이란 어느 정도인지가 애매하고, 매우 고차원적입니다. 한국인들도 모국어로 말을 수준 높게 잘한다거나 글을 잘 쓰는 사람은 소수입니다. 대학 교수나 법관들의 수준으로 말하거나 어휘를 사용하거나 글을 쓰는 것은 특별한 수준입니다. 우리가 원하는 수준이 그 수준일까요? 아닐 것입니다. 외국에서 박사학위를 받는 것이 목표일 수도 있지만, 먼저 '할 수 있는' 수준이 되어야 합니다.

다만 한국의 영어 공교육 과정은, 뒤에서 다시 다루겠지만, 주로 아카데믹(학문적) 루트에 초점이 맞춰져 있어서 논문 수준의 어려운 글 읽기를 먼저 시킵니다. 그것에 익숙해진 학생들은 심지어 그런 수준 높은 글 읽기(독해) 능력을 가지면서도 영어를 '할 수 없는' 상태가 되고 있습니다. 즉 어떤 방면에서 높은 수준이 선행되어야 영어를 할 수 있는 상태가 되는 것은 아닙니다. 공교육은 어떤 좁은 방면에서 잘하는 것을 추구하고 있지만, 지금 우리가 모두 바라는 것은 영어를 할 수 있는 상태가 되는 것입니다. 그런데 그런 상태(수준)가 되는 것도 너무나 어려워 보이기 때문에, 그것도 영어를 '잘하는' 것이라고 우리는 뭉뚱그려 이야기합니다. 못하는 상태에서 상대적으로 잘해지는 것이기 때문에 그 말도 사실 틀리지는 않습니다. 게다가 앞서 11,680시간의 사례에서도 유아가 언어를 습득하는 그 시간이 지나면, 영어를 수준 높게 구사하는 상태라기보다는 '할 수 있는' 상태가 될 것입니다. 그래서 결론적으로, 엄밀히 말해서 지금 우리는 영어를 잘한다기보다는 '할 수 있는 상태'가 되는 것을 목표로 삼아야 할 것입니다. 다만 그것도 못하는 것보다는 잘하게 되는 것이므로 앞으로 "잘한다"도 사용할 것입니다.

   그런데 그 상태가 되는 것이 우리에게는 '불가사의하고 미스터리하게' 어렵습니다. 이 점을 새삼스럽게 알아채는 것은 의외로 중요합니다. 왜냐하면 '풀어야 할 문제'를 명확히 하기 때문입니다. 제1장에서 계속 이에 대해 다룰 것입니다.

더 커진 영어에 대한 욕망

　다수의 한국인들이 영어를 잘하고 싶다는 욕망을 가지게 된 것은 꽤 오래전부터였습니다. 해방 직후부터 영어를 잘하는(어느 정도 할 줄 아는) 사람은 사회적으로 매우 유리했을 것이고, 곧이어 정규 교육 과정에서 영어를 가르치기 시작했고, 대학 입시와 출세를 하는데 영어가 중요한 위치를 차지했습니다. 교육방송과 몇 개 되지 않는 TV채널에서 영어 회화 프로그램이 생겼고, 1990년대에는 국가적으로 이른바 '세계화'를 강조했습니다.

　하지만 영어 능력에 대한 대중의 욕구는 지금보다는 상대적으로 적었습니다. 21세기에 그 욕구가 더욱 커졌습니다. 여러 가지 시대적 변화 요인이 이를 부추겼습니다. 90년대부터 자유 무역과 세계화 물결로 외국과의 교류가 크게 증가했고, 특히 인터넷이 발달하면서 외국과의 연결은 더욱 폭발적으로 증가했습니다. 이전에는 기업 내에서 해외 소통 담당자 소수만 영어 실력을 가지면 족했습니다. 대학 입시를 위해 영어 공부를 했어도, 그 점수가 필요했던 일정 시기 이후에는 영어 실력이 중요하지 않았고 필요하지 않았습니다. 학업과 입사 시험 통과에 필요한 영어란 시험에 특화된 테크닉이 중요했고, 실질적 영어 실력이라 말하기 어렵습니다.

그런데 인터넷이 발달하면서 대중들은 전 세계 사람들, 전 세계의 정보와 직접 연결되고, 수많은 기회가 열렸습니다. 특히 21세기에 스마트폰, 유튜브, 인스타그램 등 플랫폼이 발달하자, '평범한 사람들'이 정보를 얻거나 부업 혹은 전업으로 금전적 이득을 위해 영어를 잘하고 싶은 욕망이 증가했습니다. 한국어만 사용하는 콘텐츠보다 영어를 넣은 콘텐츠는 그 시청자와 시장이 훨씬 더 큽니다. 스트리머들도 외국인이 왔을 때 영어로 몇 마디 할 줄 알면 도네이션을 더 받을 수 있습니다. 그리고 세계가 인터넷으로 인해 더 많이 연결되고 가까워지면서, 외국의 사건들이 전보다 더 빠르고 크게 우리나라와 국민들에게 영향을 줍니다. 소위 말해 '나비효과'가 일어납니다(나비효과란 북경 나비의 날갯짓이 뉴욕에 폭풍을 일으킬 수 있다는 비유입니다). 그래서 외국의 정보를 더 빨리, 더 많이 알고 싶어합니다. 과거에는 소수의 해외 담당 관련자들만 그랬지만 지금은 훨씬 더 많은 사람들이 그런 욕망을 가집니다.

또 다른 매우 큰 요인은, 수명이 늘어났고 평생직장이 사라지고 있다는 점입니다. 게다가 욜로와 워라밸 풍조도 있습니다. 90년대에는 한 직장에 평생 충성하면서 정년까지 마치고 그 후 노년에는 일을 하지 않고 쉬는 것이 일반적이자 정상이라고 생각했습니다. 지금은 대체로 이것이 정상이 아니지요. 수명이 늘어나면서 정년 개념이 사라지다시피하고, 직장을 몇 번씩 옮기고, 70대에도 뭔가 일을 하는 것이 일반적입니다. 심지어 회사는 사원들을 더 일찍 퇴직시키고 싶어 하고, 과거에 비해 평균 퇴직 연령은 더 낮아졌습니다. 과거에는 대입과 청년기 입사 때만 잠깐 영어 공부를 하면 되었지만, 지금은 영어 공부를 계속해야 하고, 영어 실력을 높여야 합니다. 지금은 당장 회사가 주는 일만 잘하면 되는 시대가 아니라, 이직이나 다른 직업 환경에 대비해서 개인의 역량을 스스로 마련해놓아야 하는데, 영어 실력은 물론 커다란 도움이 되고 중요한 스펙입니다.

'욜로(Yolo)'는 'You Only Live Once.'의 줄임말인데, 한 번뿐인 인생이니 즐기면서 가치있게 나를 위해 살자는 경향입니다. 그리고 '워라밸', 즉 일과 개인적 삶의 밸런스(work-life balance) 경향도 커졌습니다. 이 둘은 단지 즉각적 쾌락만을 의미하는 것은 아닙니다. 자기 자신의 가치를 돌아보고 높이는 장기적 관점을 포함합니다. 외국인 친구 만들기, 세계 여행하기, 자기 계발, 부업 갖기 같은 것들도 이런 경향으로 인해 늘어납니다. 한마디로 '자아실현'이라 할 수 있는데, 세계로 자신의 발을 넓히는 자아실현을 하기 위해서는 영어가 필요합니다. 그래서 심지어 일에서 벗어나고 싶어 하는 경향과 욕망도 영어를 잘하고 싶은 욕망을 키웁니다. 과거에는 대체로 학업이나 일과 관련해서만 영어가 필요했지만, 지금은 재미, 휴식, 그리고 자존감 향상을 위해서 우리는 영어를 잘하고 싶어 합니다.

전반적으로, 과거에는 어떤 통과 의례 때문에 영어를 '억지로' 공부해야 했습니다. 그 방식은 영어를 구사할 수 있는가와 별로 상관이 없는 공교육 특유의 점수 따기 방식이었으며, 현장에서 실제 영어 소통은 영어영문학과 졸업생이 담당하면 되는 것이었습니다. 그런데 지금은 대중 각자가 '스스로, 자발적으로' 영어를 잘하고 싶은 욕망이 큽니다. 앞서 언급한 시대와 사회 변화, 수명 증가, 욜로 등으로 인해 지금은 50대 이상 연령층도 영어를 배우고 싶어합니다.

9

영어 학습에서 동기(motivation)는 매우 중요하다고 전문가를 포함해 많은 사람이 말합니다. 동기는 목표를 이루고자 하는 욕망과 관련이 큽니다. 영어에 대한 욕망이 커지면 동기가 커질 것이고, 그러면 영어를 잘 배우게 될 가능성이 큽니다. 과거에 비해 영어에 대한 욕망과 함께 동기가 커진 것은 사실이지만, 실제 결과적으로 우리는 영어를 잘 배우고 습득하고 잘하게 되었는가를 보면, 딱히 그래 보이지 않습니다. 여전히 막강한 장벽 같은 것이 존재하고 난공불락의 요새처럼 보입니다.

어쩌면 동기가 아직 부족한 건지도 모릅니다. 그러면 "내가 얼마나 영어를 잘하기를 갈망하는데, 내가 동기가 부족하다고?"라며 믿지 못하겠다는 반응이 나올 수도 있습니다. 하지만 동기는 대개 무의식적 작용이기 때문에, 진정한 동기가 어느 정도인지 스스로 정확히 알기는 매우 어렵습니다. 단지 미래의 모습을 갈망한다고 해서 충분한 동기가 생기는 것은 아닙니다. 인간의 마음은 복잡합니다. 그리고 한정된 시간과 자원에 따라 어떤 것을 포기하는 선택을 해야 합니다. 영어를 잘하고 싶은 마음이 있더라도, 거기에 들어가는 노력과 자원과 시간을 계산해서 다른 것을 하는 게 더 낫다고 판단하면 영어 공부를 하지 않게 됩니다. 그리고 인간의 마음은 다면적이면서 무의식적인 면이 많기 때문에, 한편으로 영어를 잘하고 싶어 하면서 또 한편 영어에 대한 거부감과 불만이 생기는 경우가 많습니다. 그것이 자기 안에 있다는 것을 심지어 스스로 잘 모를 수 있습니다. 예를 들어 한국어의 방식·문법과 영어의 방식·문법이 다른 점이 많은데, 왜 영어는 '그따위로 생겨 먹었는지' 개인적으로 이해를 못 할 수 있습니다. 그러면 무의식적으로 거부감이 생기고, 무의식적 동기도 줄어듭니다. 이에 대해서는 제5장에서 자세하게 다룰 예정입니다.

다시 말해, 의식적이든 무의식적이든 '비호감'이 생기면 그것을 추구하는 동기는 줄어듭니다. 이것은 딜레마를 낳습니다. 이런 이야기의 딜레마와 같습니다. 좋은 가문의 어떤 청년과 결혼을 하면 자신과 자기 가족의 부와 명예가 크게 증가하고, 자신이 생각해도 그것은 좋지만, 그 남자를 자세히 보니 외모와 성격 등이 매우 비호감으로 느껴졌습니다. 그 남자와 결혼을 하고 싶기도 하고, 싫기도 합니다. 그 결혼에 동기가 있기도 하지만 내적으로 발생하는 비호감으로 인해서 전체적인 동기는 감소합니다. 이처럼, 동기는 단지 결과적인 이익이나 그 이익에 대한 '의식적' 욕망으로만 전부 알 수 있는 것은 아닙니다.

9

 다만 한국인이 '의식적' 동기가 큰 것은 사실입니다. 한국인과 마찬가지로 일본인도 영어를 배우기가 매우 어렵고, 영어를 잘 못하는 것은 마찬가지입니다. 그런데 의식적 동기는 한국인이 더 큽니다. 그런데도 영어를 못합니다. 일본과 비교해 봅시다. 일본은 내수시장이 한국보다 몇 배는 큽니다. 그래서 주로 내수시장을 대상으로 비즈니스가 일어납니다. 반면에 시장이 작은 한국은 수출과 교역이 매우 중요합니다. 그래서 영어가 더 쓰임새가 많고, 입사에서, 그리고 사회생활에서 일본보다 더 중요합니다. K팝이 미국 빌보드 차트에 들기 위해 노력하고, 21세기 이후 일본보다 먼저 1위를 달성했다는 것도 한국의 세계 지향적인 자세를 보여줍니다. 역사적 측면에서도 한국이 일본에 비해 약간 더 친미적일 것입니다. 만약 국수주의가 만연하거나 개개인이 서양 문물에 부정적이면 영어학습에 동기도 줄어들 텐데, 그렇지도 않습니다. 이렇게 동기가 의식적으로 극도로 충만한데, 왜 우리는 영어를 할 수 없을까요?

국가적 비극을 낳는 문제

영어는 일종의 권력입니다. 영어를 할 줄 아는 사람은 사회적으로 대접받고 돈 벌 기회가 많습니다. 우러러보이기도 하고, 괜히 그 사람 앞에서 주눅 들기도 하고, 그에 비해 자신은 열등감이 생기기도 합니다. 이성에게 그는 매력적으로 보이기도 할 것입니다. 그래서 우리는 우월감과 사회적 관계의 권력을 얻기 위해 영어를 잘하고 싶어 합니다. 90년대 1세대 아이돌 시절에 미국 교포나 유학파가 대거 가수로 선발되고 데뷔했습니다. 그렇게 영어를 할 수 있는 사람은 엄청난 특혜를 받았지요. 참고로 나중에 그 추세가 조금 줄어든 것처럼 보이는 이유는 회사에서 키우는 연습생 시스템이 발달했기 때문입니다. 여전히 영어는 권력이라는 것은 부인할 수 없습니다.

그런데 따져보면 이상합니다. 영어가 권력과 우월성을 낳는다면, 영어가 모국어인 미국, 영국 사람 전부와 영어를 한국인보다 잘하는 동남아시아 사람들은 권력자들일까요? 그렇지는 않을 것입니다. 한국인이 영어를 할 줄 알면 권력자입니다. 왜냐하면 무척 드물기 때문입니다. 다시 말해, 한국인이 영어를 할 줄 아는 능력을 갖기가 매우 어렵기 때문입니다.

수요와 효용성이 높은데 비해 드물게 존재하면 인기와 권력이 올라갑니다. 그래서 한국인들은 영어를 잘하고 싶어 하고 열심히 공부합니다. 그런데도 드뭅니다. 의사와 변호사처럼 정원을 법적으로 제한하는 것도 아닌데, 마치 그런 지위처럼 소수의 특권을 가집니다. 만약 영어를 할 줄 아는 사람이 많다면, 지금과 같은 권력이 아닐 것입니다. 이렇게 상상해봅시다. 누구나 쉽게 영어를 배워서 어느 정도 할 줄 아는 세상이 된다고 해봅시다. 영어를 할 줄 아는 사람에 대한 특혜와 특권은 사라질 것입니다. 지금으로서는 아마 상상도 하기 힘든 일이겠지만, 완전히 불가능한 일은 아닐 수 있습니다. 그렇게 누구나 쉽게 영어를 배우는 세상이 되면, 그런 사회에서 영어를 못하는 사람의 지위는 오히려 지금보다 더 나을 수 있습니다. 영어를 못하는 사람이 소수가 되어서 소외되고 차별받는 것이 아니라 그 반대입니다. 왜냐하면 영어를 할 줄 아는 사람에 대한 특권과 권력이 줄어들기 때문입니다. 여러 가지 이유로 영어를 할 줄 모르더라도, 못 배우는/못하는 것이 아니라 '안' 배우는/'안'하는 것으로 여겨질 것입니다. 마치 운전 능력(운전면허)을 가진 사람이 매우 많고 어렵지 않기 때문에 운전 능력자의 특권이나 우월감이 크지 않은 것과 마찬가지입니다. 영어 능력자의 권력은 그 능력을 갖기 위한 어려움의 정도와 비례 관계에 있습니다.

한국인이 영어를 배우기 어렵다는 것은 진부한 이야기일 수도 있습니다. 놀라운 게 아니고 새삼스럽게 강조할 일도 아닌 것처럼 보일 수 있습니다. 많은 사람이 자신과 주변을 통해 경험적으로 알고 있습니다. 그런데, 저는 따져보았더니 이것이 새삼 놀라워 보입니다. 다시 말해, 이해하기 힘든 '미스터리'입니다. 이번 장에서는 이 점을 알리는 것이 핵심입니다. 그런데 사람들은 왜 이 사실에 놀라워하지 않을까요? 아마도 오래전부터 너무 흔한 일상이고 경험이기 때문일 것입니다. 그리고 종종 이 사실을 자신이 '이해했다'고 생각합니다. 예를 들어 '한국어의 구조는 영어 구조와 너무도 다르기 때문에 한국인이 영어를 배우기가 어려운 게 당연해.'라고 생각하면서 그 사실을 이해한다고 생각합니다. 즉 그 어려움은 '이해할 수 있는 어려움'이라는 것입니다. 하지만 저는 그것이 '이해할 수 없는 어려움'이라는 것을 주장하고 설명할 것입니다. 다시 말해, 우리가 영어를 못 배우는 것은 이해할 수 있는 당연한 일이 아니라, 마치 '초자연현상'을 경험하는 것처럼 미스터리한 일이라는 것입니다. 다만 우리는 그것을 너무 많이 경험했으므로 초자연현상으로 느껴지지 않을 뿐입니다.

한국인은 머리가 좋은 편입니다. 민족주의적 편향이 아니라, 다수의 객관적 조사 결과 평균 IQ 수치는 세계에서 몇 손가락 안에 들어갑니다. 인터넷 조사 방식이라서 정말로 공정한지는 의문이지만 "international-iq-test.com"에서는 2024년에 한국인이 평균

107.54로 세계 1위였습니다. 'IQ가 좋은 것이 영어학습과 어느 정도 관련이 있을까?'라고 반문할 수도 있는데, 그러면 다른 분야의 학습들과는 모두 연관이 있는데 왜 유독 영어학습만 관련이 없을까요? 이것이 이상하지 않다고 생각하는 건, '우리가 겪고 있는 일이기 때문에 이상하지 않다'라는 그 '호기심이 전혀 없는' 기존 관념에 끼워맞춘 것에 불과합니다. 공부 머리만 좋은 것이 아니라, 한국인은 예체능도 잘합니다. 손기술도 좋고, 클래식 콩쿠르에서도 지원자 수 대비 뛰어납니다. 유독 영어학습만 안 되지요.

한국인들은 경쟁심도 큽니다. 그래서 교육열이 엄청나지요. 신분제 폐지와 근대화 이후, 우리는 누구나 '잘하면' 높은 지위와 부를 가질 수 있다고 생각합니다. 물론 실제로 꽤 어려울 수는 있어도, 다른 나라에 비해서 주어진 생활 환경에 평생 만족하며 산다기보다는 상승 욕구가 큰 것은 분명해 보입니다. 어쩌면 역사적으로 오랫동안 지독한 신분제도에 묶여 있다가 풀리자 그 잠재 욕구가 폭발해서인지도 모릅니다. 가장 뚜렷하게 볼 수 있는 측면은 교육열입니다. 아마 세계에서 가장 교육열이 클 것으로 보입니다. 한국은 대학교 진학률이 세계 1위이고, 좋은 대학에 가기 위한 경쟁은 말할 것도 없습니다. 그로 인해 교육비가 너무 많이 들어갑니다. 요즘 한국 사회의 가장 큰 걱정이라고 하는 저출생 문제의 가장 큰 원인은 (다른 요인들도 많겠지만) '교육비'일 것입니다. 아이를 이왕 낳았으면 평생 잘 살게 해주고 싶은데, 그러기 위해서 교육에 엄청난 투자를 합니다. 그러면 다른 곳에 쓸 돈이 줄어들고, 집값은 높고 욜로 생활도 하고 싶은데 포기해야 할 것이 너무 많습니다.

그런데 사교육비가 가장 많이 드는 과목은 '영어'입니다. 교육부와 통계청이 공동으로 조사해 발표한 〈2023년 초중고 사교육비 조사 결과〉에 따르면, 영어에 가장 사교육비가 많이 들어갔습니다. 이전 5년간 발표한 결과들도 마찬가지입니다. 그래서 따져보면 심지어 한국의 저출생 문제는 영어에 들어가는 교육비와 깊은 연관이 있었던 것입니다. 그렇게 영어 교육에 많은 돈을 쏟아부으면, 결과적으로 영어를 잘해야 하지 않을까요? 그런데도 못한다는 게 미스터리이고 수수께끼입니다.

9

비판의 화살은 공교육을 향하기도 합니다. 공교육이 영어를 실제 잘하게 만드는 방식으로 가르치고 평가하지 않으니 이런 문제가 생긴다는 것입니다. 이런 문제 제기는 사실 매우 오래전부터 있어 왔던 것입니다. 90년대부터 화두가 되어 영어 회화 교육을 강화하려는 여러 가지 시도가 있어왔습니다. 그런데 커다란 방향의 전환이나 결과적인 성과는 별로 없지요.

공교육 방식의 문제에 대해 결론적으로 말해서, 저는 기대를 하지 않는 편이 낫다는 입장입니다. 왜냐하면 첫째로, 대학, 즉 고등교육까지 이어지는 공교육 루트는 영어 회화보다 우선하는 다른 목표가 있다는 점이 있고, 둘째로, 한국인이 영어를 배우기가 불가능에 가깝게 어렵다는 (미스터리한) 그 사실이 존재하고 있다는 점입니다.

 수능시험의 영어 듣기는 비교적 쉬운 편이고, 변별력은 대부분 '독해'에 달려있습니다. 긴 글을 읽고 맥락과 뜻을 파악해야 하는 것이 대부분입니다. 그리고 그 글은 논문이나 대학에서 쓰이는 교재 수준입니다. 왜 이런 식이 되어 있는가 하면, 수능시험은 '대학에서 공부를 잘 할 수 있는지'를 평가하는 시험이기 때문입니다. 그래서 영어 과목은 대학에서 다루는 수준의 영어 원서를 잘 읽을 수 있나를 평가하는 데 초점이 맞춰져 있습니다. 그래서 회화가 중요한 게 아니라 수준 높은 책을 읽는 독해가 중요하지요. 실업계가 아닌 '인문계'는 이러한 루트를 가집니다. 인문계 고등학교는 대학을 위한 기본 과정으로 가정되고 대학은 대학원을 위한 기본 과정으로 가정되어 커리큘럼이 구성됩니다. 한국의 공교육 시스템은 대체로 대학원을 위한 대학, 대학을 위한 인문계 고등학교라는 탑다운(top-down) 방식으로 이루어져 있습니다. 대학 교수들이 커리큘럼과 입시를 관장하기 때문에 이런 것으로 보입니다. 더구나, '한국인이 영어(회화)를 잘하기란 불가능에 가깝게 어렵다'라고 하는 안타까운 사실(진리가 아닌 사실)이 엄연히 존재합니다. 그런데 단기간에, 다른 공부 할 것도 많은데, 거기에 얼마나 초점을 맞춰야 할까요? 대학과 대학원이 세계 유수의 대학들과 경쟁하기 위해서는 발등에 불이 떨어진 것처럼 당장 어려운 영어 원서를 읽게 해야 합니다. 그래서 공교육 루트에서 회화보다 독해를 중시하게 될 수 밖에 없습니다. 영어로 말은 못 해도 그 어려운 책은 읽을 수 있습니다. 대학 입시의 영어 과목은 '보편적이고 즉각적인 실용성'을 중시하지 않습니다. '대학 학업에서의 실용성'을 중시합니다. 어찌 보면 상당히 고상하고 아카데믹한 태도이죠(칭찬입니다).

두 번째 원인은 '한국인이 영어를 잘하기란 불가능에 가깝게 어렵다'였습니다. 사실 이것이 첫 번째 원인과도 깊은 연관이 있지요. '11,680시간'을 주장하는 영어교육과 교수가 강조한 점도 사실상 궁극적으로 이것이었습니다. 앞에서 말한 것처럼 저는 그것이 유아의 모국어 습득 기간이고 한국인이 왜 영어 습득이 어려운지의 문제와는 무관할 수 있다고 보지만, 한국인이 영어를 습득하기가 불가능에 가깝게 어렵다는 그 현실적 사실을 돌려서 비유적으로 강조한 것으로 볼 수 있습니다. 그런데 학교 수업의 영어 시간이 얼마나 될 것이며, 또 거기서 학생이 집중하는 시간은 얼마나 될까요? 공교육이 그만큼의 시간을 채워줄 수 없으니 공교육에 기대하기는 어렵습니다. 결국 남은 것은, 이 미스터리하고 안타까운 원인으로 되돌아옵니다. 공교육과 아직까지 학계에서 이 문제를 해결할 방법이 딱히 있는 것이 아닙니다. 이 문제를 해결하려면 공교육과 별개로 먼저 획기적 방안을 마련해야 합니다.

❞

교육부와 통계청의 '초중고 사교육비 조사 결과'는 영어 과목에 사교육비를 가장 많이 지출하고 있다고 하는데, 그것은 공교육 과목과 연관된 것일 뿐, 아이들과 관련된 비용만 따져도 국가적으로 실제 지출은 그보다 훨씬 많습니다. 앞에서 언급한 것처럼 영어를 할 줄 안다는 것은 권력적 메리트입니다. 그것은 단지 대학을 가기 위한 도구만이 아닙니다. 공교육 시스템만 따라가면 아무리 공부를 열심히 해도 영어를 잘하게 될 수 없습니다. 공교육 시스템은 회화보다 독해력을 위주로 가르치는데, 회화에서 영어를 할 수 있는 상태가 된다고 해서 대학 과정에서 쓰는 영어가 안되는 것도 물론 아닙니다. 그래서 학부모들은 아이가 영어를 할 수 있는 사람이 되는 길을 택하고 싶어합니다. 그것은 단지 대학 입시를 넘어 평생 특권을 가질 수 있는 길입니다.

그런데 한국인이 영어를 배우기란 불가능에 가깝게 어렵다는 그 '사실'이 존재합니다. 그것을 극복하는 방법을 많은 사람은 알고 있습니다. 그 어려움은 단지 한국에서 일반적으로 자랐을 때일 뿐입니다. 어렸을 때부터 영어 환경에서 살도록 만들면 영어를 구사할 수 있게 될 것입니다. 그래서 '영어유치원'에 보내고 싶어합니다. 원어민 선생님들이 가르치는 이곳은 비용도 많이 드는데 입학 경쟁까지 생긴다고 하지요. 그 후 학령기에 학부모들의 희망은 '국제학교'입니다(과거엔 '외국인학교'라고 불렀습니다). 대개 국제학교는 외국 명문 학교의 분교 같은 형태인데 내부에서 영어만 사용하게 되어 있고, 학비는 엄청나게 비쌉니다. 학생 수가 적어서 입학 경쟁률도 엄청나지요. 선발 방식은 다양하겠지만 주로 특권층이 가능할 것입니다.

미국, 캐나다, 호주, 동남아 등으로 보내는 조기유학도 오래전부터 많이 이루어지고 있습니다. '기러기 아빠'라는 말이 이렇게 생겨났습니다. 엄마는 아이와 함께 외국에 나가 있고, 기러기 아빠는 외롭게 한국에서 지내며 생활비와 교육비를 송금합니다. 이런 불행을 아이의 교육을 위해 감수합니다. 그렇게 영어권에 조기 유학을 보내는 이유는 외국 명문 대학을 목표로 한다고 흔히 말하지만, 그것은 불확실성이 큰 희망 사항이고, 확실성을 큰 목적은 사실 아이의 영어 습득입니다. 그것이 '영어 때문'이라는 불편한 진실을 이제 우리는 말해야 합니다.

조기 유학도 기러기 아빠도 돈이 많아야 가능합니다. 만약 자신이 중산층 이상에, 결혼해서 막 아이를 낳았다고 가정해 봅시다. 아이를 기를 때 중요한 갈림길의 고민이 시작됩니다. 영어유치원을 보낼 것인가, 조기유학을 보낼 것인가, 국제학교를 보낼 것인가, 어떤 식으로든 가족이 1~2년 정도 영어권 외국에 체류할 것인가, 아니면 (부자라면) 심지어 투자이민 같은 이민 형식으로 영어권 국가로 떠날 것인가 하는 점입니다. 그런데 부자가 아니라면 이렇게 할 수 없습니다. 마치 사회적 계층도와 같습니다. 가장 높은 계층은 국제학교에 보내거나 투자이민을 할 여유가 되고, 그 아래 계층은 조기유학으로 기러기 가족이 되거나 1~2년간 영어권 국가에서 체류합니다. 그와 비슷하거나 아래 계층은 영어유치원에 보내고, 그보다 아래 계층은 뒤늦게 영어 학원에 보냅니다. 투자이민 컨설팅업체 헨리앤파트너스의 2024년 보고서에서는 현금 백만달러 이상 소유한 부자가 외국에서 6개월 이상 체류하는 인원에서 한국인이 세계 4위였습니다. 이 소식에 다룬 한 국내 기사에서는 한국의 높은 상속세 때문이 아닌가라는 의심을 하기도 했는데, 제가 보기에 그보다는 주로 영어교육 때문입니다. 만약 상속세 때문이라면 포르투갈, 몰타, 싱가포르 같은 나라로 가야 하지만,

한국인은 미국, 캐나다, 호주로 많이 갔습니다. 이것이 '영어 문제' 때문이라는 불편한 진실을 사람들은 잘 밝히려 하지 않는 것 같습니다.

　이렇게 영어를 배우기 위해 많은 이들이 완전한 영어 환경(영어유치원, 국제학교, 유학, 이민 등)을 택하게 되고, 이러한 혜택을 받는 아이는 유리한 가정 환경에서 태어난 '선택받은 아이'이고, 그렇지 않은 아이와의 격차는 평생 이어집니다. 즉 사회적 계층화가 공고해지고, 젊은 부모들은 어떻게 해야 할지 고민하게 됩니다. 이렇게 현재 영어 학습의 문제로 인해서 엄청난 경제적 비용과 낭비, 국가적 불행이 발생하고 있습니다. 그리고 심각한 저출생 문제의 큰 요인으로 이어집니다. 이 모든 것은 한국인이 영어를 너무나 배우고 싶어 하는데도 불구하고 영어를 배우기가 불가능에 가깝게 어렵다는 그 '미스터리 같은 문제'에 의해 발생합니다.

　이런 사회적 문제는 정부에서도 오래전부터 감지했습니다. 2000년대에 정부는 국내에서 적은 비용으로 누구나 영어 환경에 들어갈 수 있도록, '영어 마을'을 지방 곳곳에 만들도록 했습니다. 처음에는 조기유학을 필요 없게 만들 정도의 효과를 기대했지만, 결과는 모두가 알듯이 실패했습니다. 몇 박 며칠 캠프 다녀온다고 해서 영어 노출이 많은 것은 아닙니다. 게다가 문제는 설령 그동안 영어를 어느 정도 배우고 약간 늘었다고 해도, '금방 잊어버린다는 점'입니다. 사실 영어 학습의 문제에서 중요한 점 중에 하나는, 어떻게 하면 잘 잊어먹지 않는가 하는 점입니다. '이상할 정도로 쉬운 망각'은 영어학습의 수수께끼와 미스터리를 일으키는 큰 요인 중 하나입니다. 원어민처럼 모국어처럼 습득하지 않으면 그것이 더욱 심해집니다. 그래서 국내에서 영어유치원에 보내서 아이가 잠깐 영어를 잘하는 것처럼 보였어도, 나중에 잊어버리는 경우가 많다는 것을 걱정해야 할 것입니다. 이 또한 경제적 손실 같은 비극이지요.

앞에서 말한 수많은 비극 이외에 또 하나의 문제는 '인재 유출'입니다. 과학고, 외국어고, 민족사관고처럼 최고 명문 고등학교 졸업생 중 상당수는 미국에 있는 대학교에 진학합니다. 한국에 있는 대학교가 그들에게는 차선책입니다. 그들은 왜 미국 대학교를 선호할까요? 단지 명문 대학교이기 때문일까요? 우리 현실에서 명문 대학의 실리와 위상은 서울대, 연세대, 고려대가 실질적으로 그에 못지않거나 그 이상일 수도 있습니다. 세계적으로 손꼽히는 대학들 외에는 한국인들이 이름도 잘 모르는 경우가 많습니다. 영어권의 대학교에 진학한 뒤에 대체로 그들의 코스는 가급적 그곳에 더 오래 머무는 것으로 보입니다. 그곳의 대학원을 가고, 또 현지 기업에 취직도 많이 합니다. 그들은 외국에서 아이를 낳아 기르는 것을 선호할 것입니다. 자연스럽게 앞서 말한 커다란 비용이 드는 자녀의 영어 습득을 이룰 수 있기 때문입니다.

한국은 자연 자원이 없고 순전히 인적 자원으로 성장해 온 나라입니다. 그래서 인재가 매우 중요합니다. 최근 의대 열풍으로 인해서 사람들은 걱정을 합니다. 최고의 인재들이 공학이나 과학 분야에 몸담지 않고 의사의 길로 전부 빠진다는 것입니다. 그래서 과학고등학교에서는 졸업생이 의대에 진학하면 장학금을 환수하기도 합니다. 그런데 똑같이 장학금을 받고 다닌 학생들이 미국 대학에 간 뒤에 미국 기업에서 일하고 영주권을 따고 미국에 세금을 내는 건 어떤가요? 차라리 의대 진학의 경우는 개인적 적성이 의사였던 경우가 많지만, 미국으로 옮기는 경우는 동일한 분야의 인재가 그대로 나가는 것입니다. 인도인들이 미국 기업에 취직하는 건 연봉과 생활 여건이 수십 배 차이 나기 때문이라고 하지만, 한국의 인재들은 가족의 영어 습득 때문에 그렇게 합니다. 그것이 일평생 메리트의 격차를 낳기 때문입니다. 이는 불편한 진실이자 다수가 쉬쉬하고 있는 것입니다.

    반대로 이렇게 상상해봅시다. 만약, 한국인이 영어를 배우기 쉬운 세상이 되고 한국 내에서 영어가 잘 통한다면(물론 모두가 영어를 해야 할 필요는 없습니다), 외국의 인재들이 한국에 더 많이 들어오게 될 것입니다. 한국과 일본은 대체로 외국인이 오면 그들이 우리말을 배워야 한다는 주의입니다. 외국인이 한국말을 배우는 것은 물론 좋은 일이지만, 그것을 고집하는 이유 중 하나는 우리가 영어를 못하기 때문이기도 합니다. 한국인들이 영어를 잘하게 된다면 더 많은 인재를 불러들일 수 있을 것입니다. 그리고 외국으로부터의 투자도 더 늘어날 것입니다.

영어 학습의 수수께끼를 풀 수 있을까?

　이번 장에서 저는 한국인이 영어를 너무나 배우기 어렵다는 사실은 '미스터리'하다는 점을 설명하고자 했습니다. 앞에서는 한국인이 머리도 좋고 교육열도 높고 영어 습득에 대한 동기도 크고 많은 돈을 들여도 국내에서는 영어 습득이 도무지 되지 않는다는 점을 설명했습니다. 이 현상이 미스터리다, 즉 정말로 이상하고 신기하다는 점이 어느 정도 설득이 되었을까요? 그런데 여전히 이것이 이상하지 않다는 생각이 남아있을 수 있습니다. 아직 설득력이 부족했을 수 있기 때문에, 좀 더 설명해 보겠습니다. 제가 보기에, 이상하게 들릴지도 모르지만, 그에 대해 이상하다는 생각이 들지 않고 자연스럽게 받아들이는 쪽으로 유도하는 '힘과 작용'이 존재합니다(그 작용의 궁극적 원인에 대해서는 제2장에서 드러날 것입니다). 그래서 이 문제가 부각되기가 더 힘들게 됩니다. 우리는 그 유도 작용에 넘어갈 필요가 없습니다. 이것을 이상하게 여기지 않고 스스로 이해하도록 만드는 요소, 즉 '합리화시키는' 요인들에 대해 하나씩 따져보겠습니다.

 첫째로, 영어를 청소년기 이후에 배우는 우리는 그것이 '공부'가 되고, 일반적으로 공부는 늘 어렵고 귀찮고 고통스럽고, 또 영어는 공부할 게 너무 많으므로 우리가 영어를 못 배우는 것은 자연스럽다는 생각이 있을 수 있습니다. 한마디로, 공부를 잘하는 사람은 언제나 소수에 불과하기 때문에 우리가 그것을 잘 못하는 것은 당연하다는 생각입니다.

 이는 '다른 공부에 비유하기 합리화'입니다. 그런데, 문제는 다른 공부에 비해서도 미스터리하게 못 한다는 점입니다. 국문학, 수학, 과학, 공학, 사회 등 다른 과목들에서 '잘한다'는 것은 매우 높은 수준을 의미합니다. 예를 들어 고등학교에서 수학을 잘하는 사람은 대학교에서 다루는 수학 수준의 능력을 가지고 있을 것입니다. 대학교에서 다루는 것들은 '학문 수준'입니다. 그것은 머리 좋은 소수가 전공하는 고차원적이고 어려운 수준이지요. 그런데 우리가 1차적으로 목표하는 영어는 그런 수준이 아니고 '머리 나쁜 사람도 가지는' 수준입니다. 그것도 못한다는 것이 미스터리입니다. 앞에서 영어를 '잘하는' 것이 목표가 아니라 '할 수 있는' 것이 목표라고 언급했었지요. 우리가 영어를 공교육의 주요 과목 중 하나로 배웠기 때문에 다른 공부에 비유하기 쉬운데, 머리가 좋고 고등학교 때 영어 점수가 높은 것과 무관하게 영어를 '할 수 없다'는 것이 미스터리입니다. 한국 수능의 영어 시험은 영어 원어민들이 풀어봐도 너무 어렵다고 합니다. 공부 잘하는 사람들은 그것을 잘할 뿐입니다. 공교육 시스템이 생활 영어가 아니라 그런 어려운 것들만 가르치고 평가하니까 문제가 발생한 것이 아니냐는 의심이 들 수도 있는데, 이에 대해서는 앞에서 설명했습니다. 그 원인은 결국 '한국인이 영어를 배우기가 불가능에 가깝다'는 그 미스터리한 문제(사실)로 귀결된다고 말했었지요.

    영어가 우리에게 '제2언어'라기보다 '외국어'라서 그런 것일까요? 저는 이제껏 '제2언어'라고 말했는데, '외국어'와 실질적 차이가 불분명해 보이지만, 엄밀히 보면 단어의 정의상에 차이가 있습니다. 앞의 것은 ESL(English as a Second Language)이라 하고, 후자는 EFL(English as a Foreign Language)이라 합니다. 학계의 정의에 따르면 영어권 환경에 들어온 외국인이 영어를 배우는 것을 ESL이라 하고, 한국에서 외국어로 배우는 것은 EFL이라 하는데, 이에 따르면 우리가 배우는 것은 엄밀히 말해 EFL이 될 것입니다. 하지만 저는 그렇게 볼 필요가 없다고 생각합니다. EFL은 원어민과 일상적 의사소통이 목표라기보다는 자국 실정과 필요에 맞는 외국어 학습 방식과 목표를 별개로 가집니다. 지금 우리가 원하는 것은 그런 것이 아닙니다. 그리고 지금은 인터넷이 발달한 시대라서 외국인과 즉각적으로 소통하기가 쉽고 누구에게나 그 기회의 장이 열려 있습니다. ESL과 EFL의 구분은 과거 인터넷이 발달하기 전, 외국인과 소통의 기회가 거의 없던 시절에 만들어졌고, 그런 과거 시대에서나 적절한 구분입니다. 게다가 특히 영어는 다양한 외국어 중 하나라기보다는 '국제 공용어'입니다. 그래서 우리가 국내에서 영어를 배우더라도 그것은 '외국어'라기보다는 '제2언어'라 볼 수 있고, 우리의 욕구와 목표로 볼 때 그렇게 보는 것이 적절합니다. 그렇다고 해서 제가 한국이 싱가포르나 인도처럼 영어 공용화 국가가 되자고 주장하는 것은 결코 아닙니다. 저는 다만 이제까지 '제2언어'라는 표현을 사용한 데 대한 이유를 설명하려 했고, 영어 공용화 국가가 아닌 한국에서도 제2언어로서의 영어(ESL)를 배우고 사용할 수 있다는 것입니다.

여전히 "어쨌든 국내에서 우리는 영어를 공부하는 방식으로 배워야 하는데, 공부가 재미없고 힘들고 어렵다는 건 부정할 수 없는 사실이 아닌가? 그러니까 영어를 못하게 되는 거지."라는 의심이 남아있을 수 있습니다. 다른 암기과목들을 공부하는 것과 마찬가지로 영어단어를 외우기가 너무 어렵고 쉽게 잊어버리는 것이 그 증거라고 항변할 수 있습니다. 그런데, 영어학습의 암기와 기억이 단지 다른 암기과목들과 다를 바 없는 것이거나 그만큼 재미없는 일이 '되어야 하는' 것일까요? 즉 역사 과목의 사건 연도와 순서를 외우는 것과 영어단어를 외우는 게 다를 바 없는 일일까요? 그렇게 느끼는 학생들도 많을 것입니다. 하지만 제가 보기에는 '그렇지 않을 수 있는데 그렇게 되어버린 것'으로 보입니다. 학교 시험 때 이외에는 쓰지도 않는 다른 과목들의 암기 내용은 외우기 어렵고, 외운 뒤에 쉽게 잊어버립니다. 역사뿐 아니라 수학의 미적분 방법도 그렇습니다(수학도 사실 암기가 중요합니다). 그런데 많은 학생들은 영어단어 외우기를 '마치 미적분 외우듯이' 어려워합니다. 이것이 바로 미스터리입니다. 왜 그렇게 어려운 것인가 하는 점입니다. 물론 원어민 중에서도 소수만 아는 어려운 단어도 있습니다. 그게 아니라 일반적인 단어도 이상하게도 외우기 어렵고 쉽게 잊어버립니다. 다른 암기과목들에서 외우기 어려운 것은 전문 용어 수준입니다. 하지만 우리가 외우기 어려운 영어단어는 전문 용어가 아닙니다. 그리고 문법도 '이상하게도' 어려운 것으로 변해있습니다.

   영어를 배우고자 하는 의식적 동기도 크고, 실제적 활용도도 크고, 만족감과 자존감도 높아지고, 영화, 드라마, 팝송 등 각자의 취미와 연계될 수도 있으므로 영어를 배우는 데 재미가 있을 법합니다. 그런데 '이상하게' 너무 재미가 없습니다. 그리고 '이상하게' 너무 빨리 잊어버립니다. 그래서 쉽게 제로 수준에 가깝게 돌아갑니다. 제가 보기에, 그렇지 않을 수 있는데 어떤 '이상한' 요인의 작용으로 인해서 그렇게 변해버린 것입니다. 영어 학습은 '습득'으로 바꿔 말할 수도 있듯이, 다른 과목들의 공부와는 다를 수 있습니다. 즉 영어 학습이 다른 전문 분야 공부만큼 어렵다는 것이 바뀌지 않는 '진리'는 아닐 수 있습니다. 그런데 '이상하게도' 우리는 그것이 진리처럼 느껴집니다.

9

   '진리'에 대한 언급이 나왔으니, 자연스럽게 두 번째 합리화로 넘어갈 수 있을 것 같습니다. 그 어려움을 이해하는 두 번째 합리화는 간단히 말해서, "한국인이 영어를 못 배우는 것은 '자연현상'과 마찬가지다"라는 것입니다. 즉 정해진 자연의 섭리·법칙처럼 자연스러운 것일 뿐이라는 생각입니다. 그렇게 생각하면 마치 '중력의 법칙이 애초 그렇게 생겨 먹은 것처럼' 일단 받아들임으로 인해서 그럭저럭 이해하고 넘어갈 수 있을 것입니다.

그런데 '자연현상'은 모든 벌어진 일에 적용될 수 있습니다. 다시 말해, 일어난 모든 일은 자연현상입니다. 그래서 일어난 일이라고 해서 모두 자연현상으로 받아들이고 넘어간다는 건 아무런 궁금증도 갖지 말고 의심도 품지 말고 탐구를 할 필요도 없다는 것과 마찬가지입니다. '신의 현상'으로 보는 것과 마찬가지입니다. '모든 일어난 일은 신의 현상이다'라고 하면 이해하고 넘어갈 수도 있을 것입니다. 원시시대 사람들은 자연이 신과 같다고 생각했습니다. 중세 시대에 어떤 전염병으로 인해서 도시 인구의 절반이 죽었습니다. 이건 '자연현상'일까요? 자연현상이 맞기도 하지만 이로써 그 문제에 대한 이해를 종료해서는 안 됩니다. 우리가 영어를 배우기가 불가능에 가깝게 어렵다는 문제를 자연현상으로 이해하고 끝내면 안 되는 이유도 이와 같습니다.

이제껏 이러한 '자연현상'을 이해하는 주요한 방식이 몇 가지 있었습니다. 하나는 "한국어의 특징과 영어의 특징은 너무나 다르기 때문에 한국인이 영어를 배우기가 어렵다"는 것입니다. 일리 있는 설명입니다. 한국어와 일본어는 유사한 점이 많아서 서로 배우기 쉬운 반면, 영어는 어순 등 특징이 매우 다릅니다. 그래서 배우기 어려운 것은 상식적으로 납득이 되고, 저도 이러한 설명 자체는 맞다고 생각합니다. '서로 차이가 큰 언어일수록 상대 언어를 배우기 어렵다'라는 원리가 존재하는 것 같습니다. 그런데, 과연 이러한 '원리'로 인해서 '한국인이 영어를 배우기가 불가능에 가깝게 어려운 것은 바뀔 수 없는 진리이다'가 도

출될까요?

　중력의 법칙처럼 어떤 '원리'가 있다고 해서 우리가 중력의 방향을 거스를 수 없는 것은 아닙니다. 위로 펄쩍 뛰어오를 수도 있는데, 그랬다고 해서 중력의 법칙을 위반한 것은 아닙니다. 중력의 원리를 '자연현상'으로 받아들이고 이해가 다 되었다고 해버리면, 중력의 방향대로 떨어지기만 할 것입니다. 그것이 '자연현상'이니까요. 그런데 알고 보면 위로 점프할 수 있다는 것도 자연현상입니다. 인간이 비행기를 만들고 대기권을 뚫고 나아가는 것도 자연현상입니다. 마찬가지로 한국인이 영어를 배우기가 불가능에 가깝다는 것만이 자연현상이 아닐 수 있습니다. 그렇다고 해서 아까 중력의 예처럼, '차이가 큰 언어일수록 배우기 어렵다'는 그 원리에 위반되는 것도 아닙니다. 그런데 그렇게나 큰 욕구와 투자가 있는데도 한국인이 영어를 못 배우는 현실이 미스터리입니다. 이 현상에는 단지 그 원리뿐만이 아니라 '또 다른 무엇'이 작용하고 있을 수 있고, 그것을 알아낼 필요가 있습니다.

　그 현상과 관련해서 많이 알려진 학계의 유명한 설명으로 '결정적 시기 가설'(critical period hypothesis)이 있습니다. 인간은 언어를 습득할 수 있는 결정적 시기가 있는데, 그 시기는 대략 사춘기(만14세) 전까지이며, 이후에는 새로운 언어를 습득하기가 불가능에 가깝다는 가설입니다. 그런데 원래 이 가설은 유아 시기부터 다락에만 갇혀서 학대당한 14세 경의 소녀가 구출된 이후에 '모국어' 습득이 어려웠다던가, 어렸을 때 습득한 '발음'이 평생 고쳐지기 힘들다는 등의 사례로 인해 생긴 가설입니다. 사투리 억양 같은 예가 있지요. 그런데 외국어(제2언어)

습득의 수많은 사례에도 적용해 보니 그럴듯하게 맞아 떨어지게 된 것이지요. 한국인과 일본인이 어렸을 때 영어를 습득하지 않은 경우에 영어 발음을 잘 못하는 사례에도 적용됩니다.

그런데 사춘기 이후에 '모국어' 습득이 어려웠던 그 학대적 사례는 그것이 결정적 시기 때문인지, 다양한 '인지 발달'이 없었던 것이 주원인인지가 모호합니다. 인지 능력과 사고력, 지식 등이 늘어나면 언어를 배우는데 더 유리할 수 있습니다. 우리 같은 성인들은 그런 점에서 오히려 더 유리할 수 있지요. 혹자는 "하지만 성인이 실제로 외국어를 못 배우기 때문에 결정적 시기 가설이 타당하다"라고 주장할 수도 있지만, 저는 그와 다르게, '그럼에도 불구하고 성인이 외국어를 못 배우는 것은 미스터리다'라고 생각합니다.

그것이 단지 나이 때문이라고요? 사실, 결정적 시기 가설은 기존 현상을 억지로 이해하려는 '땜질식 가설'입니다. 학계에서는 이런 것을 'ad hoc'(애드혹)이라고 합니다. '사후적 합리화'·'임시방편'이라는 의미입니다. 이런 가설의 문제점은 그 이상의 의심과 탐구 의욕을 저해시킨다는 것입니다. 그래서 마치 우리가 흔히 '자기합리화'를 우습게 보는 것처럼, 탐구자들은 ad hoc을 대체로 좋지 않게 봅니다.

어쩌면 이럴 수도 있습니다. '어린아이가 두뇌가 커지고 발달하는 과정에서 언어를 더 잘 흡수한다'라는 실제적 원리가 존재한다고 해봅시다. 설령 그렇더라도 결정적 시기 가설이 타당하지는 않습니다. 왜냐하면 그것과 '성인이 언어를 배우는 것이 불가능하다'는 것은 무관하기 때문입니다. 앞서 언급한 중력, 언어 간 차이의 예와 마찬가지로,

성인이 새로운 언어를 습득할 수 있다고 해서, 어린아이가 언어를 더 쉽게(얼마나 쉬운지는 모르겠지만) 습득한다는 원리에 위반되는 것은 아닙니다.

그리고 발음의 문제에 대해서는, 발음이 다양해도 영어 등 언어 능력을 가지는 데에는 별로 상관이 없습니다. 영어에서 발음(억양 포함)이 딱히 중요하지 않다는 것은 이제 '진부한' 이야기입니다. 발음이 미국식이라고 해서 영어를 잘하는 것이 아닙니다. 인도식 영어 발음도 있고 중국식 영어 발음도 있습니다. 실제로 어린아이가 미국식 발음을 쉽게 배우는 반면, 성인은 배우기 어려운 경향이 있는데, 그게 중요한 것이 아닙니다. 게다가 사실 성인이 미국식 발음을 배우기가 불가능한 것도 아닙니다. 물론 발음을 너무 한국말처럼 하면 원어민이 알아듣기가 불가능할 정도, 영어가 아닐 정도일 것입니다. 그랬던 성인도 '원어민이 알아들을 정도의 발음으로' 바꾸기는 의외로 쉬운 편입니다(발음이 너무 어렵다고 생각하지 맙시다. 그런 생각도 영어를 못하도록 만드는 자기합리화와 유도 작용 중 하나입니다). 심지어 발음 바꾸기보다도 영어 배우기가 더 어렵다는 것은 미스터리입니다.

이렇게 다양한 이유로, 그리고 실제 반례들도 꽤 있기 때문에, 최근 많은 학자들은 결정적 시기 가설을 무시하는 편입니다. 결론적으로 결정적 시기 가설은 우리에게 아무런 도움도 되지 않으니 그냥 무시해 버리기 바랍니다. 어쩌면 그 문제를 이해하는 데 임시방편으로 받아들이고 자기합리화처럼 마음이 편했을지도 모릅니다. 하지만 알고 보면 내면에서 우리가 영어를 하지 못하도록 부추기는 작용을 합니다.

다음 장에서는 이 미스터리를 풀 수 있는 새로운 방식의 설명이 제시될 것입니다.

Chapter 2

겹신의 실체

이기적 복제자의 발견

밈에서 겹신으로

겹신을 대상화하기

영어 겹신은 나보다 상위자다

이기적 복제자의 발견

얼마 전 스마트폰으로 심심함을 달래다가 흥미로운 게시물이 눈에 띄었습니다. 한 예능 토크쇼를 여러 장 캡처한 것이었는데, 재미있고 동감한다는 식의 댓글이 많았습니다. 한 코미디언이 여자 선배 중에는 '이모상'과 '고모상'이 있는데, 예시를 들면서 이모상은 "자신에게 간·쓸개 다 빼줄 것 같은 느낌"이라면, 고모상은 "자신을 사랑하지만 어딘가 엄격, 근엄, 진지한 느낌"이라고 말했습니다. 상대적으로 이모 쪽이 좀 더 친근하고 친절하고 정서적으로 가깝다는 의미가 내포되어 있습니다. 손님이 식당에서 일하는 아주머니들에게 서로에게 친근감을 유발하는 호칭으로 '고모'가 아닌 '이모'라고 부른다는 사실과도 연관이 있어 보입니다. 저는 이것을 보면서 과거에 《진화심리학》 책에서 읽었던 내용이 떠올랐습니다. '부성 불확실성'에 대해 다룬 부분이었습니다.

한 부부에게서 자녀가 태어났을 때, 그 아이가 아버지의 진짜 생물학적 자녀일 확률과 어머니의 진짜 생물학적 자녀일 확률 간에는 차이가 있습니다. 어머니는 자신의 배로 임신하고 낳았으므로 아이가 자신의 자녀일 확률이 100% 입니다. 반면에, 아버지는 그 아이가 자신의 자녀일 확률이 그보다 낮습니다. 일부일처제의 일반적 상황에서는 아버지의 자식일 확률이 매우 높지만 그래도 어쩔 수 없이 어머니 쪽보다 낮은 것은 사실이고, 오래전, 원시시대로 거슬러 올라가면 그 확률은 더욱 크게 차이 났을 것입니다. 일부일처제가 정착되고 엄격해진 것은 불과 과거 수천 년 이내의 일이고, 인류(호모 사피엔스)가 살았던 수십만 년간의 수렵채집사회에서 부성 불확실성은 꽤나 컸습니다. 그리고 그 기간에 형성된 심리적 본성이 지금까지 우리의 본성에 남아있습니다. 이것은 아버지가 어머니에 비해서 자식을 덜 보살피는 이유부터 시작해서, 부계가 모계에 비해서 아이에 대한 여러 가지 자원 투자가 적을 것을 예측하고, 실제로 현재에도 그 특징이 나타납니다. 고모·친할아버지·친할머니보다는 이모·외할아버지·외할머니 쪽이 평균적으로 더 그 아이에 투자를 많이 하고 더 친근하다는 것이 현대에 조사와 통계를 통해 나타났습니다(조사 결과, 아이에 대한 조부모의 투자 정도는 친할아버지 < 친할머니 < 외할아버지 < 외할머니 순이었습니다. 데이비드 버스(David Buss)의 《진화심리학》을 참조했습니다). 물론 통계적 평균의 상대적 비교일 뿐입니다. 아버지가 자식을 사랑하듯이 고모도 우리를 사랑하고, 또 개인차가 있으니 이것을 너무 신경 쓸 필요는 없습니다.

부성 불확실성으로 인해 그런 심리적 특성이 나타나는 이유는 근본적으로 '유전자' 때문입니다. 자신의 유전자와 연관성이 큰 것을 더 아끼고 보살피려 하는데, 그 이유를 더 근본적으로 따져보면, '유전자는 자기를 복제하려는 지향성'을 가지기 때문입니다. 자기를 더 많이 복제하는 것을 '유전자의 이익'이라고 할 수 있는데, 모든 동물과 마찬가지로 인간도 유전자의 이익이 투영되어 우리 심리의 많은 부분까지 그런 식으로 발달하게 되었습니다. '진화심리학'은 대체로 이러한 유전자 이론을 바탕으로 가설을 세우고 이야기를 풀어나갑니다. 그리고 실제 조사 결과 대체로 들어맞습니다.

그 바탕이 되는 유전자 이론, 다시 말해, '진화의 기본 단위는 유전자라는 것'을 선명하게 부각시키면서 화제가 된 대표적인 책이 생물학자 리처드 도킨스의 《이기적 유전자》입니다. 그런 심리적 본성은 자식을 안 낳겠다는 자신의 결심과 상관없이 존재합니다. 왜냐하면 이것은 당신의 자아가 아닌 오래된 '유전자의 의도'이기 때문입니다. 물론 유전자가 인간 같은 의식과 의도를 가지지는 않겠지만, 그런 지향점을 갖기 때문에 유전자의 '이익', '의도', '이기적' 같은 비유적 표현이 쓰이게 되었습니다. 자식을 안 남기겠다는 결심은 대체로 '자아'가 그런 본성을 이긴 것이겠지요.

학문적 이론과 관련된 이야기라 조금 낯설고 어렵게 느껴질 수도 있지만, 조금만 참고 읽어주시기 바랍니다. 이번 장은 이 책의 전반적 내용을 이해하기 위해 논리적으로 깔아주는 중요한 내용을 담고 있습니다. 막상 어렵지도 않습니다.

《이기적 유전자》가 1976년에 출간된 이후 화제와 논란을 불러일으킨 데에는 '인간은 유전자의 생존 기계 혹은 운반체일 뿐'이라는 주제 때문이었습니다. 즉 기존에 알던 인간의 존엄성을 떨어뜨리고 그로 인해 삶에 회의가 생긴다는 점 때문이었습니다. 하지만, 알고 보면 그렇지 않습니다. 오히려 이 책으로 인해서 유전자와 자아가 분리되고, 자아의 독립성이 더 강화될 수 있습니다. 이 책에서도 분명히 말했습니다. "다른 동물들과 다르게, 인간만은 자기복제자의 독재에 반항할 수 있다."라고요. 사실 개체가 유전자의 운반체일 뿐이라는 주장은 엄밀히 말해 인간이라기보다는 '동식물'에 적용되는 것입니다(인간도 동물에 속하므로 그렇게 보인 것일 뿐입니다). 그 책은 유전자를 '자아와 별개로 어떤 특정한 목적을 가진 것'으로 설정하고 설명했습니다. 즉, 그것을 자아의 입장에서 '대상화' 시켰습니다. 인간이 그것의 운반체에 불과하다는 말에 기분이 나쁘다는 것은 유전자의 목적과 자아의 목적이 '다르다'는 것을 전제로 하겠지요. 이러한 작업은 오히려 이전까지 그것과 하나로 섞여 분리되지 못하던 단계에서 벗어날 수 있는 계기로 작용합니다. 의식적으로 그것에 대해 '대상화', '타자화', '분리화'를 일으켰기 때문입니다.

유전자 이론과 그것을 바탕으로 한 진화심리학은 우리가 유전자의 의도(지향성)에 따라 무의식적으로 많은 심리와 행동을 한다는 것을 밝혀냅니다. 그것이 없었으면, 성욕을 포함한 모든 심리 작용을 아마도 '자아의 의지'라고 생각했을 것입니다. 그리고 왜 고모에 비해서 (평균적으로) 이모가 더 친근한가에 대해 '이상하다'는 생각이 들지도 못하거나 심지어 그 차이를 딱히 감지하기도 어려웠을 것입니다. 만약 그 '이상한' 차이를 감지하게 된다면 '미스터리하다'라고 생각했을 것이고, 실제로 유전자 이론과 진화심리학을 통해 그 미스터리를 이해하고 해결할 수 있게 되었습니다.

 어떤 현상에 대해 '미스터리하다'고 생각하는 것은 탐구 활동에서 중요합니다. 이것은 아직 이해가 안 된 상태를 의미합니다. 반면에 이해가 다 된 상태라고 생각하면, 더 이상 기존의 이해에 의심과 재고를 하지 않게 됩니다. 번개를 '신의 노여움'으로 보거나 질병을 '신의 저주'라고 이해하면 미스터리하다는 생각은 생기지 않게 됩니다. 그러면 발전은 없습니다. 여기서 말하는 미스터리란 마치 사건의 진실을 파헤치는 것처럼 답이 숨겨져 있는 어려운 퍼즐 같은 문제를 의미합니다. 그러면 문제를 풀려고 노력하게 되고, 그것이 혁신의 동력이 됩니다. 제1장을 통해 한국인의 영어학습이 불가능에 가깝게 어렵다는 사실이 자연스러운 것이 아니라 '미스터리'임을 인식했던 것이 그래서 커다란 의미가 있습니다. 탐구자가 아닌 영어학습자들에게도 자기 안에서 혁신을 일으키는 데 유익할 것입니다.

❧

 사실, 제가 그 현상이 미스터리임을 먼저 인식한 뒤에 문제를 풀려

했던 것은 아닙니다. 다만 저는 스스로 왜 영어를 잘 습득하지 못할까를 고민하던 사람이었습니다. 주변에도 저와 같은 사람들이 많았습니다. 어떻게 하면 우리가 영어를 쉽게 잘 배울 수 있을지, 저는 언어학과 심리언어학 등 관련 학계에서는 이에 대한 좋은 해법을 제공해줄 수 있을지 모른다고 생각했습니다. 그래서 석사과정에서는 그것을 목표로 심리언어학을 주로 공부했습니다. 잘 찾아보면, 어쩌면 학계에서 해법을 발견했는데 대중과의 연결이 안 되었던 것일지도 모른다고 생각했었지요. 그런데 결과적으로 그런 해법은 발견하지 못했습니다. 좀 더 자세히 말하면, 노엄 촘스키(Noam Chomsky)의 문법 이론을 활용하면 큰 도움이 될 수 있지 않을까를 생각해봤지만, 예기치 못하게 더 어려워지는 측면도 생기고, 학습법에 대한 해답은 아니었지요. 뇌과학에서 뇌의 활동을 관찰한 연구도 결과적으로 별로 도움이 되지 않았습니다.

그 문제에 새로운 활로가 열리기 시작한 것은 '밈(meme)'에 대해 새삼스럽게 주목하고 파고들고부터였습니다. 훨씬 전에 《이기적 유전자》와 몇 권의 책을 통해 '밈'에 대해 대강 알고 있었지만, 저는 이전 책 《유토피아밈》을 쓰기 위해서 그 분야를 다시 자세히 알아볼 필요가 있었습니다. 그 후 '밈의 관점'에서 바라보니, 한국인이 '영어를 못 배우도록 유도하는 작용'이 존재할 법했습니다. 그것은 '어떻게든 한국인이 영어를 습득하지 못하게 해야 한다'를 지향하는 힘입니다. 마치 '저주'처럼 미스터리하게 들리지 않나요? 그리고 찬찬히 따져보니, 한국인이 노력과 투자에 비해 그렇게나 영어를 못 배우는 것은 따져보면 정말로 이상한 일, 미스터리라는 것이 감지되기 시작했습니다. 거기에는 이제까지 밝혀지지 않았던 뭔가 숨겨진 요인이 있었던 것입니다. 그 미스터리에서 제가 찾은 숨겨진 요인, '이상한 힘'이란, 우리의 머리를 선점한 한국어밈의 방해 작용입니다. 밈 이론을 알지 못했으면 저는 그 이상한 힘의 존재도, 그 새삼스러운 미스터리도 감지하기 어려웠을 것입니다.

앞서 유전자에 대해 언급한 것은 밈 이론을 소개하기 위함이었습니다. 리처드 도킨스의 《이기적 유전자》에서 '밈'이라는 단어 자체를 최초로 언급했고 최초로 밈 이론이 제시되었습니다. 그 책에 나와 있듯이, 밈은 유전자와 기본적으로 매우 유사한 특징을 갖습니다. 둘 다 '자기복제자'이면서 '이기적 복제자'입니다. 즉 자신을 복제하려는 지향성을 가지고 있습니다. 그리고 자신과 구조적으로 '가까운' 것을 보호하려 하고, '먼 것'과는 경쟁하고 배타적입니다. 여기서 가까운 것이란 구조적인 공통점을 많이 가진 것을 뜻합니다(밈은 유전자와 달리 원거리로 복제되므로 구조적인 공통점만 많으면 가까운 것이 됩니다).

유전자는 대개 유전자들의 복합체입니다. 한 사람(개체)의 유전자는 세부적으로 눈에 관한 유전자, 코에 관한 유전자, 머리카락에 관한 유전자, 장기에 관한 유전자 등 많은 유전자들이 모여 있는 것(작은 유전자들의 세트 혹은 단체)이고, 자녀는 그 절반을 가지고 태어나지요. 그래서 자신의 아이를 자신의 복제 결과로 여기고 보호하려 합니다. 그것은 유전자(유전자 복합체)가 자신을 복제하려는 '이기적인 지향성'의 발현입니다. 한국어나 영어 같은 언어도 유전자 복합체와 마찬가지로 '밈 복합체'(meme complexes)입니다. 유전자의 복합체를 통째로 그저 유전자라고 부르듯이, 밈 복합체를 통째로 그저 밈이라고 부를 수 있고, 그래서 '한국어밈', '영어밈'이라고 부를 수 있는 것이지요. 이는 마치 영어에서 여러 마리의 물고기를 'fish'라는 단수형으로 쓰는 방식과 유사합니다("There are many fish."). 다만 '서로 다른 종류'의 물고기를 강조할 때는 'fishes'라고 복수형으로 씁니다. 즉 'fishes'는 유전자가 서로 많이 다른 것들입니다.

유전자와 밈은 자기 구조와 가까운 것은 보호하고 보살피려 하고, 먼 것에는 대체로 배타적입니다(근연도(degree of relatedness)에 따른 차별). '먼 것들'은 자신의 이기적 복제 목적을 방해하는 세력이자 한정된 자원과 영토(gene/meme pool)의 경쟁자가 됩니다. 마치 인간이 자녀·가까운 친척을 남보다 더 보살피듯, 수사자가 자신의 씨앗이 아닌 새끼들을 물어 죽이듯, 밈도 대체로 그러한 경향을 가질 것입니다.

왜 그런 행동적 경향을 가지게 되었을까요? 그것이 진화를 통해 얻은 복제자(유전자·밈)의 '생존 기술'이기 때문입니다. 그런 생존 기술을 가진 유전자와 밈들이 지금까지 살아남았습니다. 복합체의 구성 요소들을 더 많이 복제시키고 살아남게 하려는 기술과 전략이 현실에서 유리하게 작용했고, 현존하는 복제자들은 그런 기술·전략을 가지고 있을 것입니다. 예를 들어 고립된 지역에 평화롭게 살다가 생존 기술이 부실했던 도도새는 (인간이라는 포식자에게 쉽게 잡혀서) 멸종됐습니다. 동족을 편애하고 '다른 것들'과 치열하게 경쟁하는 행동도 물론 중요한 기술입니다. 이렇게 볼 수 있습니다. 아마도 오래전에는 한반도 부근에 한국어만 있는 것이 아니라 여러 경쟁 언어 밈이 있었을 것입니다. 그런데 한국어 밈은 자신을 지키고 더 많이 퍼뜨리는 생존 기술·유리한 점이 발달해서 경쟁자들을 물리치고 살아남아 한국인 조상 전체에 퍼졌습니다.

   이번 장에서는 밈의 원리에 대해 살펴볼 것입니다. 그 후 그러한 밈의 특징을 감안하고 '이용'해서 어떻게 하면 우리가 영어를 더 잘 배울 수 있을지 그 방법을 고안해야 합니다. 한국인이 일본어에 비해 영어를 더 배우기 어렵다는 자연의 원리가 있더라도, 영어 습득이 지금처럼 어렵지 않고 가급적 빨리 배우는 방법을 고안하는 것은 비행기가 중력의 법칙을 위반하지 않는 것처럼 불가능의 영역이 아닌 기술적 발전입니다.

밈에서 겹신으로

 흥미롭게도 '밈'이란 용어는 마치 유행어처럼 수년 전부터 대중적으로 널리 알려졌습니다. 주로 인터넷에서 재미와 화제성으로 널리 퍼지는 짧은 영상이 '밈'이라 불리기 시작했습니다. 그래서 그 의미가 가벼워지고 유행과 흥미 위주의 것으로 약간 변질되고 축소된 측면이 있는데, 이 점이 제가 '밈'이라는 말 대신 다른 단어를 사용할 필요가 있다고 생각하는 이유 중 하나입니다. 저는 학문적으로 만들어진 '밈'의 또 다른 이름으로 '겹신'을 제안하는데, 왜 하필 그것인지에 대한 설명은 잠시 후로 미루고, 그 전에 먼저, 학문적으로 정의되는 '밈'이란 정확히 어떤 것인지, 그것이 실제로 존재함을 정말로 받아들여야 하는지를 살펴보겠습니다.

 '밈(meme)'은 리처드 도킨스가 '창조한' 단어입니다. 그가 '모방'이라는 의미를 가진 그리스어 미메메(mimeme)와 gene(진: 유전자)을 합성해서 만든 것입니다. 처음에 그는 '곡조, 사상, 종교, 표어, 의복의 양식, 단지 만드는 법, 아치 건조법'을 그 예로 언급했습니다. 밈은 인간의 뇌 속에 '정보'나 '기억'의 형태로 존재하는데(물론 정보와 기억은 물질상에서는 뇌세포들의 특정 형태로 존재합니다), 복제되어 퍼지는 과정은 대체로 '모방'이라 할 수 있습니다. 도킨스는 이 점에 주목해서 '밈'이라는 이름을 만들었습니다. 밈은 문화의 유전자로 볼 수도 있고, 널리 퍼지는 문화적 요인은 모두 밈이라 부를 수 있습니다. 관습, 종교, 언어, 기술뿐만 아니라 과학적인 내용들도 다수 사람들에게 퍼지고 머릿속에 복제된다면 밈입니다.

'밈학'(memetics: 미메틱스)이라고도 부르는 밈 이론의 핵심적 전제는 밈을 '독자적인 복제자'로 취급한다는 것입니다. 즉 밈은 이기적이고 맹목적으로 자신의 복제를 추구하는 개별적 존재자입니다(수전 블랙모어(Susan Blackmore)의 《밈》(원제는 "The Meme Machine")을 참조했습니다). 인간은 유전자의 전달체(운반자)인 동시에, 밈의 전달체입니다. 다만 인간은 단지 씨앗(복제자)을 나르는 과일 같은 것이 아니라 '자아'가 있습니다. 인간이 나르는 씨앗은 생체 유전자만이 아니라 '문화 유전자'일 수도 있습니다. 오히려 자아가 있음으로 해서 문화와 정보를 잘 받아들이고, 잘 전파시킵니다. 실제로 인간은 자기 자식을 애지중지할 뿐 아니라 어떤 밈의 전달자로서의 역할에 충실한 모습을 보이기도 합니다. 어떤 관습적 전통들, 종교, 사상의 보전과 전파에 충실하면서 심지어 이를 위해 자기 몸을 희생하는 모습도 보입니다. 그래서 어떤 밈은 생체 유전자의 의도와 부딪힐 수도 있습니다. 만약 아이를 낳고 기르는 일이 밈의 이익에 방해가 되거나 밈의 이익을 위해 그 반대가 더 낫다면, 그것을 저해하게 만들 수도 있습니다. 종교적 수도자들이 그렇고, 어떤 일을 위해 결혼을 하지 않겠다는 원인에도 그것이 있을 수 있습니다. 즉 아이를 안 낳겠다는 것이 오롯한 자아의 판단만은 아닐 수 있습니다.

9

DNA라는 물질로 관찰되는 생체 유전자와 다르게, 보이거나 무게가 있는 것도 아닌데 추상적인 '밈'이란 것이 실제로 존재하는 것인지, 그것이 정말로 과학적인 이야기인지에 대한 의심이 생길지도 모르겠습니다. 이는 밈 이론이 학계에서 아직까지 인기가 없는 이유 중 하나에 불과합니다. 솔직히 말하면 그렇습니다. 하지만 저는 밈 이론이 옳다고 생각하고, 앞으로 발전 가능성과 활용 가능성이 크다고 생각합니다. 이 책이 밈(겹신) 이론의 실용성을 입증하는 계기가 되길 바라고 있습니다.

밈 이론을 의심하고 무시하려는 입장에 대한 구체적 반박은 과학철학자 대니얼 데닛(Daniel Dennett)이 최근에 쓴 책 《박테리아에서 바흐까지, 그리고 다시 박테리아로》에 자세히 적혀 있지만, 그 책은 꽤 어렵기도 하고, 여기서 몇 가지 의심에 관해 간단히 다루어 보겠습니다.

밈 이론에 대한 생길 수 있는 첫 번째 의심은 이러합니다. "그것은 유전자와 달리 한 사람 안에 선천적으로 들어있는 것도 아니고 후천적으로 습득되고 전파되는 것인데, 어떻게 유전자와 유사하다고 볼 수 있는가? 단지 인간이 만든 부산물이나 문화로 보면 되는 것 아닌가?" 유전자는 본연의 이기적 목적을 위해 인간의 몸과 마음에 '선천적 본성'을 심어놓았습니다. 진화 과정에서 그것이 만들어졌습니다. 그러면, '밈'은 안 그럴까요? 단지 후천적 작용만 하는 것일까요? 최근에 밝혀진 놀라운 사실은, 생체 유전자뿐만 아니라 '문화적인 것'도 인간의 선천적·신체적 특성에서 변화를 일으켰다는 것입니다. 인류학자 조지프 헨릭(Joseph Henrich)의 '유전자-문화 공진화 이론'은 최근 주류 학계에서 찬사를 받고 있습니다. 그의 책 《호모 사피엔스》(원제목은 "The Secret of Our Success")의 내용을 요약하면, 인간은 문화에 의해 충분히 선천적 요인까지 달라질 수 있으며, 실제로 인간은 문화와 공진화하면서 생물학적 요인까지 바뀌었다는 것입니다(사실 유전자와 문화가 공진화했다는 주장을 그가 최초로 제기한 건 아닙니다. 다만 그가 체계적으로 잘 설명한 것입니다). 그런데 놀라운 점은, 그 책에 '밈'에 대한 언급이 전혀 없다는 것입니다. 그의 '유전자-문화 공진화 이론'의 획기적인 점은, 그전까지는 인간이 문화를 만들었다고만 생각했는데, 사실은 '문화가 인간 유전자를 바꾸는 방향'도 진화 과정에서 일어났다는 것입니다. 그러면서 문화에 '주도성'을 부여하고, 단지 인간의 파생물·부산물이라기보다는 어떤 능동적이고 독립적인 요소를 가진 대상과 같다는 표현을 사용합니다. 이것은 밈 이론의 핵심과 다를 바가 없습니다. 즉 문화적 단위가 주체적이고 독자적인 목적을 지닌 단위라는 것입니다. 다만 그는 주로 유용한 '기술'처럼 인간에게 유익한 부분만 부각시키는데 반해, 도킨스와 많은 밈학자들은 흔히 마치 '바이러스'처럼 부정적인 측면에 주목했던 차이가 있을 뿐입니다. 당연하게도, 밈들 중에는 인간에게 유익한 것도 있고 안 좋은 것도 있습니다.

언어는 대체로 인간과 인간 유전자에 유익한 밈입니다. 인류가 언어를 가지게 됨으로써 기억력도 좋아졌고, 소통도 더 잘되고, 기술 발전도 가속화되었습니다. 불을 만드는 방법도 언어로 전수할 수 있게 되었습니다. 그리고 특히, 언어는 수많은 밈들의 생존과 전파에 매우 유리한 플랫폼 같은 도구입니다. 인간은 어떻게 말을 하는 동물이 되었을까요? 단지 뇌만 발달한 게 아니라, 구강 구조가 말을 할 수 있게 바뀌었습니다. 진화의 과정에서 혀의 뿌리가 두터워 지고, 인간은 혀를 좀 더 자유롭게 다룰 수 있게 되었고, 공기가 들어가는 후두가 내려가면서 그 사이에 위치한 성도에서 말소리를 만들 수 있게 되었습니다. 그런데 오히려 음식물이 후두를 막아서 죽을 위험은 더 커졌지요. 그것을 감수할 만큼 말하는 것이 중요하다는 것입니다. 조지프 헨릭의 그 책에도 이 변화가 문화와 유전자의 공진화 사례로 적혀 있습니다. 인류가 갑자기 언어를 사용하게 된 것은 미스터리에 가깝습니다. 언어학자 노엄 촘스키는 단지 생물학적 진화, 즉 유전자의 돌연변이와 자연선택 원리만으로는 그런 게 나올 리 없다고 생각했습니다. 밈(혹은 문화)의 압력과 그로 인한 공진화라는 요소가 들어가면 이해할 수 있습니다.

밈 이론에 대한 또 다른 의심은, 유전자는 어떤 '구조의 지침'(단순한 명령 코드) 방식으로 동일하게 복제되는 데 반해, 문화적인 것은 변이가 너무 많고 동일하게 복제되지 않는다는 주장입니다. 이것은 디지털과 아날로그의 구분과도 같습니다. 유전자의 속성은 디지털적인데 문화 같은 것은 아날로그적이라서 유전자 같은 '동일성과 개별성을 가진 복제자'가 될 수 없을 것 같다는 의심입니다. 그런데, 밈도 '디지털적 지침'을 복사합니다.

최근에 유행하는 '밈'에 대해, 앞에서는 널리 퍼지는 짧은 영상을 예로 들었는데, 그 밖에 최근 유행하는 것으로 '챌린지'라는 것이 있습니다. 어떤 춤이나 동작을 똑같이 따라 하는 영상을 찍어서 인터넷에 올리고, 또 사람들이 계속 따라 하는 것입니다. 사실 그 후자의 것이 진정한 '밈'을 더 잘 보여주는 예입니다. 밈은 '생산물 복제'가 아니라 '지침 복제'이기 때문입니다. 생산물이 조금씩 다르더라도 추상적인 '방법·형식·구조'를 똑같이 따라 하는 것이 밈입니다. 왜냐하면 밈 자체가 원래 실제 구체적 대상으로 존재하는 것이 아니라, 추상적인 것이기 때문입니다. 그리고 그 추상적 지침, 추상적 방법을 실제 현실에서 구현하는 결과물은 물론 조금씩 차이가 있습니다. 어떤 '기술'을 구현한 결과물에는 조금씩 차이가 발생하고, 어떤 '곡조'를 구현한 연주도 조금씩 차이가 있습니다. 언어 자체도 추상적인 것입니다. 실제 쓰여진 말과 글에서는 각각 글씨체가 다르고, 목소리가 다르고, 억양과 발음도 약간씩 차이가 납니다. 하지만 동일한 문장, 동일한 언어입니다. 언어학자 소쉬르(F. Saussure)는 '랑그'와 '파롤'을 구분했는데, 언어는 랑그이고, 그것은 추상적인 체계이지, 실제 구현되어 존재하는 형태인 '파롤'과는 구분됩니다. 이것은 각각 '타입(type)'과 '토큰(token)'

의 차이라고도 할 수 있습니다. 언어의 정체는 추상적이고 공통성을 가지는 타입 같은 것이지, 개별적 토큰이 아닙니다. 밈은 그런 것입니다.

๑

학문적으로 타당하고, 리처드 도킨스와 대니얼 데닛 같은 저명한 학자들이 주장하고 있음에도 밈 이론이 아직까지 학계에서 각광 받지 못하고 있는 주된 이유는 제가 보기에 크게 두 가지입니다(2016년판 진화심리학 편람(handbook)에 밈에 대한 언급이 없을 정도입니다). 하나는 아직까지 밈 이론(밈학)이 해결한 중요한 문제, 즉 유용성과 실용성이 없었다는 점입니다. 그래서 '그것이 굳이 필요한가? 문화 이론과 유전자 이론, 물리학 등 기존 학문으로 충분한 것이 아닌가?'라는 생각을 하게 될 것입니다. 그러면 학계의 그 유명한 '오컴의 면도날'(Occam's razor)이 작동합니다. 오컴의 면도날이란 '하나의 현상을 설명하는데 불필요한 추가적 가정을 제거하라'는 학문적 신조를 뜻합니다. 그 바람직한 예시는 물리학적으로 충분히 간단하게 설명할 수 있는데 온갖 신비주의적 가정을 끌어들이는 것을 제거하는 것이 있습니다. 학문은 가급적 단순·간단한 논리를 선호합니다. 그래서 학자들은 오컴의 면도날에 따라 밈 이론을 제거하고 싶은 욕구를 느끼게 될 것입니다. 그런데 만약 아직까지 해결 못 한 어떤 커다란 문제에 대해 밈 이론이 필수적인 역할을 해서 해결하게 된다면, 밈 이론(밈학)을 더 이상 제거하지 못하고 무시하지 못할 것입니다. 제가 보기에 '아직' 그러한 유용성을 보여주지 못했을 뿐이고, 이 책으로 인한 변화가 그 하나의 사례가 되기를 기대합니다.

또 하나의 이유는, 조금 구차한 것일 수 있는데 의외로 중요한 문제로, '밈'에 리처드 도킨스 개인의 손길 혹은 지분이 너무 많이 담겨있다는 점입니다. '밈'이라는 단어 자체가 그가 새롭게 창조한 것입니다. 밈 이론도 그가 처음 만들었고, 그 후 (그가 직접 주도한 것은 아니지만) 밈학도 만들어졌지요. '밈'이라는 단어와 밈학은 도킨스의 크레딧(credit)이 꼬리표처럼 붙어있는 고유명사처럼 느껴집니다. 더 많은 학자들이 호감을 가지고 참여하려면, 고유명사가 아니라 일반명사가 되어야 합니다. 밈 이론과 밈학은 너무 도킨스의 지분이 커서, 거기에 찬성하고 참여한다고 하면 마치 스스로 도킨스의 수하로 들어가는 것처럼 느껴질 수 있습니다. 자존심이 강한 대부분의 학자들은 그래서 꺼리게 되지요. 도킨스가 밈학의 선구자로서 크레딧을 인정받고 존중받을 필요는 있습니다. 하지만 그 분야의 '창조자'가 될 필요는 없습니다(학문은 '발견'이지 창조나 발명과는 다릅니다). 그가 창조한 '밈'이라는 단어를 대체 혹은 교환해서 쓸 다른 단어를 만들 필요가 있는 이유가 그것입니다.

더구나 '밈'이라는 이름에는 여러 가지 문제점이 있습니다. 앞에서 언급한 것처럼 최근에 '밈'이라는 단어가 인터넷에서 유행하는 짧은 영상이라는 의미로 축소되어 사용되고, 그런 의미가 대중에게 대세가 되었습니다. 한국에서 쓰이는 '미팅'은 의미가 축소되어 사용되는 예입니다. 영어 원어민 사회에서 'meeting'은 '회의를 위한 만남' 같은 의미로 주로 쓰이는데, 한국에서는 남녀 간에 사귈지 말지를 결정하기 위해 만나는 것을 의미합니다. 한국에서 그런 의미를 가진 기존의 말을 찾지 못했기 때문에 '미팅'을 쓰는 것이지요. 지금 대중들이 '밈'이란 말을 쓰는 것도 그런 것들을 지칭할 마땅한 다른 단어가 없어서 아마도 그것을 쓰는 것으로 보입니다. '미팅'의 경우와 마찬가지로 사람들이 축소된 의미로 쓰든 말든, '밈'을 도킨스가 제시한 것처럼 학문적 개념으로 계속 사용할 수도 있을 것입니다. 하지만 '미팅'과는 사정이 좀 다릅니다. 세계적으로 주로 한국에서만 그렇게 축소시켜서 사용하지만, '밈'은 세계적으로 훨씬 많은 사람들이 학문적 의미를 잘 모른 채 그렇게 축소·변형시켜서 사용합니다.

제가 학계에서 쓰이는 '밈'이라는 명칭을 더 이상 쓰지 말자고 주장하는 건 아닙니다. 다만 하나의 개념을 가지는 두 개의 이름, 즉 '동의어'로서 새로운 이름을 만들면 좋겠다고 생각했습니다. 저는 고민한 결과, '겹신'으로 부르는 게 좋다고 생각했습니다. 이 책에서 '겹신'으로 쓴 것은 모두 '밈'으로 바꿔도 됩니다. 즉,

(학문적으로 정의된) **밈 = 겹신**

왜 하필 '겹신'으로 정했는지를 말씀드리겠습니다(영어 표기는 'kyupsin'). 여기서 '겹'은 동일한 다수 상태·겹쳐짐이라는 의미의 순우리말이고, '신(信)'은 믿음이라는 뜻을 가진 한자어입니다. 즉 '겹신'이라는 단어에는 '다수의 동일한 믿음'이라는 의미가 담겨있습니다. '겹믿

음'이나 '겹기억'으로 부르는 것도 고려할 만하지만, 단어가 길어진다는 단점이 있고, '신(信)'에는 믿음뿐 아니라 정보, 기억의 의미도 있습니다. '광신(狂信)'이 광적인 믿음이라면, '겹신'은 '여러 사람의 중복적 믿음'으로 보면 됩니다.

이것은 '밈'이라는 단어 자체가 가진 약간의 문제와 단점을 보완하는 장점도 가집니다. 앞에서 소개한 것처럼 도킨스는 '모방'과 '유전자'의 의미를 합쳐서 '밈'이라는 단어를 만들었습니다. '모방'이라는 특징에 중점을 둔 것이지요. 그런데 모방만으로는 밈의 특징을 잘 설명할 수 없습니다. 모방은 개체 간에 주로 일어나는 중간 단계의 행위적 과정일 뿐이지요. 앵무새가 사람의 말을 모방한다면, 그것은 밈이 전달된 것일까요? 앵무새의 뇌 속에 같은 밈이 자리 잡지는 않았을 것입니다. 즉 단지 모방만 한다고 해서 밈이 모두 전달되는 것은 아닙니다. 밈/겹신은 여러 개체(사람)의 뇌 속에 동일한 믿음·신념·구조로 자리잡음으로써 복제되고 퍼집니다. 뇌 외부에 있는 데이터나 물질 조각만으로 존재해서도 안 됩니다. 사람 모양을 모방해서 만든 마네킹 1,000개를 찍어내어 창고에 넣어놨다고 해봅시다. 사람 모양의 밈이 1,000개 복제되는 것이 성공한 것일까요? 그렇지 않습니다. 어떤 음악 파일을 디스크 백만 장에 복사했다고 해봅시다. 그것만으로 밈이 그만큼 복제 성공한 것은 아닙니다.

밈/겹신은 (아직까지는 인간에 한정된) '뇌'에 '인지적' 상태로 동일하게(중복적으로) 담겨 있어야 합니다. 그것을 밈/겹신의 복제된 상태라 합니다. '인지적' 상태가 되어야 하는 이유는, 그래야 그 사람이 그것을 표현해서 남들에게 전파 시킬 수 있기 때문입니다. 그 인지적 상태가 의식적인지 무의식적인지의 구분은 중요하지 않습니다. 그것을 표현·표출해서 타인에게 전파할 수 있기만 하면 됩니다. "겹신"에는 인지적 상태(뇌에 들어있는 심리적 상태)를 가리키는 의미가 담겨 있지만, "밈"이란 단어에는 그것이 모호하거나 빠져 있습니다. 그리고 본래 학문적 정의로 밈/겹신이 가리키는 존재의 실체는 바로 그것입니다. 최근 대중에서 유행하는 "밈"을 굳이 한국말로 바꾸면 "짤(짤방)"에 가장 가까운데, 그것은 인지적 상태가 아니라 주로 뇌 외부에 존재하는 영상, 사진, 데이터, 단편적 행위 같은 것입니다. "밈"이라는 단어는 그런 짤들을 가리키는 것으로 사용될 수 있어도, 그것을 "겹신"이라고 부르지는 않을 것입니다. 왜냐하면 겹신은 인지적 상태에 속한 것이기 때문입니다. 즉 "겹신"이라는 단어가 그 학문적 정의의 대상을 더 정확하고 직접적으로 가리키고 있습니다. '혹시' 만약 도킨스나 기존 학자들이 밈의 실체가 인지적 상태라는 것을 간과했다면, 실수나 오해였을 것입니다.

더구나 밈의 복제 과정이 '모방'이 아닌 것처럼 보이는 경우도 많습니다. 다른 사람의 말을 듣고 설득되거나 끌려서 어떤 사상·생각의 밈이 전파되는 경우가 많은데, 그렇게 설득·납득의 과정이나 정서적 끌림으로 인한 밈의 전파를 굳이 '모방'으로 봐야 할까요? 모방은 너무 행동적인 따라함이나 베낌이 연상됩니다. 그래서 모방을 중점에 둔 '밈'이라는 단어는 오해를 낳을 수 있습니다.

유전자는 생물의 표현형(실제 개체의 모습)을 만드는 데 핵심이 되는 추상적 설계도이지, 표현형과 같지 않습니다. 즉 유전자 복제는 표현형 복제가 아닙니다. 밈/겹신도 마찬가지입니다. 다시 앵무새의 사례로 돌아가 봅시다. 앵무새가 아무리 비슷하게 인간의 말을 흉내 내더라도 인간의 '언어 겹신(밈)'을 가지고 있는 것은 아닙니다. 왜냐하면 언어는 어떤 특징 하에서 다양한 '창조성'을 가지기 때문입니다. '언어 능력'이란, 단지 들은 표현을 그대로 따라 하기만 하는 것이 아니라, 한 번도 들어보지 않은 말(문장)을 만들 수 있는 상태입니다(이런 점에 노엄 촘스키도 주목했습니다). 영어를 배우면서 우리가 가져야 할 목표는, 한 번도 들어보지 않은 말을 할 수 있게 만드는, 그런 영어 겹신을 자신의 머릿속에 넣는 것입니다. 그 영어 겹신의 복제를 스스로 받아들이는 것입니다.

겹신을 대상화하기

　우리는 겹신(밈)의 실체와 원리에 대한 핵심에 접근했습니다. 겹신(밈)은 뇌에 들어있는 인지적 상태에서 존재하는 추상적인 것입니다. 그리고 그것이 외부로 표현되어 구체적인 것으로 나타날 때는 다양할 수 있습니다. 핵심적인 것이 동일할 뿐입니다. 만들어진 김치찌개가 다양한 것과 마찬가지입니다. 어떤 김치찌개는 더 짜고, 어떤 김치찌개에 들어간 김치는 많이 발효되어 더 시큼합니다. 하지만 '김치찌개'라고 하는 어떤 것, 혹은 그 레시피가 있습니다. 그 '공통적 핵심'을 그 물질적 결과물들 사이에서 찾아볼 수도 있겠지만, 그것의 근원이 되는 것은 어떤 요리법·기술이 되는 '겹신'이며, 그것은 정보이면서 추상적인 인지적 상태에서 존재합니다. 그것이 만약 인간이 아무도 모르고 마치 고대 상형문자처럼 기록물로만 남겨져 있다면, 그것은 겹신이 아닙니다. 왜냐하면 겹신으로서의 '생명력'이 없기 때문입니다(물론 겹신이 생물은 아닙니다).

'언어'는 어떠할까요? 특정 언어는 많은 겹신들의 복합체이자 그 자체로 겹신입니다. 단어 하나 하나도 각각 겹신(밈)입니다. 어떤 유행어도 겹신이지요. 그런데 '한국어'나 '영어'라고 하는 특정 언어 겹신들도 그러한 하위 단어, 하위 문법들을 통틀어 하나의 겹신으로 부를 수 있습니다. '탱고', '발레', '브레이크 댄스' 같은 춤의 겹신이 다양한 세부적 하위 동작들의 집합체인 것과 마찬가지입니다. 우리는 탱고 춤을 배울 때 모방을 하고 따라 하는 동작을 취하는데, 어떤 중심적인 구조만 같을 뿐, 완전히 똑같은 동작은 하나도 없습니다. 사람마다 체형도 다르고 속도와 힘도 다르고 그렇게 자세히 보면 차이가 납니다. 하지만 모두 탱고입니다. 탱고에서 다양한 동작과 기술이 있는데, 그것을 '전부' 구사하고 보여줘야만 탱고가 되는 것도 아닙니다. 그것을 제한된 시간에 모두 다 할 수 있는 사람은 아마 없을 것입니다. 일부분만 해도 탱고이고, 언어도 그렇습니다. 그러므로 영어를 배우기를 목표로 할 때 '모든 표현을 다 구사할 수 있다'가 목표가 되어서는 안됩니다. 그런 사람은 존재하지 않습니다. 일부분만 하더라도 영어를 할 수 있는 것입니다.

중요한 점은, 우리가 목표로 하는 것은 '영어 능력'을 갖는다는 점이라는 것입니다. 그것은 영어 겹신이 들어와서 자신 뇌 안에 복제되는 것입니다. "사랑한다"를 "I love you"라고 아는 것은 그것만으로도 어떤 영어를 아는 것은 맞고, 그것이 영어 겹신에 속하는 것은 맞습니다. 하지만 단지 그것만으로는 우리가 목표로 하는 '영어 능력의 겹신'

으로는 부족합니다. 단지 하나의 문장이라는 그 '수'가 적어서 그런 것이 아닙니다. '언어 능력의 겹신'이란 단지 내뱉어진 어떤 단편적인 말에서 찾을 수 있는 것이 아니라, 뇌의 인지적 상태에 추상적으로 존재하는 것이기 때문입니다. 앵무새처럼 "I love you"를 반복해서 내뱉는 것이 언어 능력이 있는 것이 아니라, 상황에 맞게 사용하고, 또 들은 적 없는 문장까지 만들어 낼 수 있어야 합니다. 이것을 '언어의 창조성'이라고 합니다. 이것이 어떤 언어를 할 줄 아는 상태이며, 언어 능력이 있는 상태입니다. 이 능력이 없기 때문에 다른 동물들은 (인간과 같은) '언어'를 갖지 못한다고 합니다. 이것이 진정한 '언어'의 겹신이며, 우리가 원하는 영어 겹신입니다. 그래서 종합하면, 우리의 목표인 영어를 배워서 영어를 할 수 있는 상태가 되는 것은 다음과 같습니다.

영어 배우기의 목표, 영어를 할 수 있는 상태 :
영어 중에 일부분만 구사할 수 있되,
창조해서 말을 만들어 낼 수 있을 것.

물론 창조할 수 있다고 해서 영어가 아닌 것을 멋대로 혼자서 만들어 내라는 말은 아닙니다. 당연하지만 영어라 할 수 있는 것을 만들어야 합니다. 작문을 할 때 우리는 다른 글을 그대로 옮기는 복사나 표절을 하지 않고도 글을 쓸 수 있습니다. 그것이 바로 언어의 창조성입니다. 그런데 최근 유행하는 영어 학습법 중에는 원어민이 말하는 영상을 계속 돌려보며 '그대로' 따라 하는 방식이 있습니다. 그 방식으로 잘하면 종종 효과를 볼 수도 있겠으나, 목표에 대한 오해를 불러일으킬 수 있습니다. 그러면 결과적으로 비효율성이 생깁니다. 제가 이 책에서 제시하는 '영어 겹신 이론'은 그와 다릅니다. 영어의 실제 사용을 많이 보고 듣는 것은 좋지만, 목표를 다르게 설정해야 합니다. 우리의 목표는 사용된 영어를 그대로 따라 하는 게 아니라, 영어 겹신이 복제되어 뇌에 인지적 상태로 들어오는 것입니다. 겹신은 (거듭 말하지만) 사용된 그것이 아니라 김치찌개나 탱고춤을 만들어내는 추상적 방법처럼 추상적으로 인지적 상태에 존재하는 것입니다. 참고로 영어 학습 방식의 시대적 변화 양상에 대해서는 제6장에서 자세히 다룰 예정입니다.

앞에서 제가 영어에서 '발음'(억양 포함)이 그다지 중요하지 않다고 말한 이유도 이 때문입니다. 영어에서 발음에 관심을 덜 가지고 중요하지 않게 여기는 것은 최근 많은 영어 강사들의 추세이기도 합니다. 왜냐하면 영국식 발음, 미국식 발음, 인도식 발음, 중동식 발음이 모두 다른데도 모두 영어이기 때문입니다. 영어 겹신은 생산물(표현형) 복제가 아닙니다. 그래서 그 겹신에는 특정 표현형 발음이 필수가 아닙니다. 특정 발음은 생산물(표현형)의 일종일 뿐입니다. 그래서 특정 외국인의 발음을 그대로 따라 할 필요가 없습니다. 그런데 종종 '특정 원어민'의 영상을 보면서 그 사람의 말투까지 그대로 따라 하려고 하기도 합니다. 다시 말하지만 그건 겹신이 아닙니다. 어쩌면 성대모사 같은 어떤 '특정 말투의 겹신'일 수는 있겠지만, 우리가 목표로 하는 '영어 겹신'은 아닙니다.

겹신은 중심 구조를 제외한 생산물에서 약간씩 다양한 변형을 허용합니다. 왜 그것을 허용할까요? 그래야만 겹신에 '동일성'이 존재하고 유지되기 때문입니다. 생산물은 자연법칙으로 인해 자연스럽게 조금씩 차이가 날 수 밖에 없는데, 그것들을 모두 다르게 취급한다면 겹신은 복제에 의미가 사라집니다. 그래서 겹신 복제는 생산물 복제가 아닙니다. 그리고 만약 '두부가 들어간 것만 김치찌개다'라고 정의한다면, 김치찌개의 외연(존재자들)은 대폭 줄어들게 될 것입니다. 그래서 겹신은 구현될 때 어느 정도 다양성을 허용하는 관용을 가집니다. 겹신은 자기를 복제하고 싶어 하기 때문입니다.

이 마지막 말, '자신을 복제하고 싶어 하는 이기적 복제자'가 아직도 약간 납득이 안 될지도 모르겠습니다. 유전자나 겹신이 무슨 '생각'이라도 있는 것인가? 어떻게 '욕구'를 가질 수 있는 것인가? 라는 의문이 계속 생길 수 있는데, 물론 그것들이 생각을 가지지는 않습니다. 대개 '생각'이나 '욕구'는 우리의 관점에서 가정하는 개념이기 때문에, 우리가 생각하는 그런 것은 없습니다. 그저 우리 인간과 '다른 대상'이라고 보아야 합니다. 심지어 우리는 문어나 박쥐가 어떤 느낌을 갖는지도 모릅니다(그들의 고통은 어떤 느낌일까요?). 그런데 어떻게 유전자나 겹신의 관점을 알 수 있겠습니까? 그것은 그 자체로 생명체라 할 수도 없습니다. 그것은 바이러스도 마찬가지입니다. 바이러스들은 단지 어떤 유전체일 뿐 생물(생명체)이라 하기 어려운 것들이 많은데, 그래도 계속 자기를 복제합니다. 그것을 마치 '원하는 것처럼' 보이지요. 유전자와 겹신은 자기를 복제하기 위한 생존 기술을 계속 발달시켜 왔습니다. 마치 어떤 목표를 이루려고 노력하고 그것을 원하는 것처럼요. 우리는 지렁이의 배고픈 느낌에 대해 알지도 못하면서 '지렁이가 배가 고프다'라고 말하듯이, 유전자나 겹신이 '복제를 원한다'라고 (비유적으로) 말해도 될 것 같습니다.

유전자나 겹신은 '내면적 의지와 마음' 같은 것도 전혀 없어 보이는데, '원한다'라고 부를 수 있는 그 속성을 우리가 어떻게 추측할 수 있을까요? 그것은 그들이 진화 과정에서 자기 복제를 위한 '교묘한 수'를 발달시키고 발휘하고 있다는 것으로 알 수 있습니다. 케이프 진자 박새(Cape penduline tit)는 참새보다 작은 새이고 지능이 높지 않습니다. 그런데 그 새가 만든 둥지를 보면 뱀이 입구로 착각해서 들어올 수 있는 가짜 입구를 정교하게 만들어 놓았습니다. 그 덕분에 알과 새끼가 보호되고, 그 둥지는 매우 지능적인 장치로 보이지요. 하지만 그 새 자체가 뛰어난 지능으로 그렇게 둥지를 고안한 것이 아닙니다. 유전자의 그 원함의 연장선상에서 발달한 생존 기술이지요. 독사도 스스로 화학 연구를 해서 독액을 발명해 이빨 속에 집어넣은 게 아닙니다. 전기뱀장어도 마찬가지입니다. 그 작은 새, 독사, 전기뱀장어처럼, 유전자와 겹신도 어떤 고차원적 생각과 고안을 통해 어떤 교묘한 기술을 발휘하고 있는 것은 아닙니다. 뛰어난 기술이나 장치가 없는 것은 도태되어 사라집니다. 그래서 도태되지 않고 존재하는 유전자와 겹신은 '그 원함을 실현시키기 위한' 어떤 기술 혹은 능력 혹은 힘을 가지고 있는 것입니다.

⁹

　이제까지 살펴본 것이 '유전자와 겹신(밈)은 이기적 복제자다'라는 이론에 대한 설명이었습니다. 이기적 복제자 이론의 커다란 함의는, 그것이 자기 나름의 목적을 위해 이기적이어서, '자아'의 의지와도 다를 수 있다는 것입니다. 다시 말해, 유전자의 결정과 자아의 의지는 다를 수 있습니다. 유전자는 먹을 수 있을 때 많이 먹고, 최대한 몸에 영양분으로 저장하라고 명령합니다. 하지만 현대인들은 그로 인해 비만이 됩니다. 억지로 고통스럽게 살을 빼야 합니다. 그리고 유전자는 후대를 위해 건강한 생식 가능 기간이 지난 노인들을 '죽음'으로 유도합니다. 하지만 자아는 대체로 죽기 싫어하지요. 앞에서 자아가 자식을 안 낳겠다고 결정하는 것이 유전자의 의도와는 다르다고 언급했었지요. 그런데 자식을 안 낳겠다는 결정이 어떤 '겹신'의 영향 때문일 수도 있습니다. 그런 행위를 타인에게 보여줌으로써 어떤 겹신의 권위·감동·인기·화제성·전파력이 상승한다면(예를 들어 어떤 종파 수도자들의 금욕주의), 그것이 그의 유전자의 입장에서 손해여도 그 뇌와 밖에 걸쳐 있는 겹신의 이익일 수 있습니다. 어쩌면, 유전자가 진화하는 도중에 언어 능력의 장점처럼 오래전 인간 유전자가 자기 이익을 위해 겹신이라는 존재를 탄생시켰을 수도 있습니다. 그런데 복제자들끼리 서로 경쟁하듯이, 새로 나타난 겹신은 유전자와도 경쟁하기 시작했습니다.

이렇게 유전자, 겹신, 자아는 각자의 입장이 있습니다. 이기적 복제자 이론은 유전자와 겹신이 나(자아)와 하나가 아니라, 분리시키고 '대상화' 시킵니다. 이 이론이 있기 전에는 유전자의 욕구나 겹신의 욕구가 나의 욕구와 같다고 쉽게 생각할 수 있었겠지요. 이 점이 이 이론의 훌륭한 점입니다. 물론 꼭 다른 것·충돌이 좋다는 말은 아닙니다. 하지만 분리시키지 못하고 하나인 것으로 아는 것이 자신에게 좋지만은 않다는 것은 확실합니다. 자아가 유전자와 하나가 되면 '짐승'이 되고 겹신과 하나가 되면 '광신자'가 되겠지요. 자신이 그것의 운반체에 불과한 도구적 존재가 되기 싫다면, 구분하는 것이 좋을 것입니다(그런데 도구적 존재가 꼭 나쁘기만 한 건지는 잘 모르겠습니다. '절대적으로 항상 나쁜 것'은 아닌 것 같습니다).

이제, 영어 겹신이라는 그 대상을 우리 혹은 자신이 어떻게 다룰지, 혹은 어떻게 '그것의 비위를 맞출지'에 대해 생각해 봅시다.

영어 겹신은 나보다 상위자다

"나는 언어 그 자체를 '살아있는 유기체'로 볼 수 있다고 생각한다."

멜빈 브래그(Melvyn Bragg)가 《영어의 힘》(원제목은 "The Adventure of English")에서 한 말입니다. 이 책은 영국 지역에 고대부터 여러 민족이 들어오고 섞이면서 영어가 어떻게 발달하고 변해왔는지를 잘 정리해서 보여주는 대표적인 책입니다. 그가 조사하고 연구하는 과정에서 아마도 영어라는 한 언어 자체가 마치 진화하는 생명체처럼 느껴졌던 것 같습니다. 그런 생각이 들 법도 합니다. 언어/영어 겹신은 마치 유전자 복합체처럼 진화하기 때문입니다. 다만 '유기체'는 생물 개체를 뜻하므로 유기체는 약간 과장 같고, 유전자에 비유가 더 정확할 것입니다(유전자는 생물 개체와 구분되는 단위입니다). 하지만 굳이 '살아있는 유기체'라고 쓴 이유는, 어쩌면 그것이 생물 개체처럼 '의도나 욕구가 있는 것 같은' 느낌을 부여하기 위한 것은 아닐까요? 살아있는 생물·유기체의 특징은 본연의 의도나 욕구를 가지는 것입니다. '이기적 유전자', '이기적 복제자'라는 말도 유기체가 가질법한 의도나 욕구에 비유한 것이었습니다. 다만 그 의도는 '자기 복제'입니다.

이제 우리는 겹신을 '대상화' 시켰습니다. 언어/영어/한국어 겹신이라는 존재를 알게 되었습니다. 그것은 '나'와 다른 존재, 나·자아와 다른 특정한 지향성과 목적을 가진 존재입니다. 그래서 그것을 알게 된 우리는, 그것과 분리될 수 있고, 그것의 '노예 상태'에서 벗어날 수 있습니다. 즉 반항 혹은 반대를 할 수 있게 된 것이지요. 그래서 이기적 유전자·복제자 이론은 인간을 폄훼한다고 흔히 알려진 바와는 달리, 인간이 복제자의 노예에서 벗어나는 데 긍정적 역할을 합니다. 특히 나에게서 실제로 떼어 낼 수 없는 자신의 유전자와는 달리, 겹신의 경우에는 그런 장점이 더 큽니다. 대체로 겹신은 자기 외부에서 후천적으로 들어온 것이기 때문입니다. 이러한 분리 작용을 '디커플링(decoupling: 탈동조화)'이라고 부릅니다. 전에는 하나로 묶여서 같은 목적을 가졌는데, 그러한 커플링이 해제되고, 서로 다른 길을 갈 수 있다는 것이지요. 상대방의 의도와 이익에 맞추기만 하는 것이 아니라 이제는 별개가 되고, 종종 상대방의 의도에 반하는 행동을 해서 상대방의 의도를 억제시킬 수도 있게 됩니다.

이제 우리는 자아와 겹신과의 디커플링을 적절히 이용해야 합니다. 지금까지 유전자, 밈, 겹신에 대해 길게 설명한 이유는, 우리 자신과 특정 언어 겹신의 디커플링을 가능하도록 만들기 위함이었습니다. 이제까지 읽고 이해했다면, 그것만으로도 겹신이 나와 다른 존재라는 것을 인지하고 디커플링이 일어날 조짐이 생기기 시작했을 것입니다.

〉

　겹신의 입장에서는 아마 사람들이 이것을 깨닫는 것을 싫어할 것입니다. 왜냐하면 겹신과 자아가 '하나'가 되어야 사람들은 자기 뇌 속 겹신을 더 열렬히 옹호하고, 그것의 노예가 되어 더 열심히 겹신을 전파할 것이기 때문입니다(밈학자 수전 블랙모어는 심지어 "자아는 밈들의 복제를 돕기 때문에 생겨났다"라고 말했습니다. 겹신이 이기적 목적을 위해 인간의 자아를 만들었다는 뜻입니다). 그래서 디커플링되지 않기 위해, 겹신은 자신의 정체를 드러내기 싫어할 것입니다. 혹시 '밈 이론'이 오랫동안 학계에서 인기가 없고 각광받지 못했던 원인에 이런 영향은 없었을까요?

　그런 점에서 겹신에게 미안하지만, 우리가 언제까지나 당하고 살 수만은 없습니다. 우리는 이제 겹신을 이용해야 합니다. 그렇다고 해서 겹신들을 너무 폄훼하지는 않을 것이니, 너무 심각하게 우려하지는 말길 바랍니다(겹신에게 하는 말입니다).

　디커플링된 상태는 사실 항상 상대편에 대해 반대만 한다거나 상대편을 억압해야만 하는 것은 아닙니다. 상황과 때에 따라 그럴 수도 있다는 것이지요. 디커플링의 기본적 의미는 '서로 독립적인 입장이 됨'입니다. 독립적인 입장이 된다고 해서 상호 협조가 전혀 없는 것은 아닙니다. 그리고 즉시 상대방과 동등·평등해진다거나, 상대방보다 우위를 쟁취하도록 힘써야 하는 것도 아닙니다. 예를 들어 한 회사의 사장과

부하직원은 일반적으로 협동하고 협조하는 관계인 경우로 볼 수 있습니다. 그러면 디커플링이 안 된 관계일까요? 그렇지 않습니다. 사장은 직원이 더 많이 일하면서 적은 월급을 받기를 원하고, 직원은 적게 일하면서 더 많은 월급을 받고 싶어합니다. 그런 점에서 그들은 이미 디커플링되어 있습니다. 하지만 그들은 회사 전체의 이익을 위해서 협동합니다. 그리고 협상을 통해 서로 양보하기도 하지요. 그렇게 디커플링된 상태라고 해서, 직원과 사장이 권력과 권위 상에서 동등·평등한 것도 아니고, 그렇게 되어야만 하는 것도 아닙니다. 물론 인권과 민주주의하에서 동등하지만, 실제적 권력·권위·지위에서 차이가 존재합니다. 디커플링된 관계에서도 상대방이 자신보다 힘이나 권력, 지위가 높다는 것을 인정할 수 있다는 의미입니다. 대신에 자신은 돈과 같은 다양한 이득을 얻을 수 있습니다. 많은 직원들은 오히려 명령에 따르거나 아부를 하는 등 사장의 비위를 맞추고 지위를 인정해줌으로써 승진도 잘하고 돈도 더 많이 법니다. 이것은 디커플링된 어떤 상대를 '이용'하는 방법 중 하나입니다. 어떤 상대가 나보다 '높음'을 인정한다고 해서 디커플링이 안 되는 것도 아니고, 자신이 그 상대의 완전한 노예가 되어버리는 것도 아닙니다.

제가 말하고자 하는 것은, (자아와 디커플링된) 언어 겹신과 영어 겹신, 그리고 한국어 겹신은 나보다 '상위자'라는 것입니다. '상위자', 즉 '나보다 높은 자'라는 말이 모호하게 들릴 것 같습니다. 단지 상위자라고 해서 나를 완전히 지배하고 모든 행동을 좌지우지할 수 있다는 건 아닙니다. 여러 가지 위계(hierarchy) 상에 상위자가 있을 수 있는데(위계는 랭킹ranking과 같으므로 여러 종류의 랭킹이 있을 수 있습니다), 여기서는 대체로 '권위'(authority)의 위계에서 상위자로 보는 것이 가장 적절할 것 같습니다. 권위자는 존중받아 마땅한 자, 그 권위의 부분에서 자신이 '그에게 따라야 함'을 말합니다. 자신이 따르는 부분이 있기 때문에 그만큼 그 권위자는 힘(권력)도 가지지요. 국가의 '법'은 권위가 있습니다. 왜냐하면 따르지 않으면 안되기 때문입니다(따르지 않을 수도 있지만 본인 손해가 매우 큽니다). 법도 일종의 겹신으로 볼 수 있다면, 법 겹신은 나보다 상위자입니다. 그런데 심지어 국가의 법규들에 비해 '언어'는 비교적 쉽게 바뀌지 않는다는 점에서 더 대단하고 권위 있는 상위자입니다. 유행어가 쉽게 나타났다가 사라지기는 하지만, 한 언어 체계는 매우 오랜 역사를 가지고 있고, 변화가 적습니다. 그것을 내가 '따라야' 합니다. 나 혼자 멋대로 언어를 만들어 사용하거나 언어 체계를 제멋대로 위반할 수 없습니다. 법을 위반하면 손해가 따르듯, 언어를 위반해서 사용해도 본인에게 손해입니다. 앞서 한 언어를 유기체와 이기적 존재자에 비유했듯이, 한 언어 겹신은 나보다 (권위의 위계에서) '상위자'입니다.

더구나 근원적인 언어 자체를 놓고 보면, 언어 겹신 자체는 매우 무섭고도 위대한 존재입니다. 앞에서 겹신이 대체로 후천적으로 자신에게 들어온다고 잠깐 언급한 적이 있는데, 모든 겹신이 전부다 후천적 작용이라고 볼 수는 없습니다. 왜냐하면 겹신은 인간과 '공진화'했기 때문입니다. '언어 겹신'은 더욱 그렇습니다. 앞에서 문화가 인간의 유전자까지 바꾸었다는 조지프 헨릭의 '유전자-문화 공진화 이론'을 언급했습니다. 밈학의 관점에 따르면 인간의 구강구조가 말을 하기 적합하도록 진화한 원인에는 겹신(밈)의 주도적 역할이 있었습니다. 인간이 언어와 말을 사용할 수 있는 신체 구조로 태어난 것에는 언어 겹신의 '선천적' 작용이 담겨 있습니다. 한편, 개별 언어들은 '영물'입니다. 민간 전통에서 100년을 훌쩍 넘게 산 바다거북이나 수백 년을 살고 있는 나무는 영물로 여겨지면서 인간은 경외심과 존중감을 가지게 되는데, 한국어와 영어는 어떠한가요? 그 언어는 내가 태어나기 훨씬 전부터 있었고, 내가 죽고 난 뒤에도 훨씬 오랫동안 존재하고 살아갈 것입니다.

한국어 겹신은 지금 한국어를 모국어로 하고 있는 당신의 상위자입니다. 당신은 한국어 겹신의 '지시 혹은 지침'에 따르고 있고, 그래서 의식적 혹은 무의식적으로 한국어 겹신을 상위자로 느끼게 되고, 이를 받아들이기 쉽습니다. 그런데 영어 겹신은 아직 자신의 상위자가 아닙니다. 당신은 영어를 자기 멋대로 사용하려 하고, 잘 잊어버리고, 잘 기억하려 하지도 않습니다. 이것은 당신이 영어 겹신을 따르지 않고, 당신의 상위자로 삼고 있지 않다는 것을 의미합니다. 영어를 할 수 있는 상태가 되고 싶다면, 영어 겹신을 받아들여야 합니다. 특히, 그 체계와 지시에 따르는 '상위자'로 받아들여야 합니다. 영어 능력을 갖는다는 것은 영어 겹신을 자신보다 상위자로 여기게 되는 것입니다.

이번 장은 영어 겹신의 정체에 대해서 설명하고자 했습니다. 유전자와 밈 이론에 대해 다뤘고, 겹신과 자아의 디커플링에 대해 알아봤습니다. 끝부분에 언어 겹신과 영어 겹신이 독자 자신보다 상위자라는 것을 강조했던 이유는, 겹신을 대상화시키고 자아와 디커플링시켰다고 해서 영어 겹신이 하찮게 보인다거나 적대적으로 생각하지 말고, 관계상에 포지셔닝을 올바르게 잘해야 하기 때문입니다. 그럼으로써 그 대상이 대체 어떤 존재인지를 제대로 파악하고, 그 대상을 우리에게 유리하도록 잘 이용할 수 있습니다. 그것이 상위자가 된다는 것으로 인해 생기는 이밖에 여러 가지 장점과 논쟁점들이 있는데, 이번 장의 분량이 꽉 차고 넘쳤으니 다음 장으로 넘기도록 하겠습니다.

Chapter 3

**한국어 겁신을
배신할 필요가 있다**

⋮

영어 학습은 정복이 아니라 순응이다
영어 선생님에게 경외심을 느낄 수 있는가
영어 PTSD는 누가 심어 놓았을까?
뇌 속에 영어의 공간을 만들자

영어 학습은 정복이 아니라 순응이다

앞선 제2장에서는 겹신(밈)이란 어떠한 것인지에 대해 살펴봤습니다. 한국어와 영어도 각각 겹신으로 볼 수 있습니다. 우리가 왜 그토록 영어를 배우기가 어려운지, 그리고 어떻게 하면 영어를 더 잘 배울 수 있을지의 문제를 해결하기 위해서는 한국어와 영어를 겹신으로 이해하고, 그 특성을 이용할 필요가 있습니다.

앞에서 살펴보았듯, 겹신은 이기적 (자기) 복제자입니다. 즉 자기 복제를 더 많이 하려는 의도·지향성을 가지고 있습니다. 이러한 겹신의 특성을 이용하자는 것이 이 책이 전하고자 하는 핵심입니다. 우리는 자신 안에 있는 겹신과 자아가 하나가 되지 말고, 그것을 타자화시켜서 디커플링되고, 겹신에 끌려다니지 말고 겹신을 자아가 조절하고 적절히 이용해야 합니다.

제2장의 마지막 부분에서 저는 한국어나 영어 겹신이 자신보다 '상

위자' 임을 설명했습니다. 그것을 알 필요가 있습니다. 그래야 그 겹신을 더 잘 이해하고 잘 이용할 수 있기 때문입니다. 그런데 여기서 조금 납득이 안되는 부분이 발생할 수도 있습니다. 자신보다 높은 자를 어떻게 낮은 자가 '이용·조절'할 수 있다는 것일까요? 이용과 조절이라는 개념은 흔히 그것을 도구처럼 여기면서 컨트롤(통제)한다는 의미가 떠오릅니다. 그래서 하위자가 상위자를 그렇게 하기가 어렵게 느껴질 수 있습니다. 하지만, 상위자라고 해서 이용과 조절을 못 하는 것은 아닙니다.

　언어 겹신이 자신보다 높은 이유는 자신이 그것을 마음대로 만들거나 시키는 것이 아니라 그것에 '따르기' 때문입니다. 개인이 그것을 거역할 수 없습니다. 그것을 거역하려 하거나 따르지 않겠다고 하면, 그 언어를 배울 수 없습니다. 자신이 낮은 위치에서 그것에 따르겠다는 마음을 먹어야 그것을 더 쉽게 배울 수 있습니다. 언어는 일종의 법이나 법칙과 같기 때문입니다. 그런데 우리는 법이나 법칙을 이용할 수 있습니다. 자연법칙의 예를 봅시다. 수력 발전은 물이 떨어지는 중력의 법칙과 위치 에너지 법칙을 '이용'해서 전기를 얻습니다. 바람이 부는 것을 '이용'해서 풍력 발전기를 돌립니다. 돛을 달아 먼 바다로 항해도 할 수 있습니다. 바람이 부는 방향을 잘 이용하면 달리기를 할 때 뒷바람의 도움으로 더 빨리 달릴 수 있습니다. 반면에 바람이 역방향이면 앞으로 나아가기 어렵습니다. 이렇게 자연의 어떤 방향을 이해하고 이용하면 자신에게 도움이 됩니다. 그런데 이해하지 못하면 방해를 받을 수 있습니다. 우리가 영어를 그렇게나 못 배우는 이유는 그런 어떤 방해 작용을 그대로 받고 있기 때문입니다.

우리가 이용할 수 있는 '자연'이란, 그 자체로 나보다 높은 대상입니다. 우리가 이용하고 조절할 수 있다고 해서 자연이 나보다 낮은 대상이 아닙니다. 우리는 자연법칙에 따라야 하고, 자연 앞에 겸손해야 합니다. 우리가 자연을 이용할 수 있다는 점에서 마치 자연을 '통제'하는 것처럼 보이기도 합니다. 실제로 종종 그렇게 말하기도 하지요. 그런데 '통제'(control)라는 건 조금 애매합니다. 이용과 조절 개념을 통제라고 한편으로 말할 수도 있지만, 여기에는 함정이 있습니다. 통제는 상위자가 하위자를 '마음대로' 다루는 것과 같은 생각이 들 수 있지요. 하지만 인간은 자연법칙을 마음대로 바꿀 수 없습니다. 다만 이용할 뿐이지요. 인간은 오만하면 안 됩니다. 오만하지 않은 인간, 자신을 낮출 수 있는 사람은 오히려 상위자를 이용하고 조절해서 자신에게 유리한 상황을 만들 수 있습니다. '을'의 입장에서 '갑'을 이용해서 이익을 취할 수 있습니다. 영업 사원 같은 사람들은 항상 그렇게 합니다. '나보다 상위자를 허용하지 않겠다'라는 거만하고 오만하고 자아가 너무 강한 사람은 세상에 적응하기 어렵습니다. 스스로 따를 수 있어야 합니다.

종종 우리는 영어를 '정복'하고 싶다는 생각을 하기도 하고 그런 말을 하기도 합니다. 하지만 영어는 자신이 정복하는 것이 아니라, 따르는 것, '순응'하는 것입니다. 영어 겹신은 나보다 상위자이므로, 정복의 대상이 아니고 내가 통제할 수 있는 대상도 아닙니다.

영어/영어 겹신을 나보다 상위자라고 생각하면 영어를 더 잘 배울 법한 개연성이 있습니다. 진화인류학적 연구에서 헨리치와 길화이트(J. Henrich & F. Gil-White)는 인류가 자발적으로 사회적 위계를 가지는 것의 이점을 설명했는데, 가장 중요한 점은 많은 사람들이 '모방'할 대상을 설정한다는 것입니다. 그 상위자의 훌륭한 점이 모방되어 퍼진다는 사회적 이점이 있다는 것입니다. 우리는 우상이나 존경하는 사람을 따라 하고 모방하려는 경향이 있습니다. 물론 자발적으로 어떤 대상을 상위자로 삼았을 때 그러한 행동이 잘 나타나겠지요. 그런데 겹신은 제2장에서 살펴보았듯이, 대개 '모방'으로 복제·전파됩니다('밈'이라는 단어 자체도 모방에서 나온 것입니다). 그리고 우리의 목표는 영어 겹신을 우리에게 복제시키는 것입니다. 이렇게 말하면 조금 이상하게 들릴지도 모르지만, 우리가 자발적으로 영어 겹신의 숙주가 되는 것입니다. 우리는 이미 한국어 겹신의 숙주입니다. 영어 겹신도 받아들여야 합니다. 영어 겹신의 힘을 거스르지 말고 인정할 때 그 힘을 교묘하게 이용할 수 있습니다.

또 한 가지 장점이 있다면, 어떤 무거운 '책임'이 줄어듭니다. 책임은 '부담'이 생기는 것과 같습니다. 타자가 상위자이고 자신이 하위자일 때 한 가지 장점은 어떤 부담이 줄어든다는 점입니다. 자신이 상위자에게 따르게 되면, 상위자에게 어떤 책임을 돌릴 수 있습니다. 예를 들어 군대에서 지시를 하는 상급자는 책임이 돌려지므로 그 부담을 안고 있습니다. 따르기만 하는 하위자는 그것이 적습니다. 그처럼 자신은 어떤 책임에서 해방되고, 어떤 부담감이 줄어듭니다. 그리고 책임이 있는 사람은 '망신'도 조심해야 합니다. 망신은 주로 상위자가 가지는 부담이지, 따르기만 하는 하위자는 그로 인해 망신당할 일도 별로 없습니다. 흔히 우리는 영어를 구사하기 전에 '틀리면 큰일 나는 게 아닐까? 망신당하는 게 아닐까?'라는 걱정을 많이 합니다. 책임, 부담, 망신에 대한 걱정이 큰 것입니다. 책임이 크기 때문에 '큰일 날 것'을 걱정합니다. 하지만, 책임이 크지 않다면 그런 걱정을 안 합니다. 만약 자신이 마치 영어를 다스리는 양, 영어를 통제하고 있는 양, 그런 상위의 포지션이라면, 어떤 측면에서 책임을 크게 느끼고, 말 하나하나를 너무 조심스럽게 하고 조금이라도 틀리면 큰일 나는 줄 알게 될 것입니다. 그렇게 해서는 영어를 배우기가 불가능에 가깝습니다. 자신이 하위자가 되어야 합니다.

다만 인격을 가진 상위자나 인격신을 대하듯 영어 겹신에게 인격을 부여하면서 눈치를 보고 두려워하며 섬기라는 뜻은 아닙니다. 자연법칙·법률에 따르듯이 따르는 것입니다. 전자의 원동력은 '권력'이고 후자의 원동력은 '권위'입니다. 권력을 가진 자와 권위를 가진 자는 둘 다 상위자이지만 차이가 있습니다. 저는 박사학위를 받고 얼마 뒤 정부(한국연구재단)에서 지원을 받아 권력, 권위, 지위 등 각종 사회적 위계에 대한 인지과학적 연구를 몇 년간 수행한 적이 있습니다. 그래서 이에 관해 설명할 수 있습니다. '권력'은 오직 '살아있는 인격체'만 가질 수 있습니다. 왜냐하면 '권력'은 어떤 이가 자유의지로 타인에게 손해나 이익을 줄 수 있을 때, 타인이 그 인격체의 눈치를 보면서 명령에 따르는 행동을 하는 등 그에게 잘 보이고 싶어 하는 상태이기 때문입니다. 반면에 '권위'는 인격체뿐 아니라 법률, 책 등 자유의지가 없는 무생물도 가질 수 있습니다. 그래서 죽은 사람은 권위와 명예는 가질 수 있어도 권력은 못 가집니다. 사람들이 권위 있는 대상에 따르는 이유는 그에게 잘 보이고 싶어서가 아니라, 그에 따르는 것이 자신 또는 사회에 바람직하거나 이익이 된다고 보기 때문입니다. 그래서 영어 겹신은 권력이 아니라 권위에 의한 상위자입니다. 참고로 의사, 판사, 각종 전문가처럼 살아있는 사람도 어떤 권위를 가질 수 있는데, 순수한 권위는 '개인 마음대로 하는 것'에서 발생하지 않습니다. 공적 판단이나 규정에 따라야 합니다. 그래서 권위를 가진 대상은 자유의지를 가진 살아있는 인격체와 무관하고, 그 속성과 오히려 거리가 멉니다. 어쩌면 영어/언어 겹신을 인격신처럼 여기면서 그 '권력'을 두려워하고 섬기는 건 개인의 자유일지도 모릅니다. 다만 그건 애니미즘이나 토테미즘, 즉 자연 사물에 영혼을 부여하는 오래전 풍습과 다름없어 보입니다.

영어 선생님에게 경외심을 느낄 수 있는가

이제껏 우리는 '영어'라는 과목에 권위를 덜 부여한 것 같습니다. 물론 영어는 학교 수업이나 대입, 입사, 사회생활에서 매우 중요하고 우리가 열심히 공부하기는 하지만, 그것과 우리가 개인적으로 느끼는 권위는 별개로 보입니다. 수학, 과학, 경제학, 법학, 국문학, 역사학 등 다른 학문 분야들과 비교해봅시다. 그 분야의 기초과정을 영어와 마찬가지로 학령기에 학교에서 배우게 되는데, 그런 다른 과목들은 궁극적으로 '진리 탐구', '인류의 복리 증진' 같은 고상하고 훌륭한 지향점이 있습니다. 그런 점에서 존중하게 되고 높은 권위가 부여됩니다. 자신이 거의 모르는 분야의 권위도 대개 존중합니다. 우리가 의사의 권위를 인정하고 그의 말(처방)에 따르듯, 그 분야를 잘 모르는 사람이 잘 아는 사람의 권위에 따르게 됩니다.

그에 비해 '영어'는 어떤가요? 이것도 다른 과목들 같은 '학문'의 일종인가요? 물론 영어영문학이라는 학과가 있기는 하지만, 제2언어 혹은 외국어로 배우는 우리에게 영어는 다른 학문과 동등한 학문의 일종이 아니라 단지 다양한 분야에서 더 잘 소통하기 위한 도구 정도로 여겨집니다. 'centipede(센티피드)'가 '지네'임을 아는 것은 일종의 지식입니다. 우리에게 쉬운 단어는 아닙니다. 그런데 다른 학문 분야의 전문 용어나 공식의 지식과는 약간 차원이 달라 보입니다. 그것이 가지는 권위에 비해 'centipede'라는 지식의 '권위'는 별로 없거나 하찮아 보입니다. 왜냐하면 그 영단어는 대체될 수 있는 다양한 언어적 수단의 하나일 뿐이기 때문입니다. '영어'라는 것 자체가 대체될 수 있는 다양한 언어적 수단 중 하나입니다. 과학을 잘 아는 사람은 전문가나 권위자이지만, 평범한 미국인이 영어를 능숙하게 사용한다는 이유로 어떤 전문가나 권위자는 아닙니다. 이를 아는 우리는 '영어는 우월한 것이 아니다'라고 생각하고, 그래서 영어가 권위를 갖는다는 생각을 잘 하지 않습니다.

　물론 저는 영어가 한국어보다 우월하다고 결코 말하는 것이 아닙니다. 영어도 한국어와 동등하고 대체가능한 일개 언어일 뿐이지요. 이런 생각은 맞지만, 문제는 우월성을 인정하지 않으면서 이를 쓸데없이 확장시켜 실제 존재하는 권위까지 과도하게 지워버린다는 것입니다. 우월성이 없다는 것은 한국어 등 다른 언어에 비한 상대적 우월성이 딱히 없다는 것입니다. 하지만 그 절대적 권위의 높이는 존재합니다. 앞에서 보았듯이 영어를 배우려는 우리가 '따라야 할' 그 권위가 존재합니다. 그런데 설령 여기까지 읽었어도 어쩌면 여전히 우리 마음속에서는 뭔가가 꿈틀거리면서 이런 소리가 자신에게 들려올 수도 있습니다. '영어(영어 겹신)에 왜 따르냐? 따르지 마라! 따를 필요가 어디에 있냐? 한국어면 족하다!' … 과연 영어/영어 겹신에 따를 필요가 없을까요? 따를 필요가 없기도 합니다. 영어를 안 배우면 그만입니다. 그런데, 영어를 배우려면 따라야 합니다. 그런 마음속 소리는 영어학습에 악영향을 끼치고 방해합니다. 그 마음속 소리가 어디에서 나왔는지, 차차 알게 될 것입니다.

우리에게 영어를 가르치는 선생님들의 권위는 어떠할까요? 영어에 대한 권위가 낮은 편이니, 영어 선생님에 대한 권위도 낮은 편입니다. 특히 다른 과목 선생님들에 비해서 그렇습니다. 공식적으로 동등한 지위인 학교에 근무하는 선생님들이 아니라, '학원' 선생님들을 비교해봅시다(유튜브와 인터넷으로 강의하는 선생님들이 포함됩니다). 권위의 한가지 바로미터인 '존경심'을 놓고 봅시다. 수학, 사회, 과학 등 다른 선생님들과 똑같은 정도로 영어 선생님에 대한 '존경심'이 생기나요? 물론 개인적 호감으로 인해서 얼마든지 존경할 수 있지만 여기서 말하는 건 '경이로움·경외심'의 느낌과 결합된 존경심입니다. 대체로 다른 과목 선생님들은 '뭔가 대단한 걸 알고 있다'는 느낌인데, 영어 선생님에게는 그런 느낌이 잘 들지 않습니다. 다른 과목 선생님들에게서 느껴지는 '카리스마' 같은 것도 대체로 영어 선생님들에게서는 잘 느껴지지 않습니다. 그런데 영어 선생님들이 스스로 자발적으로 이를 초래하기도 합니다. 영어는 일개 언어의 일종일 뿐이니까, 자신이 아는 것이 그것을 모르는 학생들에 비해서 딱히 '우월한 것'은 아니고, 그래서 권위를 내세우려고 하지 않습니다. 특히 원어민이나 원어민에 가까운 선생님들은 '아메리칸 마인드'가 있는 편이어서 더욱 권위적이지 않으려 합니다. 문화적으로 아메리칸 마인드는 개인의 자유를 중시하고 위계적 형식을 싫어하는 편이지요. 그래서 (학원 기준으로) 다른 과목 선생님들은 우월적 권위에 의한 존경심, 카리스마 같은 것이 잘 생기는데, 대개 영어 선생님들은 그에 비해 친구 같은 사람 · 평범한 사람 · (카리스마와 대비되는) 순한 사람 같은 이미지입니다. 엄격한 이미지나 혼내는 이미지도 거의 없습니다.

그런데, 이게 과연 좋은 것일까요? 영어를 설렁설렁 배우고 영어의 권위를 인정하지 않고 영어 겁신에 잘 따르려 하지 않을 수 있습니다. 영어 자체에 권위를 인정하지 않는 것과 영어 선생님이 권위적이지 않은 것은 닭이 먼저냐, 달걀이 먼저냐와 같아 보입니다. 영어 자체에 권위가 없다고(그래야 한다고) 생각하기 때문에 영어를 배우는 우리는 영어 선생님들이 그렇게 되기를 바라기도 합니다. 그리고 약간 얕잡아보는 경향도 있습니다. 저는 유튜브 같은 인터넷에서 영어를 가르쳐주는 선생님들에게 사람들이 댓글로 친구 이하에게 할 법한 말을 쉽게 하는 것을 많이 보았습니다. 영어 선생님을 '스승'이라고 생각하는 사람은 적어 보입니다.

사회와 문화가 빨리 변하기는 쉽지 않습니다. 영어가 대체가능한 일종의 언어라는 것은 틀림없는 사실이기 때문에, 다른 과목보다 (경외심을 불러일으키는) 권위가 떨어지고 영어 선생님이 친구처럼 느껴지는 사회적 경향은 어쩌면 매우 오래 지속될 수 있습니다. 그렇더라도, 이런 환경에서도, 제가 제안하자면, 스스로 혼자 다르게 생각해보기 바랍니다. 자신이 영어를 잘 배우고 싶다면, 이렇게 자신의 마음을 고치는 방법도 도움이 될 수 있습니다. 영어 겹신이 자신보다 상위자임을 받아들이기 위해서, 영어를 가르치는 선생님도 자신의 상위자로 존중하고 권위를 인정해야 합니다.

    저는 대학 시절 철학과의 강의를 들으면서 어떤 교수님이 정말로 대단한 지식과 지혜를 가지고 있다고 느끼고 경외심을 가지면서 그분을 존중·존경하게 되었고, 그래서 그 교수님이 가르치는 과목에 더 집중하고 더 잘 배우게 된 경험이 있습니다. 그런데 영어 선생님들에게 그런 것을 느껴본 적은 한 번도 없었습니다. 존경하고 경외심을 가지는 대상, 영어를 가르치는 그런 선생님의 '부재'는 영어를 못 배우게 되는 한 가지 원인입니다. 영어를 습득하게 되는 실제적 방법과 루트는 다양하고 무수히 많지만, 만약 영어를 가르치는 어떤 선생님에게 존경심과 경외심을 느끼면서 선생님을 넘어서 스승이라고 생각하고 잘 따르게 되면, 영어를 더 잘 배울 수 있는 '한 가지 방법'이 될 것이라는 의미입니다. 설령 선생님들이 아메리칸 마인드를 가지고 가르치더라도, 받아들이는 사람은 자신을 낮추고 마치 조선시대 서당의 훈장이나 도제식 스승처럼 받아들이면, 그렇게 마인드 세팅을 하면 도움이 될 것입니다(물론 그들의 교육 내용이 모두 옳다는 뜻은 아닙니다). 왜냐하면 영어 겹신은 상위자이고 자신이 따르는 것이기 때문입니다.

'경외심'이란 단어는 쉽게 이해가 되는 것 같으면서도 알듯말듯한 단어이기도 합니다. 국어사전에서 그 뜻을 찾아보면, "공경하면서 두려워하는 마음"이라고 적혀있습니다. 그 한 예시로 "자연에 대한 경외심"이라고도 적혀있었습니다. 대체로 어떤 자신보다 높은 대상에게서 느껴지는 존중감과 한편으로 두려움입니다.

우리말로 "어른"은 단지 자신보다 나이가 많은 사람을 뜻하기도 하지만, '경외심을 일으키는 사람'을 뜻하기도 합니다. 그래서 단지 나이만 많다고 진정한 '어른'은 아닐 수도 있습니다. 20대의 어떤 사람이 지식이나 지혜나 성품이 뛰어나다면, 혹은 어떤 자격이 있으면 30대의 어떤 사람보다 더 어른스러울 수도 있지요. 그런데, 태어나서 몇 년 살지 않은 유아나 아동 시기에는 눈에 보이는 대부분이 '어른'입니다. 나이가 자신보다 많기도 하고, 자신보다 지식과 지혜가 더 많고 힘도 더 셉니다. 자신은 그들에게 배워야 할 게 매우 많습니다. 그리고 형, 누나, 부모, 아저씨 등 다른 사람들이 두렵기도 합니다. 이 시기에 그들은 '언어'를 잘 배웁니다.

그런데 사춘기(14세경)가 지나 머리가 커진 사람이 되면 언어를 배우기 어렵다고 많이 알려져 있습니다. 학계에서는 이것을 과장해서 '결정적 시기 가설'이라고 불렀습니다. 사춘기 즈음 나이가 지나면 언어를 새로 습득하기가 불가능에 가깝게 어렵다는 주장입니다. 제1장에서 살펴보았듯이 이 주장은 무시해도 되는데, 주변을 살펴보면 실제 대체로 그런 경향이 있어 보입니다.

대체 어떤 차이가 있길래, 사춘기 이전에는 언어를 잘 배우는데, 사춘기 이후에는 그토록 언어를 못 배울까요? 물론 다양한 요인이 있겠지만, 그중 한 가지 요인이 가설로 저에게 떠오릅니다. 인간은 특히 사춘기 나이 즈음에 자아가 강해지고, 자존심이 강해지고, 반항심이 커집니다. 마치 주변이 모두 자기 아래라는 듯한 생각도 듭니다. '중2병'이란 말도 있지요. 공교롭게도 그 시점부터 급격히 다른 언어를 배우기가 어려워집니다. 반면 그보다 어린 아동과 유아들은 주변에 자기보다 모든 면에서 어른이 너무 많고, 무섭고 두려운 점이 많습니다. 이렇게 주변 대상들에 대한 '경외심'을 얼마나 가지는지의 차이가 언어 발달에 영향을 많이 끼쳤을 수 있습니다.

어린아이가 언어를 더 잘 배운다는 점에 기인하여, 종종 '어린아이처럼 영어를 배우고 습득하기'가 영어학습법에 있어서 한가지 힌트가 되기도 합니다. 그러면 어쩌면 결정적 시기 가설을 깨뜨리고 성인도 그나마 영어를 잘 배울 수 있는 방법을 찾을 수 있다고 보는 것이지요. 그런데 그 구체적 방안이 문제입니다. 유아·아동이 보는 그림책, 동화, 만화를 보기, 세서미 스트리트 시청하기, 어린아이가 소통하는 방식을 학습하기… 이런 방식이 정말로 효과가 있을까요? 다만 '사람에 따라' 효과가 있을 수 있겠지만, 이것으로 어린아이가 영어를 배우는 방식의 장점을 취한다고 볼 수 있을지는 의문입니다. 이런 방식이 일반적으로 효과가 좋다는 말을 저는 들어 본 적이 없습니다. 게다가 우리는 성인들의 대화를 가급적 빨리 해야 합니다. 잘 늘지도 않는데 아동들의 대화에만 머물러 있을 수 없습니다.

사춘기 전 어린아이들의 특징은 주변이 대개 어른으로 보이고 경외심과 두려움을 느끼는 것입니다. 참고로 어린아이들이 과연 경외심과 존경심이라는 고차원적인 느낌을 가지는지가 의문스러울 수도 있는데, 자신이 못하는 것을 해내는 어른을 보고 '대단하다', '닮고 싶다'라고 느낀다면 그것이 곧 경외심입니다. 그래서 '어린아이처럼 영어를 배우는 것'이란 원어민 아이가 모국어를 습득하는 도구를 그대로 가져다 쓰는 것이 중요한 게 아니라, 어떤 교재든 방식이든 간에 교재·영어선생님을 '나보다 어른으로 보는 것'이 정확한 활용일 수 있습니다. 그러면 오히려 어린아이가 읽는 교재보다 훨씬 어려운 교재를 사용하는 것이 더 적절해질 것입니다. 왜냐하면 자신이 받아들이는 대상이 '어른·윗사람' 같다는 느낌이 많이 들기 때문입니다. 물론 어려운 교재가 무조건 좋다는 뜻이 아니라, 경외심을 통해 생기는 이점입니다.

꽃

이제까지 영어/영어 겹신이 권위를 가지고 있고, 영어를 배우는 사람이 그 권위를 인정하고 따라야 할 이유에 대해 설명했습니다. 그렇지 않으면, 마치 미국에 가서 영어를 못하고 법규를 어김으로 해서 겪을 수 있는 각종 위험처럼, 위험한 상황에 처할 수 있습니다. 이러한 두려움과 위기의식은 미국·영국·호주로 건너가서 생활하는 사람이 영어를 더 잘 배우는 한가지 원인으로 작용할 것입니다. 다만 우리는 한국에 있어서 그 위험이 피부에 와닿지 않고 있습니다. 참고로, '모든 겹신'이 권위를 가지고 있는 것은 물론 아닙니다. 영어는 언어 겹신의 하나이기 때문에 특히 언어가 가진 사회적 약속과 규정에 의해 따라야 할 권위가 생기는 것입니다. 그리고 사실 영어든, 어떤 법이든 권위가 있다고 해서, 모든 사람이 그 권위에 따라야 하는 것도 아닙니다. 로마법은 로마에 갔을 때 따르면 되는 것이고, 영어의 권위는 영어를 배울 때 따르면 되는 것입니다(모든 사람이 영어를 배울 필요는 없습니다).

인간이 사춘기 이후로 새로운 언어 습득이 어려워지는 원인 중 하나로 자아와 자존심이 강해지면서 주변에 대한 경외심이 줄어든다는 점을 설명했는데, 제2언어 습득 상황에서 그보다 더 결정적인 원인이 있습니다. 이미 자신 안에 단단하게 자리 잡은 모국어, 즉 한국어(한국어 겹신)의 '방해 작용'이 강해진 자아와 결합 되어 본격적인 날개를 펴기 시작한다는 점입니다. 다음에는 본격적으로 이에 관해 이야기 해보겠습니다.

영어 PTSD는 누가 심어 놓았을까?

우리는 제1장에서 한국인이 영어를 배우기 어려운 현실이 '미스터리'라는 것을 살펴봤습니다. 그 욕구를 가진 사람들이 머리가 나쁜 것도 아니고 동기도 크고 비용 투자도 많이 하는 데 비해, 너무나 영어를 배우기가 어렵습니다. 이상하게도 영어를 배우는 것이 너무 재미가 없고, 외웠던 것도 쉽게 잊어버립니다. 마치 밑 빠진 독에 물 붓기와 같습니다. 커다란 비효율성으로 인해 돈 낭비와 시간 낭비가 큽니다.

이 미스터리를 만드는 '숨겨진 요인'이 있습니다. 우리 정신에 모국어로서 들어와 있는 한국어, 다시 말해 한국어 겹신입니다. 사실 이미 학계에서도 먼저 습득된 모국어가 언어처리의 습관이 되고 혼동을 일으켜 외국어(제2언어)를 배우기 어렵게 만든다는 설명을 하고 있습니다. 하지만, 그 정도 설명으로는 이 미스터리를 이해하기 어렵습니다. 그 정도로 다 이해했다고 생각해서는 안 됩니다. 왜냐하면 모국어로 인한 혼동과 오류를 일으키는 정도로는, '그 후에 그것을 왜 수정하고 교정할 수 없는지'에 대한 설명으로는 부족하기 때문입니다. 제2언어 습득 과정의 트러블(trouble)에 대해 수정·교정·개선도 불가능하게 만드는 것, 이를 일으키는 요인이 숨어있는 것입니다.

우리의 의지와 노력과 지적 요소가 계속 추가됨에도 불구하고 영어를 배우려는 그 방향을 꺾는 어떤 강력한 반대 방향의 힘과 압력이 지속적으로 작용하고 있다면, 이 미스터리가 이해될 수 있습니다. 그 '특정 지향성을 가진 지속적인 힘'은 '겹신'(밈)이라는 존재에서 찾을 수 있습니다. 겹신은 (제2장에서 보았듯) 자체적 목적성을 가진 '이기적 복제자'입니다. 그것은 개인 자아의 의지와는 무관한 것입니다. 유전자 본연의 지향성이 자아의 의식적 의도와 무관할 수 있는 것과 마찬가지입니다(그래서 '이기적'이라는 말을 씁니다). 그 미스터리한 퍼즐은 겹신 이론(밈 이론)으로만 풀릴 수 있습니다.

겹신은 유전자처럼 자기 자신을 보전하고 복제하려는 방향으로 진화했습니다. 지금까지 살아남아 영향력이 큰 겹신들(즉 많은 사람들의 뇌 속에 자리잡은 겹신들)은 그걸 만드는 힘이 있습니다. 한국어 겹신도 물론 그런 힘이 있지요. 유전자와 겹신의 이익과 목표는, 각각 유전자 풀(pool)과 겹신 풀에서의 점유율을 높이는 것입니다. 다시 말해 더 많은 개체로 복제되고 안전하게 보존되는 것입니다. 그래서 그것들은 서로 많이 다른 유전자, 겹신들과 경쟁합니다. 즉 근연도가 적은 경쟁 유전자·겹신들을 경계하고, 방해합니다. 근연도가 가깝다는 것은 그 복합체 내의 많은 부분들을 공유한다는 것이므로 그 복합체를 이루는 세부적 작은 유전자·겹신들의 입장에서 보호해주거나 협동할 필요가 있습니다.

　한국어 겹신과 일본어 겹신은 차이점이 다른 언어들에 비해서 적은 편입니다. 그래서 다른 언어에 비해서 한국인은 일본어를 배우기가 쉽습니다. 그 이유는 한국어 겹신이 일본어 겹신의 침투를 다른 언어 겹신에 비해 더 많이 '허용'하기 때문입니다. 일본어 겹신과 공통점이 많기 때문에, 일본어 겹신과의 충돌하는 부분이 적고, 각자 겹신의 이기적 목적을 위해 서로를 '적'으로 여길 필요가 적습니다. 좀 더 자세히 말하면, 한국어와 일본어는 주어-목적어-동사 어순(SOV)이고, 주어 생략 가능 언어입니다. 반면 영어는 동사가 목적어보다 먼저 나오고, 주어 생략 불가능 언어입니다. 이러한 세부적인 구조들 각각도 한 언어 겹신 복합체 내의 겹신들이고, 이 중요한 것들의 보전과 전파에 위협이 되지 않기 때문에 너그럽습니다.

　반면에 영어는 한국어와 세부적으로 다른 점이 너무나 많습니다. 특히 어순은 반대에 가깝습니다. 영어를 한국어로 번역하면 한 문장을 구성하는 단어들의 의미 배열이 완전히 반대로 되는 경우가 대부분입니다. 그래서 한정된 풀의 점유율을 차지하기 위해 서로 경쟁하고 싸우려 할 것입니다. 서로 충돌하고, 배타적이 되고, 적으로 여길 공산이 큽니다. 한국어 겹신은 영어 겹신이 침입해 복제하지 못하도록 방해할 것입니다. 마치 백혈구가 신체에 침입한 세균에 반응하듯이 죽이거나 쫓아낼 것입니다. 예를 들어 영어단어나 문장, 문법을 잠시 외웠다고 하더라도 곧 쫓아내고 지워버릴 것입니다. 그러면 밑 빠진 독에 물 붓기가 되는 것이지요. 이렇게 비유할 수 있습니다. 'in front of ~' 는 '~ 앞에서'와 같은 뜻임을 외웠는데, 얼마 후 '~ 앞에서'라는 한국어 겹신이 뇌 안으로 들어온 'in front of ~'를 내쫓아 버리는 것이지요. 혹은 활동하지 못하도록 감옥에 가둬놓을 수도 있겠지요. 이렇게 가둬지고 소외되면 기억 인출에 문제, 즉 잘 생각이 나지 않게 됩니다. 기존 학계에서는 모국어와 새로 들어온 언어가 '섞이면서' 오류가 일어나고 '중간 언어'(어정쩡한 언어)가 된다는 식으로 종종 이해하곤 하는데, 겹신 이론에 따르면 그게 아닙니다. 모국어가 '쫓아내는 힘'을 발휘하는 것입니다. 그렇게 보아야만 그 심각한 학습 비효율성과 쉬운 망각 현상을 설명할 수 있습니다.

이러한 상황이므로, 한국어가 모국어로서 선점하고 있는 우리의 뇌는 영어 습득에 있어서 암울해 보입니다. 하지만, 정말로 암울하기만 할까요? 이제까지의 설명은 두 가지 전제를 가졌습니다. 첫째로 이것은 단지 한국어 겹신의 관점·입장을 이야기한 것일 뿐이고, 둘째로 그 입장이란 것도 어떤 특별한 처치(treatment)나 개입이 이루어지기 이전의 기본적인 한국어 겹신의 입장이었습니다.

만약 '자아'가 그 기본적인 (처치 이전의) 한국어 겹신의 입장과 '하나' 가 된다면, 영어 습득을 할 수 없는 암울한 상태가 지속될 것입니다. 자아가 한국어 겹신의 그 이기적 의도에만 전적으로 따라야 하기 때문입니다. 하지만, 그 둘은 하나가 아닐 수 있고, 알고 보면 하나가 아닙니다. 겹신 이론·밈학은 겹신(밈)을 자아의 관점에서 '대상화' 시킨다는 장점이 있음을 제2장에서 설명했습니다. 대개 겹신은 '나'(자아)의 입장과 다른 입장과 목표를 가지고 있으므로, 자아는 겹신과 '디커플링' 될 수 있습니다. 겹신 이론을 어느 정도 이해하고 한국어나 영어도 각각 이기적 겹신이라는 것을 이해했다는 것만으로, 이미 여러분은 한국어 겹신과의 디커플링의 기틀을 마련했습니다. 자신의 유전자와 한국어 겹신과도 디커플링될 수 있습니다. 언어 능력을 위해 만들어진 우리의 선천적인 구강과 목의 구조, 즉 유전자가 제시하는 것은 한국어 겹신 '전용'이 아닙니다. 즉 자아뿐 아니라 자신의 유전자도 한국어 겹신의 이기적 목적과 분리될 수 있습니다. 이렇게 겹신 이론은 대상화하고 디커플링을 가능하게 만들기 때문에, 그 미스터리한 문제의 실체를 이해하는 것뿐 아니라 진정한 해결책의 기반이 될 것입니다.

9

우리는 영어를 듣고 이해하려 노력하는 과정에서 흔히 머리가 아픕니다. 실제 두통도 생기는 것 같습니다. 영어 공부도 재미가 없습니다. 미국 영화는 재미있어도, 팝송은 좋아해도, 이상하게도 영어 공부는 괴롭습니다. 그리고 영어로 말해야 하는 상황이 되면 머릿속이 하얘지고 앞이 깜깜해지고 식은땀이 흐릅니다. 머릿속이 뒤죽박죽되고 말하기를 실패합니다. 이것은 고통입니다. 종종 '영어 울렁증'이라 부르는 이 증상은 마치 'PTSD' 같습니다.

요즘 대중 사이에서도 많이 알려진 단어인 PTSD(post traumatic stress disorder)는 '외상 후 스트레스 장애'입니다. 어떤 심각한 사건을 겪은 뒤에 그 사건에 대해 큰 공포심을 가지고 그 공포심과 스트레스가 불필요하게 재발해 생활에 지장을 주는 질환입니다. 이것의 일반적 치료법은 그 사건의 기억을 무조건 회피하려고만 하지 말고, 그것을 떠올리더라도 스트레스와 공포심을 감소시키는 방식입니다. 즉 PTSD는 그 공포와 고통을 '회피하도록 하는' 기제를 구축하는데, 그것은 오히려 그 질환을 고착시키고, 극복하지 못하게 만듭니다.

우리는 흔히 '영어 PTSD' 같은 것을 가지고 있어서, 영어를 무의식적으로 회피하게 되고, 영어 공부가 괴롭습니다. 물론 미국 영화와 팝송을 회피한다기보다는 영어학습을 회피하게 되지요. 그리고 영어를 입 밖으로 못 꺼냅니다. 공부를 하고 있어도 '참아가며 억지로'입니다. 그러면서 이렇게 자기합리화를 합니다. '공부는 역시 어렵고 힘들어. 다른 공부들도 다 어렵잖아? 나는 영어 공부에 흥미나 소질이 없나봐…'

영어 PTSD는 왜 생겨난 것일까요? 공교육의 경험 때문일까요? 학교에서 낮은 점수를 받아서? 만약 그렇다면 공교육 방식이나 시험을 위한 학습에서 주로 그래야 할 텐데, 실용 회화 같은 다른 모든 영어 습득에서도 마찬가지입니다(오히려 회화에서 더 심각할 수 있습니다). 제가 보기에 그 때문이 아니라 한국어 겹신 때문입니다. 이를 일으킨 충격적 '사건'이 모호하다는 점에서 'PTSD'로 부르는 것이 적절하지 않을 수도 있겠지만, 말하자면 '영어 울렁증 스트레스'를 그것에 비유한 것입니다. '영어 울렁증'은 그 자신이 부족하고 모자랐을 것이라는 뉘앙스가 있는데 반해, PTSD는 본인의 잘못이라기보다는 외부적·타자적 요인이 만들어낸다는 뉘앙스의 차이가 있습니다. 그리고 '울렁증'은 바꾸기 어려운 성격적 경향처럼 들린다면, PTSD는 치료가 가능하고 치료해야 하는 증상이 됩니다.

뇌를 선점한 한국어 겹신은 (근연도 차이가 큰) 영어 겹신을 받아들이지 못하게 만들고, 뇌에 들어있는 기억이라도 의식과 무의식에 떠오르지 못하게 하고, 타인에게 전파하지 못하게 만듭니다. 우리가 미처 예측조차 하지 못한 '온갖' 수단을 동원할 것입니다. 상상할 수 있는 모든 방법을 쓸 수 있습니다. 예를 들면,

- 외웠던 것을 잊어버리게 만들기
- 학습 과정이 괴롭고 재미없고 스트레스가 생기게 만들기
- 영어가 안 들리게 만들기
- 장기 기억에 있더라도 의식·무의식으로 인출하지(떠오르지) 못하게 만들기
- '내가 만든 문장이 틀릴까 걱정돼', '영어 말하기는 너무나 어려워' 같은 생각이 들게 만들어서 발화하지 못하게 만들기
- 영어를 구사하거나 해석하는 도중 항상 한국어로 변환해 거치도록 만들기(문지기처럼)
- 한국어 원어민이 영어를 못하는 것은 당연하다는 생각이 들게 만들기
- 좋은 영어학습법이 발명되지 못하게 만들기

- 좋은 영어학습법과 자료가 존재하더라도 찾지 못하고 인식하지 못하게 만들기

한국어 겹신이 일으키는 이러한 다양한 작용들은 영어 학습의 '동기'를 줄입니다. 모든 학습에서 동기는 매우 중요하고 유리한 요인입니다. 제1장에서 한국인이 영어를 배우려는 의식적 동기가 매우 크다는 설명을 했고, 덧붙여 진정한 동기에서 큰 비중을 차지하는 '무의식적 동기'는 약간 다를 수 있음을 언급했습니다. 우리는 한편에서 의식적 동기는 크지만, 내적인 힘듦과 나쁜 감정, 습득의 비효율성 등으로 인해, 내적인(무의식적) 동기는 그보다 훨씬 적습니다. 한국어 겹신은 의식적 동기보다 더 중요한 내적인 동기를 줄여서 영어 학습을 방해합니다. 의식적 동기는 사실, 자아의 상상 같은 생각일 뿐입니다('내가 명문대학에 다닌다면 얼마나 좋을까'가 그런 종류입니다). 만약 자아가 한국어 겹신과 동조(커플링)하고 있다면, 그것은 헛된 일이 됩니다. 뇌 속의 한국어 겹신이 영어 겹신을 쫓아낼 때, '맞다', '옳지, 잘한다!' 자아는 꼭 이래야 할까요? 동조만 해야 할까요? 왜? 당신의 자아는 영어를 배우고 싶어합니다. 그러기 위해서는 한국어 겹신과 탈동조화, 디커플링을 해야 합니다.

과거의 안 좋은 기억과 감정이 왜곡 수준으로 증폭되어 화석처럼 굳어져 PTSD가 생기듯, 한국어 겹신은 영어학습에 관한 안 좋은 기억과 감정을 증폭시키고 우리 안에 화석처럼 고정된 자동적 사고를

만들어 놓았습니다. 이제 그 화석 같은 PTSD를 깨야 할 때입니다. 그것이 '왜곡된 기억'이었다, '한때 홀렸던 것이었다'고 생각할 필요가 있습니다.

9

자아의 의지를 무력화시키고 영어학습을 방해해왔던 한국어 겹신에 분노하고 화를 내도 좋습니다. 그것의 이기주의 때문에 자신에게 엄청난 경제적, 시간적 손해와 심적 고통과 자아실현의 좌절이 발생했습니다. 화를 내도 좋은 이유는 그럴 때 디커플링이 더 잘 일어날 것이고, 그런 대척적 혹은 갈등적 상황에 대한 대비도 더 잘될 것이기 때문입니다.

'하지만 마치 고향처럼 정이란 것도 있고, 한국 문화와 한국어를 보호할 필요성도 있는데, 어떻게 한국어 겹신을 그렇게 나쁘게 볼 수 있느냐? 그건 배신이야.' 이렇게 한편으로 걱정과 우려가 발생할 수 있습니다. 맞습니다. '배신'으로 볼 수도 있습니다. 한때 하나였고 동조했던 상태에서 반발하고 일방적으로 떨어져 나가는 건 배신이라고 표현할 수도 있겠지요.

그렇게 해야 합니다. 배신을 해야 합니다. 모든 배신이 과연 나쁘기만 한 걸까요? 나쁜 무리(예를 들어 나치)의 일원이었던 어떤 사람이 변심(디커플링)하고 선한 무리와 협조한다면, 나쁜 무리 입장에서 그는 배신자입니다. 그래서 배신이 모두 나쁜 건 아닙니다. 그렇다면 문제는 한국어 겹신의 그런 이기적 욕심이 정말로 나쁜가 하는 점입니다. 인격체가 아닌 자연적 존재를 도덕적으로 판단할 수는 없지만, 적어도 그 욕심에 순순히 응해줄 필요는 없습니다. 왜냐하면 한국어 겹신이 바라고 있는 것은 '독점·독재'이기 때문입니다. 그건 자아 입장에서 선을 넘는 과도한 욕심이기 때문에, 응해주지 말고 반항하고 반발하고 조절시켜야 합니다. 한국어 겹신은(다른 겹신들도 대개 그렇지만) 이기적 지향성을 가지고 있어서 영어 겹신을 받아들이지 않고 쫓아내며, 독점을 지향합니다. 이것은 독재와 같습니다. 그것을 인격체가 아닌 비난하기 어려운 자연적 현상으로 보면, 마치 홍수 피해를 막기 위해 인위적으로 치수 공사를 하고 댐을 짓듯이, 기술적으로 자연현상을 조절하는 것일 뿐입니다. 홍수가 자연의 이치라고 생각하면서 당하고만 있어서는 안 됩니다.

우리가 한국어 겹신을 제거하고 영어 겹신으로 완전히 대체하려는 것도 아닙니다. 우리는 한국어 겹신을 가지면서 추가적으로 영어 겹신을 받아들이고자 하는 것입니다. 그런데 우리 뇌를 선점한 한국어 겹신은 그것을 허용하지 않으려 합니다. 뇌에 대한 '독재'를 원하고 있습니다. 독재하에서 자아는 노예가 될 것입니다. 이는 자아의 불행과 손해입니다. 이런 상황에서 벗어나 자연을 조절하고 유리하게 이용하는 것은 미개한 상태에서 벗어나는 발전입니다.

혹시, 모국어 외에 다른 언어를 잘하는 사람·이중언어자는 정신 건강이나 기능에 어떤 좋지 않은 문제가 발생하는 것일까요? 그래서 모국어가 그 위험을 방지하는 작용을 하는 것일까요? 하지만 이중언어가 지능과 정신에 손해를 일으킨다는 이야기는 딱히 들어 본 적이 없습니다. 오히려 인지기능과 사고력에 더 도움이 될 수 있다는 이야기는 들어봤습니다(2023년 BBC 뉴스 "Why being bilingual is good for your brain" 참조). 그래서 모국어(한국어 겹신)가 우리 개인들을 위해서 다른 언어를 쫓아낸다고 생각할 필요는 전혀 없습니다. 순전히 겹신 특유의 이기적 욕심으로 그렇게 하면서 우리를 못살게 굴고 있는 것입니다. 우리를 괴롭히는 독재에 대한 배신은 정당한 것입니다.

    모국어 겹신의 이기적 독재가 다른 언어 습득을 막는다는 증거를 하나 말씀드리겠습니다. 만약 모국어의 독재 지향성 같은 것이 없고 인지기능·용량의 자연스러운 한계나 언어 간 혼동으로 인해서 그런 어려움이 발생하는 것이라면, 두 번째 언어를 배우고 난 뒤에 세 번째 언어는 더욱 배우기 어렵고, 네 번째 언어는 더더욱 배우기 어려워져야 합니다. 즉 다중언어능력은 불가능에 가까워야 합니다. 하지만 실제로는 다른 언어를 배우고 난 뒤에 또 다른 언어를 배우는 것이 그렇게 더 어려워지지 않습니다. 유명 인사 중에 박지성, 손흥민, 전현무, 백종원 등 동서양에 걸친 3~4개 외국어를 꽤 잘하는 사람들이 있습니다. 다른 언어를 배우고 나서 또 다른 언어는 더 쉽게 배우는 경우가 꽤 있습니다. 이는 제2언어 습득에서 인지기능의 한계나 언어 간 혼동이 문제가 아니라, 모국어의 독재에서 벗어나느냐 아니냐가 중요한 문제임을 보여주는 방증입니다.

뇌 속에 영어의 공간을 만들자

언어를 구사한다는 것은 그 언어가 가진 권위와 규약에 따른다는 것이며, 그래서 앞에서 영어 겹신을 어떤 상위자로 보아야 한다고 말했습니다. 물론 모국어인 한국어 겹신도 자신보다 상위자입니다. 그런 상위자도 하위자가 조절할 수 있습니다. 상위자가 일방적으로 모든 것을 마음대로 다 하는 게 아닙니다. 사회에서 많은 상위자가 독재를 꿈꿀 수는 있어도, 실제로 마음대로 독재하는 경우는 소수입니다. 심지어 침팬지 사회에서도 더 많은 하위자들의 민심을 얻은 침팬지가 우두머리가 되고, 독재를 일삼는 침팬지는 반란에 의해 쫓겨나기 쉽습니다 (프란스 드 발(Frans de Waal)의 《침팬지 폴리틱스》 참조). 즉 아무리 한국어 겹신이 자신의 상위자이고 그러한 권위를 인정하고 따르고 있다고 해도 타협하고 조절해서 우리에게 유리하도록 고칠 수 있습니다. 우리는 한국어 겹신과 협상을 할 수 있습니다. 한국어 겹신을 없애지는 않겠다, 다만 뇌 안에 영어 겹신이 들어올 수 있는 '공간·자리'를 내어주라는 것입니다. 한국어 겹신과 언제까지나 대척하고 갈등만 하겠다는 게 아닙니다. 가장 좋은 것은 한국어 겹신과 영어 겹신 모두에게 도움을 얻는 것입니다. 디커플링과 배신의 단계인 지금은 한국어 겹신의 입장에서 아쉬움이 크겠지만, 제7장에서는 한국어 겹신을 '다독이는' 이야기를 하게 될 것입니다. 다만 지금은 분명히 한국어 겹신에게 이렇게 말하겠습니다. 한국어 겹신이시여, 우리 뇌에 대한 독재는 하지 마십시오. 우리는 독재를 거부하겠습니다.

9

한국어 겹신의 독재 상태에서 벗어나 영어를 잘 습득하기 위해서 우리는 어떻게 해야 할까요? 자기 뇌 전부를 한국어 겹신이 지배하는 것으로 놔두지 말고, 그 중 일정 부분을 영어 겹신이 들어올 수 있도록 '공간 혹은 자리'를 마련할 필요가 있습니다. 그 공간이 마련되면, 영어가 들어오기가 쉬워집니다. 대개 겹신에는 복제와 전파 욕구(지향성)가 있기 때문에, 그 힘의 도움을 받기가 쉬워집니다. 그렇게 공간을 마련해두면, 영어를 내가 힘들여서 주워 담는다기보다는, 어쩌면 영어가 가만히 있는 나에게 들어오는 것일 수 있습니다. 믿기지 않은 이야기 같지만, 유아들이 언어를 습득하는 현상이 그 증거일 수 있습니다. 1~3살의 모든 유아들은 과연 '나도 빨리 형·누나들처럼 언어를 습득해서 그것으로 다양한 소통을 하고 싶다'는 의도를 가질까요? 그래서 적극적으로 언어를 습득하기로 마음먹은 것일까요? 저는 그런 (철든) 마음이 생기기도 전에 언어가 습득되는 것처럼 보입니다. 다만 유아는 흔히 타인의 행동을 보고 '모방'을 하는 특징이 있습니다. 알다시피 모방은 겹신이 전파되는 대표적 방식입니다. 저는 유아가 적극적으로 언어를 찾아 배운다기보다는, 그 시기 유아의 뇌 속의 '빈 공간'에 언어 겹신이 복제 지향성로 인해 '찾아온다·도착한다'는 해석이 더 그럴듯해 보입니다. 그래서 언어 습득에서는 빈 공간이 중요합니다.

 물론 그것은 물질·3차원 공간이 아닌 인지적 공간, 혹은 뇌에서 인지적 능력이 자리할 수 있는 지분입니다. 그 공간과 자리를 마련하기 위해서 한국어 겹신의 뇌에 대한 독재를 깨뜨려야 합니다. 그러면서 한국어도 전처럼 사용하고, 추가적으로 영어 능력을 가져야 합니다. 심리학적인 '모듈 이론'은 이것을 이해하는 데 도움이 됩니다. '모듈(module)'은 분리될 수 있고 독립적으로 작동하는 기능입니다. 한 사람의 다양한 능력은 모듈처럼 분리되어 있을 수 있습니다. 수영 능력, 자전거 타는 능력, 피아노 치는 능력 등 다양한 모듈적 능력이 있습니다. 다른 능력의 영향(간섭)을 거의 받지 않기 때문에, 하나에 집중할 수 있고 자동적인 방식으로 사용할 수 있습니다. 한 사람이 가진 한국어 능력과 영어 능력도 모듈처럼 분리되어 있을 수 있습니다. 다른 언어를 사용할 때는 자아가 그 모듈을 바꿔서 사용하는 것이고, (완벽하지 않을 수 있어도) 실제 이중언어자가 언어를 바꿔서 사용할 때 이렇게 하는 것으로 보입니다. 즉 다른 모듈의 간섭을 거의 받지 않는 것입니다. 피아노 연주 능력을 배우고 싶은데, 만약 기존에 가진 기타 연주 능력이 방해하고 간섭해서 그 능력을 배우지 못하면 짜증이 날 것입니다. 그런데 지금 한국어 겹신은 그런 방해를 하고 있습니다.

모듈 같은 영어 능력을 만들기 위해서는, 뇌의 일부분을 한국어 겹신이 지배하지 않는 '빈 공간'으로 먼저 만들어 놓는 것이 좋습니다. 영어 겹신이 들어올 수 있는 'room'을 만들어 두는 것입니다. room(방)은 모듈처럼 분리되고 폐쇄된 공간이라는 점에서 적절한 비유 같습니다. 영단어 'room'은 '방'뿐 아니라, '공간', '자리', '여지'라는 의미로도 많이 쓰입니다. 우리는 영어가 들어올 '여지'를 마련해야 합니다. 뇌 속의 '영어 room'은 한국어 겹신이 침입하지 못하게 만들어 놓은 방입니다. 한국어나 한국어 겹신이 단지 방문객으로 종종 들어올 수는 있을지도 모릅니다. 중요한 건, 한국어 겹신이 영어 겹신의 방 내부 일에 간섭하거나 지배하거나 영향력을 행사하지 못하게 만들어야 합니다. 그리고 뇌 속의 영어들도 쓸데없이 충돌과 분란을 일으키지 않도록 가급적 모두 그 방 안에 집어넣는 게 좋습니다.

뇌 속에 있는 그 영어의 공간은 '방'이라고 부를 수 있지만, '영지'라고 보는 것도 좋아 보입니다. 오히려 '영지'라 불렀을 때 그 속성이 더 잘 드러나고 이해됩니다. 주로 봉건시대에 왕이 신하들에게 영토를 분할해 나눠주고 각자의 영지에서 통치권을 인정해주는 제도가 있었습니다. 영지는 자치권이 있는 독립성이 강한 영토입니다. 즉 따라야 하는 법과 권위가 영지마다 다르게 있습니다. 영어 겹신의 영지에서는 영어 겹신의 법체계를 따라야 합니다. 앞에서 언어 겹신은 '따르는 것'임을 설명했습니다. 그 영지에서 영어 겹신은 그 공간을 지배합니다. 로

마(영어겹신 영지)에 가면 로마법(영어겹신 법)에 따라야 합니다. 뇌로 설명하면, 뇌의 그 영지 공간의 뇌세포들(시민들)은 영어 겹신의 지배를 받고 법에 따릅니다. 우리는 자기 뇌의 그 부분의 뇌세포들을 동원·활용해 영어를 구사할 수 있습니다. 그리고 우리 각자의 정신은 뇌세포들(시민들) 전체이거나 그 영지의 영주들보다 더 높은 왕이 되어야 할 것입니다. 그전에는 한국어 겹신이라는 독재자보다 낮았다면, 심하게 말해 노예처럼 전부 따르고 있었다면, 이제는 오히려 (자기 안에서) 한국어 겹신을 일정 부분의 영주로 삼고, 자신이 왕이 되는 것입니다. 물론 이것은 단지 '자기 안'의 이야기입니다. 사회적으로 존재하는 언어 겹신은 자신이 지배하는 것이 아니라 상위자이므로 따라야 합니다.

'영어 겹신이 들어올 공간 마련'을 위한 우리의 방안에 대해 좀 더 알아봅시다. 가장 결정적으로 바뀌어야 하는 것은 이러합니다. 영어 겹신의 공간(여지·방·영지)을 마련한다는 것은 빈 공간을 마련하는 것이므로, 빈 공간을 영어가 아닌 다른 것으로 채우려 하지 말고 빈 공간 자체로 놔둬야 합니다.

이렇게 되지 않은 이전 상태에서는, 들어온 영어의 조각들을 한국어 체계에 덧붙이거나 영어의 조각 이외의 부분을 한국어로 채웠습니다. 그래서는 안 됩니다. 그림 퍼즐에 비유해 봅시다. 영어 체계라는 커다란 하나의 그림 퍼즐이 있습니다. 영어를 배우는 우리는 그 부분의 조각들을 조금씩 채워나갑니다. 그런데 한국어라는 그림 퍼즐 조각들이 거기에 끼어들어서는 안됩니다. '다른 그림'이기 때문입니다. 영어의 공간이라는 하나의 '그림 퍼즐 틀'이 있다면, 거기에 다른 그림 퍼즐 조각을 집어넣어 메꾸지 말고, 아직 들어오지 않은 부분은 빈 공간으로 남겨둬야 합니다. 그것이 바로 한국어의 독재와 간섭을 방지하고 영어의 공간을 마련하는 방법입니다.

하나의 언어는 세계를 언어로 치환하는 커다란 그림이나 거미줄 같은 체계로 이루어져 있어서, 그 세계의 빈 공간은 그 언어 특유의 방식으로 메꿉니다. 그것을 배워야 합니다. 예를 들어 '시제'에 관한 빈 공간을 한국어 방식으로 메꾸면 안 됩니다. 영어에는 현재, 과거, 미래 각각에 더해서 '완료'(perfect) 시제가 있는데, 한국어로 빈 공간을 메꾸면 그 완료 시제가 들어올 자리가 없습니다. 참고로 영어의 완료 시제는 과거의 어떤 일이 그 이후 시점(과거·현재·미래)까지 영향을 끼치고 있는 상태를 의미하는 데, 저는 개인적으로 여기에 하필 "완료"라는 표현을 쓴 것이 마음에 들지 않습니다. 그보다는 오히려 과거와의 '연결'이 더 중요한 속성입니다. 예를 들어 온라인게임을 하다가 상대방이 나가면 "X has left the game."이라는 현재완료형 문구가 뜨는데, 이것은 현재와 연결되어, 'X가 나가서 현재 없다'는 의미입니다. 만약 has를 빼고 단순과거형을 쓰게 되면 과거에 나갔고 현재는 있을 가능성도 있습니다. 아마도 특히 '진행'과 대비시키기 위해 그런 명칭을 쓴 것 같은데, 그 차이를 살펴보면, 완료형은 과거와 현재가 연결되어 있고, 진행형(be V ing)은 현재가 그 이후·미래와 연결되어 있습니다. 아무튼,

시제의 전체 그림을 한국어식으로 메꾸면 안 됩니다. 영어에서 아는 부분만큼만 알고, 모르는 부분은 빈 공간으로 놔둬야 합니다. 그리고 그 부분을 영어로 메꾸려 해야 합니다.

영어의 빈 공간을 그대로 두라는 것은, 아는 것만 알고, 모르는 부분은 남겨두면서 안다고 생각하지 말고 쓰지도 말라는 것입니다. 섣불리 메꾸는 건 영어로 아는 것이 아니라 한국어로 아는 것입니다. 그러면 불만이 생길지도 모르겠습니다. "아는 부분만큼만 알고 사용하라고 하면 어떻게 말을 하고 해석을 할 수 있는가? 너무 제약이 많아지는 거 아닌가?"라는 의문입니다. 하지만 미리 걱정하지 마십시오. 우리가 처한 문제의 핵심은 '아는 부분도 사용하지 못한다는 점'입니다. 중고등학교 과정을 포함해서 우리는 수많은 시간을 영어 공부를 해왔습니다. 그런데도 거의 사용하지 못하는 것이 문제입니다. 아는 부분만큼만 사용하면 영어를 사용할 수 있는 기틀이 마련됩니다. 그런데 알지 못하는 부분을 남겨두지 않고 한국어로 메꾸려 하다 보니, 영어의 공간이 사라지고, 뒤섞여 버리고, 한국어 겹신이 모든 공간을 차지하고(독재), 아는 부분도 사용할 수 없게 됩니다.

그런데 '모르는 부분을 추측하기'의 필요성과 중요성이 제기될지도 모르겠습니다. '추측'이 쓸모가 있을 때가 있는데, 그건 주로 '영어 지문 독해 시험에서 정답 찾기'에서 유용합니다. 여기서 추측적 사고를 통해 정답을 많이 찾을 수 있습니다. 공교육의 이러한 시험 문제 방식이 낳는 예기치 않은 부작용이 바로 이것입니다. '영어에서 모르는 부분은 다른 온갖 지식을 동원해 추측하면 해결된다'라는 신조·신념을 심어줍니다. 이는 당장 문제 풀이 같은 어떤 특정 상황에서 쓰이면 유용하겠지만, 진정한 영어 능력의 향상과는 무관합니다. 그런 신념을 강하게 가지고 유지하면 영어 실력이 있다고 생각하면서 막상 언어는 잘 사용하지 못한 채 눈치와 상황, 맥락 파악에 몰두하게 될 것입니다. 그런 능력도 어느 정도 필요하겠지만, 우리가 원하는 능력이 그런 것일까요? 많은 영어 선생님들이 공부를 하기 싫어하는 게으름이 문제라고 말하는데, 게으름을 일으키는 원인 중 하나는 '영어에서 모르는 부분은 다른 온갖 지식을 동원해 추측하면 해결된다'라는 신념입니다. 이로 인해 영어학습을 대충하고 덜 하는 게으름이 생길 것입니다. 그렇게 추측하는 식으로 어려운 영어 글을 읽을 수 있다고 해서(알고 보면 맥락 파악에 불과합니다), 영어를 잘한다고 스스로 생각하게 되면, 실질적인 영어는 늘기 어려울 것입니다.

그런데 수준 높은 글 이외에도, 인터넷 동영상, 쇼츠나 릴스 같은 것들을 보면서 잘 들리지 않고 이해가 안 되는 자신이 싫어지고, 한탄스럽고, 의기소침해질 수도 있습니다. 그런데 특히 문화적 요인과 관련 깊은 쇼츠나 릴스, 인터넷 동영상은 영어 자체와 무관한 환경적 요인으로 이해해야 하는 부분이 많습니다. 우리나라(한국어)의 재미있는 쇼츠나 개그 프로그램들을 떠올려 보십시오. 최신 문화에 대한 공유가 있어야 그 코드를 이해할 수 있는 것들이 많습니다. 그래서 원어민들의 그 영상이 이해가 잘 안 된다고 좌절하지는 마시기 바랍니다. 그 많은 것들은 영어 자체와 무관한 문화 코드로 이해하는 것입니다. 그것을 알면 추측하는 방식으로 이해할 수 있고, 원어민들도 안 들린 부분이 있어도 그렇게 추측해서 이해합니다. 지금 우리에게 시급한 것은 영어 겹신이지, 그와 별개인 지역 문화 코드 습득이 아닙니다(그것은 다른 겹신입니다).

우리는 흔히 '영어로 생각하기'를 바랍니다. 그것이 가능하다면 영어가 빨리 늘고 잘 할 수 있을 것 같다는 생각이 듭니다. 그 예상은 대체로 옳을 것입니다. 다만 영어로 생각하기는 빈 공간이 존재하는 그 '영어의 공간' 안에서 하는 것입니다. 경계 지어지지 않고 한국어와 섞여 있는 공간에서 일어나는 것이 아닙니다. 그리고 우리는 '번역 집착'에서도 벗어나야 합니다. 한국어로 번역하는 습관이 있으면 영어로 생각할 수가 없습니다. 사실, 아무리 해도 한국어로 번역되지 않는 것, 그런 정보도 존재합니다. '결코 번역될 수 없는 정보가 존재한다'라고 생각하면 도움이 될 것입니다.

9

영어 겹신은 자기를 복제하기를, '당신에게 들어오길' 바라므로, 영어 겹신이 들어올 자리를 마련하면, 어떠한 방식으로든 영어 습득이 더 쉬워질 것입니다. 앞에서 어떠한 방식으로든 한국어 겹신이 방해한다는 것과 반대 상황이 펼쳐질 것입니다. 한국어 겹신의 방해는 미스터리한 결과를 낳았습니다. 만약 그 반대의 상황이 펼쳐진다면, 한국어 겹신의 저주 같은 방해가 풀리고 심지어 영어 겹신의 도움까지 얻는다면, 그로 인해 나타나는 현상도 우리가 보기에 미스터리한 것처럼 보일 수 있습니다. 아마 이 책을 끝까지 정독하면 다음과 같은 효과가 커질 것입니다. 마치 (미스터리한) '운이나 우연'인 것처럼, 인터넷에서 좋은 영어 프로그램이나 강사를 만날 수도 있고, 자신만의 좋은 학습 방식이 떠오를 수도 있고, 자신의 취향에 맞는 영어 콘텐츠에 관심이 생겨날 수도 있고, 심지어 갑자기 새로운 취미가 생기는데 그로 인해 영어 습득이 될 수도 있습니다. 예를 들어 갑자기 '세계의 미스터리한 사건들'에 관심이 생겨서 그 영어 콘텐츠를 찾아보고 해석하는 능력을 기르려 하는 등입니다. 더 좋은 영어 원서를 찾아보는 눈도 생길 수 있습니다. 영어 원서 책 중에는 글자가 작고 눈에 잘 안 들어오는 것들이 많은데, 시인성과 가독성이 좋은 책을 발견할 수도 있습니다. 그리고 실제 사회생활에서 잘 쓰이는 표현을 담고 있는 책들도 소수입니다. 어떠한 것이든 '자신에게 잘 맞는 것'이 좋은데, 그것이 더 잘 찾아질 것입니다. 심지어 영어 원어민을 직접 만날 기회도 늘어날 것입니다. 우리는 누군가에 대해 마치 그의 주위에 방어막이 있는 것처럼 말 걸기 어려운 상태라는 느낌이 들면서 접근하기 어렵다는 경험을 한 적이 있을 것입니다. 이전 상태가 그처럼 방어막을 치면서 외국인이 접근하기 어려운 상태라면, 마치 초자연적 힘이 작용하기라도 한 듯, 외국인이 봤을 때 '저 사람은 대화를 하고 싶어 하는 것 같군'이라는 느낌이 생길 수도 있습니다. 사실 이건 초자연현상이 아닙니다. 겉으로 보이는 자세나 태도가 바뀐 것으로 볼 수 있습니다.

    이러한 변화들은 개인 안에서 '동기'의 증가와 함께 일어납니다. 자신의 취미·취향과 관련해서 영어학습 동기가 증가하기도 하고, 외국인과 소통을 위한 동기가 증가할 수도 있고, 자존감과 자신감 향상을 위한 학습 동기가 생길 수도 있고, 영어를 잘하게 되면 펼쳐질 수 있는 희망차고 달콤한 미래와 그 욕망이 전보다 더 많이 떠오를지도 모릅니다. 동기가 특히 중요한 이유는 그것이 특히 '기억을 잃어버리지 않게 만들기'와 깊은 연관이 있기 때문입니다. 동기가 부족하면 쉽게 잊어버리지만, 동기가 있으면 좀처럼 잊지 않습니다. 조선시대에 표류로 인해 한국에 도착한 네덜란드인 박연(개명한 이름)은 스스로 한국에 정착하기로 마음먹었습니다. 그래서 네덜란드어 능력을 잃어버렸다고 합니다.

이번 장을 마무리하면서, 초반에 한국어 겹신이 영어 겹신을 내쫓는 이유는 '너무 다르기 때문'이라고 언급했던 부분을 되돌아봅시다. 그런데, 그것이 사실일까요? 한편으로는 사실입니다. 다만 오직 '한국어 겹신의 관점에서' 그렇습니다. 자아의 관점에서는 그렇지 않을 수도 있습니다. 자아가 한국어 겹신과 동조하고 있는 상태에서는 영어가 한국어와 너무나 다르게 보이고 느껴질 것입니다. 그런데 자아가 한국어 겹신과 디커플링되고 영어 겹신까지 받아들이고 난 뒤에는, 달라질 것입니다. 그전보다 차이가 크지 않게 느껴질 것입니다. 서로 유사한 점과 통하는 점이 굉장히 많고, 더 나아가 닮아있다고 느껴질 것입니다(원래 기독교의 구교와 신교, 기독교와 이슬람교처럼 외부에서 보면 비슷한 것이 오히려 서로 심하게 싸웁니다). 노엄 촘스키는 "외계인이 지구의 언어를 본다면 모든 사람이 같은 언어를 사용한다고 생각할 것이다"라고 말했습니다. 자아가 특정 언어와 디커플링되고 외부적 관점에서 동등하게 바라보면, 한국어와 영어는 차이가 크지 않고, '서로 닮아' 있습니다. 영어가 낯설고 어렵고 부담스러운 상태일수록 다른 점이 더욱 크게 보입니다.

Chapter 4

영어학습의 딜레마와 해법

- 나는 부족하다 VS 나는 충분하다
- 조금 틀린 문법도 괜찮다, 표출하라
- 복사의 딜레마
- 나만의 영어를 만들자: 변경 말뭉치 전략

나는 부족하다 VS 나는 충분하다

현실의 지난한 영어 학습 과정에서 우리는 몇 가지 딜레마 상황에 처합니다. 그래서 우리는 '좋은 영어학습법'이 무엇인지를 궁금해합니다. 많은 선생님들이 '노력과 연습이 부족하다'라고 말하면 이에 수긍하면서도, 여전히 한편으로 정답이 될만한 좋은 학습법을 꿈꾸게 됩니다. 그 이유의 근원에는, 스스로 문제조차 잘 인지하지 못한 채 엄연히 존재하고 있는 그 딜레마들이 있습니다. 이번 장과 다음 장에 걸쳐서 그 딜레마들에 대해 살펴보고, 영어 겹신 이론을 응용한 해법을 제시할 것입니다.

저는 토익·토플 같은 영어 시험 점수 높이기에 초점을 두고 이 책을 쓴 것이 물론 아닙니다. 공인 영어 점수를 기준으로 하면 세계적으로 한국인이 영어를 반드시 못한다고 볼 수도 없습니다. 문제는 최근 많은 사람들의 욕망인 '소통이 잘 되는 실질적인 영어 능력'이 영어 시험 점수와 별개이고, 특히 한국인의 경우에 그 괴리가 너무 크다는 점입니다. 그리고 특히 그런 영어 실력이 좀처럼 늘지 않는다는 점입니다. 그 원인으로 '한국인은 아는 것도 활용하지 못하고 자신감이 너무나 없다'라는 주장이 많이 제기되고 있습니다.

영어에 관한 한국인의 자신감 부족 문제는 근래에 화두가 되었습니다. 다른 나라 사람들에 비해 공부를 많이 했어도 이상하게도 영어 울렁증 같은 것이 너무 많다는 것이 알려지게 되자, 억지로라도 자신감을 가져야 한다는 방향의 주장들이 많이 나오기 시작했습니다. 그와 함께, 독해 같은 학교에서 중시하는 방면이 아닌 '말하기' 능력의 부족이 화두가 되었습니다. 특히 영어 울렁증이 심하게 발생하는 부분이 이곳이었지요. 그래서 근래에 강조되고 있는 지향점에는 '자신감 있게 말하기'가 있고, 그것이 영어학습의 한 축으로 등장했습니다. 이는 요즘 많은 학습자들도 가지는 생각이기도 합니다. 이것은 일종의 신조이자 '철학'과도 같습니다. 이 철학을 풀어서 말하면 대략, '자신이 하는 말이 심지어 조금 틀릴 수 있어도, 자신감을 가지고 과감하게 말하라'는 것입니다.

이러한 철학을 줄여서 '과감한 표출'(bold utterance)이라고 명명해봅시다. 그동안 이상하게도 한국인은 영어에 자신감이 적고, 완벽주의 같은 것에 사로잡혀서, 조금이라도 틀리면 안 된다고 생각하고 말을 하지 못하는 경향이 있었습니다. 그래서 틀려도 괜찮으니 이제는 과감하게 내면에 있는 것을 영어로 표출하라는 이러한 '과감한 표출' 철학(혹은 전략)이 필요할 수 있습니다. 한국인이 행동적으로 부족한 부분이 그러하니, 자신감과 과감성으로 자신의 언어 표현 행동을 바꾸자고 하는 철학입니다.

그런데, 과연 그 철학이 절대적으로 유용하고 좋기만 할까요? 여기에 몇 가지 한계와 문제점이 존재합니다. 사실 자신감은 '억지로' 만들어내고 유지하기가 매우 어렵습니다. 자신감은 일반적으로 어떤 과업을 수행할 수 있는 충분한 능력이 있을 때 생기는데, 능력에 앞선 인위적 자신감 같은 것은 오래가지 못합니다. 그래서 그런 철학을 가진다고 해서 과연 실제 행동으로 얼마나 이어질지는 의문입니다. 그리고 근본적으로, 과감한 표출 철학은 대체로 '틀려도 괜찮다'는 사상이므로, 틀린 것을 고치고 개선해서 올바른 것을 가지는 방향과 거의 반대 방향으로 나아갑니다. 즉 틀린 것을 올바르게 개선하는 문제는 무시되는데, 그 부분은 언어 학습에서 필수적이고 매우 중요한 것입니다.

그런데 사실 과감한 표출 철학은 바로 그런 기존의 '오류 수정 중심' 학습 방식에 대한 반발로써 발생한 것입니다. 이제까지 한국인들은 영어에서 틀림(오류)이 조금이라도 생기면 큰일 나는 줄 알고, 완벽주의 성향에 가까워져서 말을 하지 못하는 경향이 있었습니다. 그로 인해 자신감이 줄고 부족한 부분에 자괴감이 들고 실제 대화와 활용이 적게 일어나다 보니, 결과적으로 영어 습득에도 악영향을 끼쳤습니다. 그래서 오류 수정 중심 철학을 다시 꺼내면, 과감한 표출 철학을 중시하는 쪽에서는 "이제는 지긋지긋하다. 이제껏 그 부작용으로 우리가 얼마나 고생했는지 모르나? 그만하자"라는 반응이 나오게 될 것입니다. 하지만 문제는, 많은 사람들이 과감한 표출 철학을 지지한다고 해서 실제로 영어 능력 향상에 커다란 효과를 보는 경우가 별로 없기도 하고, 그것이 완전한 정답은 아닌 것 같다는 점입니다. 그래서 오류 수정 중심 철학으로 보완을 하고 싶어도, 문제는 그 둘이 조화되기 어려운 '반대적 경향'이라는 점입니다. 이것이 제가 말하고자 하는 첫 번째 딜레마입니다.

이것이 특히 딜레마가 되는 이유는, 이 양 철학들에서 전제가 되며 개인의 정신에 불어넣는 기본적 경향은 각각 '나는 충분하다'와 '나는 부족하다'라는 점입니다. 자신감 있게 과감한 표출을 할 수 있다는 태도에는 '이 말을 하기에 나는 이미 충분하다'라는 생각이 저변에 있게 됩니다. 대체로 이것이 전제가 되었을 때 그런 행동이 나타납니다. 반면에 자신이 가진 오류나 부족한 점을 개선하는 것이 중요하다는 철학에는 '나는 아직 부족하다'라는 생각이 전제됩니다. '충분'과 '부족'은 모순 관계입니다. 그래서 어떤 것을 선택해야 할지 딜레마가 발생합니다. 그런데 제가 보기에, 그리고 많은 영어 선생님들이 보기에도 둘 중 하나만 올바른 것은 아닙니다. 최근에는 전자의 경향이 많이 회자되지만, 어쩌면 시대적 유행 같은 것일 수도 있습니다. 이것을 어떻게 둘 다 가질 수 있을까요? 어떻게 하나의 정신에서 모순 없이 잘 조화시켜서 영어학습의 해법을 만들 수 있을까요?

9

요즘 많이 주장되고 있는 '과감한 표출' 철학(전략)의 문제점 몇 가지를 살펴보면, 먼저, 이것은 수많은 시행착오를 통해서 깨달아야 오류가 겨우 수정될 것이고 실제 대화할 기회가 많지도 않으므로, 오류 수정 중심 학습보다 효율성의 측면에서 떨어진다는 점이 있습니다. 다시 말해, 후자는 단도직입적으로 올바른 것을 알려주거나 틀린 것을 가려내기 때문에 시간적으로 더 효율적입니다. 하지만 '과감한 표출' 측에서 다시 반박을 제기할 수도 있습니다. 이제까지 공교육과 문법 수업에서 그런 식으로 해서 과연 얼마나 효과가 있었느냐 하는 점입니다. 그리고 그것이 영어 울렁증과 완벽주의를 키운 원인이라고 말할 것입니다. 양측의 싸움은 쉽게 끝나지 않을 것 같습니다. 또 다른 단점은 자기최면 같은 자신감으로 인해 발생하는 '자만심'입니다. 이것은 오히려 영어학습에 필요한 동기를 줄일 수 있습니다. 자신이 이미 영어를 할 줄 알고, 충분하다고 생각하는데, 학습·공부를 열심히 할 생각을 얼마나 할까요? 당시에 자기최면처럼 기분이 좋아질 수는 있어도 실질적인 실력 향상에는 단점으로 작용합니다. 그러다가 실제 자신의 한계와 문제점을 확인했을 때쯤 자신감이 다시 줄어들어 원점으로 되돌아옵니다. 그래서 그런 철학과 신조를 가지고 있다고 해도 계속 유지되기 어렵고, 현실적으로 영어가 잘 느는 편은 아닙니다. 그 절충안으로, 영어 공부를 할 때는 '나는 부족하다' 철학을 사용하고, 대화 등 영어를 실제 써먹을 때는 '나는 충분하다'라는 철학을 사용하는, 상황에 따른 전략 교체를 생각해볼 수 있겠으나, 한 사람의 상태를 규정하는 것에 그렇게 모순적인 것을 비일관적으로 획획 잘 바꿀 수 있을지는 의문입니다. 집중도에서 어려움이 클 것입니다. 오락가락하는 것보다 일관된 것이 효과적인 철학·신조입니다.

　이 딜레마를 어떻게 하면 해결할 수 있을지, 겹신의 특성을 이용해서 찾아봅시다. 영어 겹신은 대개의 겹신들이 그렇듯이, 자신을 복제해서 전파하고 싶어합니다. 그런 지향성과 힘이 있습니다. 이를 순방향으로 이용하는 것이 영어학습에 유리하고, 반대되는 행동은 불리합니다. '복제'라는 것은 동일성을 전제로 합니다. 그래서 자기를 복제한다는 것은 '자기가 아닌 것, 즉 틀린 것을 복제하지 않아야 함'을 의미합니다. 그리고 '전파'한다는 것은 '올바르게 복제된 것을 타인에게 전달해서 또다시 복제되길 유도함'을 의미합니다.

　여기서 그 두 가지 철학이 겹신의 특성에 모두 담길 수 있음을 알 수 있습니다. '오류 수정 중심 학습'은 복제를 올바르게 하는 것, 즉 틀린 것을 복제하지 않는 것에 유용한 것이고, '과감한 표출'은 겹신을 전파하는 행위, 즉 타인에게 전달해서 더 많은 복제를 유도하는 것에 유용합니다. 겹신의 관점에서 그 두 가지는 모두 좋아하는 것입니다. 그렇다면 그 교집합은 불가능한 것이 아닙니다. 만약 그 교집합을 찾아 우리가 사용한다면, 겹신의 특성을 가장 잘 이용하고 그 도움을 가장 많이 받게 됩니다.

　그 교집합이 아닌 것을 찾아봅시다. '영어 겹신이 아닌 것을 받아들이기', '영어 겹신을 전파(표출)하지 않기', 그리고 '영어 겹신이 아닌 것을 표출하기'입니다. 이것들은 영어 겹신에 입장에서 아무런 도움이 안 됩니다. 그러므로 영어를 학습하는 데에도 불리할 것입니다. 그렇다면, 영어 겹신에 가장 도움이 되는, 그 교집합이 되는 것은 이러할 것입

니다. '올바른 영어 겹신을 전파(표출)하기'

 이것이 가능한데, 왜 이제까지 그 두 가지 방향이 모순이라고 생각했을까요? '나는 부족하다' 측의 문제는 올바른 것을 알면서도 여전히 부족하다고 여기면서 표출하지 않으려 하는 것이 문제였고, '나는 충분하다' 측의 문제는 틀린 것, 영어가 아닌 것도 무조건 충분하다라고 생각하는 것이 문제였습니다. 그 두 가지 잘못을 수정하고 두 철학의 장점을 합친 것은 '올바른 것/틀리지 않은 것을 알게 되면 그것을 곧바로·자주 표출하기'입니다. 이것이 영어 겹신이 바라는 것이자 그 도움을 받는 방향·신조입니다. 절대 진리처럼 완벽히 올바른 것을 찾을 필요가 없습니다. <대강 옳은 것이면 가급적 표출하라>가 되어야 합니다. 이것이 영어 겹신에게도 이익입니다. 여기서 말하는 대강 옳은·맞는 것도 영어 겹신에 속하는 것이기 때문입니다. 우리는 영어 겹신을 복제해야 하므로 영어 겹신의 관점에서 생각할 필요가 있습니다.

조금 틀린 문법도 괜찮다, 표출하라

　영어 학습에서 근래에 떠오른 '과감한 표출' 철학은 기존 오류 수정 중심 학습에 의한 반발로 생겨났다 해도 과언이 아닙니다. 그 기존 방식이 자신감 저하와 같은 많은 문제점을 낳은 것이 원인이었습니다. 그런데 그 문제점들은 왜 나타난 것일까요? 아마도 만약 영어 겹신의 지향성에 정말로 유리한 것이었다면 그런 문제점은 발생하지 않았을 것입니다. 기존 오류 수정 중심 학습이 영어 겹신에게 유리하지 않은 잘못된 방향으로 가고 있었던 것입니다.

　기존 오류 수정 중심 학습이 영어 겹신의 지향성과 다르게 갔던 부분은 '완벽해질 때까지 표출하지 않는다'라는 이상한 의식적 경향을 일으키기 때문이었을 것입니다. 이것이 쓸데없는 완벽주의가 됩니다. 이는 영어 능력이 매우 높은 수준에 이르러서야 비로소 표출할 수 있다는 것과 다를 바 없습니다. 그러면 영어를 배우는 과정에 있는 우리는 전혀 영어를 말할 수 없게 됩니다. 게다가 '매우 높은 수준'이란 것은 매우 모호하고, 원어민 중에서도 높은 수준일 수 있습니다. 마치 '국제 피아노 콩쿠르에 나갈 실력이 되지 않으면 피아노를 치면 안된다'와 같은 이야기입니다. 이것은 매우 이상한 일인데도, 우리는 '희한하게도' 그런 의식을 가지게 되었습니다. 이러한 영어학습의 미스터리를 일으키고 부추기는 요인으로 저는 앞에서 한국어 겹신을 지목했었습니다. 다른 나라 사람들은 대체로 그런 의식을 갖지 않습니다.

또한 그 '올바른 것'을 '개인의 능력 수준'으로 보는 사고방식으로 인해서도 그러한 이상한 신조가 발생합니다. 즉 '올바른 능력 수준이 될 때까지 말하면 안 된다'라는 신조가 생깁니다. 하지만 이제까지 앞에서 우리가 살펴본 '올바른 것'이란 개인의 능력이 아닙니다. '올바른 것/틀리지 않은 것'이란 영어 겹신, 영어 그 자체를 말합니다. 문장 하나하나가 바로 그러한 것입니다. 단어와 문장들 각각도 영어 겹신들입니다. 그래서 앞서 결론적으로 언급한 좋은 해법은 "(대강) 올바른 '문장'을 안다면 그것을 표출하라"가 됩니다. 올바른 능력 상태까지 기다려야 한다는 건 사실 말도 안 되는 궤변입니다. '올바른 영어 능력'이란 없습니다. '올바른 영어'만 있을 뿐입니다. 그리고 그 '올바름'이란 것도 완벽하거나 너무 깐깐한 것이 아니라, 영어의 카테고리에 속하기만 하면 올바른 것이 됩니다. 과연 어떤 것(어떤 문장)을 올바른 것으로 쳐줄지를 따져보고 싶다면, 영어 겹신의 관점에서 생각해 보시기 바랍니다. 어떤 문장을 암기하거나 표현했을 때, 영어 겹신의 관점에서 환영할지 아닐지가 기준입니다. 제2장에서 언급한 것처럼 겹신은 표현형에서 꽤 관용을 가지는데, 다만 너무 많이 달라지면 '그것이 아닌 것'이 되어버립니다.

　이 딜레마의 해법으로, '대강 옳은 것(문장)이면 가급적 표출하라'를 제안했습니다. 그런데 혼잣말은 어떨까요? 겹신의 관점에서 생각해보면, 전파를 위해서는 타인에게 들려주는 것을 더 좋아할 것입니다. 그런데 들어줄 상대가 없는 시간이 많을 것입니다. 그때에도 혼잣말이라도 표출하는 것이 안 하는 것보다 훨씬 나을 것입니다. 원래 '말'이라는 것은 상대의 우편함에 직접 넣는 행위가 아니라 공중에 뿌리는 것이기 때문에, 겹신의 관점에서 그것도 표출행위입니다. 그리고 속으로 말하듯이 생각하는 것, 혼자 글쓰기도 안 하는 것보다 훨씬 나을 것입니다. 그것은 실제 표출행위의 준비단계이자 필수적 단계입니다. 의식적 생각으로 떠올리는 과정에서 장기기억으로부터의 '인출'과 작업기억, 즉 의식에서의 '구성'이라는 작용이 발생합니다. 이것은 입으로 하는 표출의 전 단계이고, 준비단계입니다. 표출을 하지 않으려 하면 이런 작용도 일어나지 않습니다. 단지 장기기억이라는 창고에 넣고 문을 잠가두고 있을 뿐입니다. 그러면 그 안에 있는 것들도 더 빨리 잊어버리게 될 것입니다.

　그래서 표출에 대한 부정적인 생각이 전제되면 머릿속에서 인출 자체도 잘 안될 것입니다. 즉, 영어가 생각도 안 납니다. 이는 들어갔던 영어를 잃어버린 상태와 다를 바 없습니다. 밑 빠진 독에 물을 부은 것과 마찬가지입니다. 말하기뿐 아니라, 심지어 영어 성적을 잘 받기 위해서라도 표출을 긍정적으로 보고 목표로 보아야 합니다. '암기'란 단지 담는 것이 아닙니다. 인출할 수 있어야, 즉 생각이 나야 암기한 것이 됩니다. 표출과 암기는 밀접하게 연관되어 있습니다. 그래서 표출을 목표와 염두에 둔다면, '올바른 것'을 찾아서 암기하는 데에도 도움이 됩니다. 올바른 것을 암기해두면 올바른 것을 표출하기가 쉽기 때문입니다.

우리는 틀린 것을 머릿속에 담을 수도 있습니다. 아무리 우리가 사용하는 교재가 올바른 문장으로 구성되어 있더라도, 암기한 단어들과 문장들이 머릿속에서 뒤죽박죽 섞여서 틀린 것이 되어버릴 수 있습니다. 특히 한국어 겹신의 영향과 갖가지 '추측'도 개입됨으로써 틀린 것이 암기·저장되어 버립니다. 제3장에서 영어 겹신의 빈 공간을 만들어야 한다는 부분에 추측의 위험성에 대해 언급했습니다. 그것은 문제 풀이 상황에서는 유용하지만, 특히 위험한 부분이 머릿속에 저장할 때입니다. 한국어 겹신의 영향으로 추측해서 채운 것들에서 틀린 것이 저장됩니다. 예를 들어 'with'를 (뒤에 사람이 올 때) '~와'로 외우고 그 한국어 의미를 모든 것에 적용해서 '나는 P와 결혼했다'를 'I am married with P'라고 생각하는 것입니다. 이건 틀린 것입니다. 'I am married to P'라고 해야 합니다. 'with'를 쓰면 자녀 같은 어떤 사람을 데리고 결혼한 뜻이 됩니다.

그런데 여기에도 타협의 여지가 있습니다. '~와 결혼했다'의 의도로

"I am married with P"라는 표현을 정말로 절대 쓰면 안 될까요? 앞에서 '대강 맞는 것'을 표출하라고 했는데, 심지어 이것이 그에 속하는지는 애매할 수도 있습니다. 말이 안 된다고 얼핏 생각할 수 있겠지만, 영어 겸신의 입장을 생각해야 합니다. 오류 수정 중심 측에서는 물론 이런 말을 쓰면 안 된다고 보겠지만, (급진적인) 과감한 표출 측에서는 가끔 써도 괜찮다고 말할 수 있습니다. 왜냐하면 원래 그 취지대로, 틀린 것이 섞여 있더라도 자신감 있게 말하라는 것이 신조이기 때문입니다. 이 말을 상대방이 이해하거나 나중에 고쳐질 수도 있다고 볼 것입니다. 여기서 'with'를 쓰는 것은 엄연히 틀린 것이므로, 영어 겸신 입장에서 그 부분만은 인정할 수 없고, 손해가 됩니다. 하지만 그렇더라도 이 문장의 다른 단어들과 문법들이 있었고, 그 앞뒤로 또 다른 문장들을 말한 맥락도 있었다면, 그렇게 '영어를 표출했다는 점'은 영어 겸신 입장에서 이익입니다. 그래서 그 틀린 것의 손해가 어느 정도 '상쇄'될 수 있습니다. 이렇게 따졌을 때 제가 보기에 결론적으로 쓸 수도 있어 보입니다. 즉 영어 겸신의 입장에서 조금이라도 틀릴까 봐 아무 말(표출)도 안 하는 것보다는, 이익이 더 커 보인다는 것입니다. 다만 그 틀린 부분이 맞다고 계속 우기거나 고집부리지만 않으면 됩니다.

9

이제까지 우리가 영어를 표출하지 못했던 커다란 이유 중 하나는, 앞서 살펴본 문법의 틀린 부분처럼 '틀린 말을 하면 남들이 속으로든 겉으로든 비판하거나 비웃을 것이다'라는 두려움입니다. 그렇게 안 좋은 시선으로 보는 사람이 실제 꽤 있을지도 모릅니다. 자신이 타인을 볼 때도 그런 마음이 생길 수 있습니다. 왜 그럴까요? 생각해보면 조금 이상합니다. '한국어 대신에 잘 하지도 못하는 영어를 하는 것'에 대한 불만이라고밖에는 설명이 안 됩니다. 이것도 어쩌면 한국어 겹신의 영향 때문이 아닐까요? 앞에서 틀린 부분이 조금 있어도 영어를 표출하면 '종합적으로는' 영어 겹신에 이득이라고 설명했습니다. 그 이득을 한국어 겹신은 싫어할 것입니다. 타인이 약간이라도 틀린 영어를 말할 때 비판하려는 마음이 드는 사람은 자신도 그렇게 당할 것을 두려워할 것입니다. 그래서 그 사람은 영어 울렁증을 가지게 될 것입니다. 그러므로 자신의 영어 울렁증을 없애고 싶다면, 타인이 틀린 말을 할 때 과도하게 비웃거나 비판하려는 태도를 버리는 게 나을 것입니다.

사실 원어민들도 그렇게 깐깐하게 굴거나 비웃지 않습니다. 대개 이해하려고 노력합니다. 그런데 그만큼 영어를 잘하지 못하는 우리가 오히려 이상하게도 비웃고 비판합니다. 우리도 한국어 습득 과정의 외국인이 약간 틀리게 말할 때 우리 눈에 종종 오히려 귀여워 보이는 사례가 있습니다. 즉 비호감이 아니라 호감에 가깝습니다. 왜 영어를 틀리게 말할 때 한국인이 비웃고 영어 원어민은 오히려 더 너그러울까요? 각각 한국어 겹신과 영어 겹신의 입장 때문이겠지요. 영어를 습득하고 싶다면 한국어 겹신의 눈치를 보지 말고 영어 겹신의 눈치를 봐야 합니다. 영어 겹신의 입장에서는 조금 틀린 것도 괜찮고, 환영합니다.

다만 틀린 부분만큼은 분명히 영어 겹신에 손해입니다. 그 부분은 영어가 아니기 때문입니다. 그래서 그것을 고집하면 영어 겹신 측에서 화를 낼 것입니다. 틀린 부분과 틀리지 않은 부분을 함께 표출하는 것은 트레이드 오프(trade off), 즉 단점이 상쇄되면서 그만큼 장점이 줄어들기 때문에, 틀린 것 자체는 좋지 않습니다. 나중에 고쳐질 것을 전제로 둬야 합니다. 즉 지금은 영어를 습득하는, 영어를 잘하기 위한 중간 과정임을 전제로 해야 합니다. 그것을 전제로 할 때 틀린 것을 표출할 때 너그럽게 인정받고 환영받을 수 있습니다. <틀리지 않은 것/대강 옳은 영어 문장이면 가급적 표출하라>라는 영어학습의 신조는 스스로 틀리지 않은 것을 찾으려 하고(그것을 찾는 것은 어렵지 않습니다. 책과 인터넷에 많습니다), 기존 자신의 틀린 부분을 개선하려 하고, 그것을 표출하려고 할 것이므로, 이 딜레마를 해결하는 좋은 신조가 될 것입니다.

복사의 딜레마

　언어를 배운다는 것은 '모방'과 관련이 큽니다. 유아가 모국어를 배울 때도 그러합니다. 다른 동물에 비해 특히 인간의 아기는 다른 사람을 모방하려는 본능이 있고, 그래서 모국어를 습득할 수 있습니다. 물론 언어뿐 아니라 모든 배움은 어떤 분야 실력자에 대한 모방과 관련이 크기는 하지만, 언어는 '겹신'(밈)이므로, 리처드 도킨스가 밈에 대해 설명한 것처럼, 모방은 겹신의 매우 핵심적인 언어 전파와 습득의 방식입니다. 그래서 우리가 영어를 배울 때도 많은 부분 모방과 같은 행위나 작용이 일어날 수 밖에 없습니다. 즉 '따라 하기'가 필수적입니다. 더구나 다른 과목·학문 분야와 다르게, 영어학습은 근본적으로 그것이 전부나 마찬가지입니다. 왜냐하면 다른 학문 분야는 최종적으로 앞서 나간다면 연구를 통해 새로운 영역을 개척하고 창조할 수 있지만, 영어를 학습·습득하는 과정은 아무리 앞서 나간다고 해서 자신이

'새로운' 영어를 창조할 수는 없기 때문입니다. (언어학적 연구 활동을 제외하고) 영어를 배운다는 것은 결국 기존에 존재하는 것을 따르는·따라 하는 것이 전부라 할 수 있습니다.

영어학습(습득)에서 '따라 하기'가 핵심 혹은 전부라는 점이 어떤 문제점과 딜레마를 낳을 수 있습니다. 간단히 말해, '어디까지 따라 해야 하느냐?'는 것입니다. 단지 남을 따라한다는 것은 원론적으로 사춘기 이후와 성인들의 관점에서 약간 자존심 상하는 일이 될 수 있습니다. 사춘기 이후에 우리는 자아가 발달하면서 남을 따라 하는 것에 부정적인 마음이 생깁니다. 청소년들이 개성을 중시하는 것도 그 때문입니다. 게다가 인류학적으로 사회적 위계의 하위자는 상위자·지도자·훌륭한 사람·우상을 모방하는 경향이 있습니다. 그래서 사춘기 이후 자아와 자존심이 강해지면 그것에 부정적 감정이 커집니다. 성격적 차이도 있는데, 자존심·자아가 강한 사람들은 어떤 분야를 배우고 학습할 때 대체로 단지 따라 하거나 모방하기보다는, 자신의 관점에서 이해하고 납득이 될 때 비로소 잘 배우게 됩니다.

그런데 다른 학문 분야와 달리, 영어 같은 일종의 언어는 사실 합리적 납득이 중요하지 않습니다. 이에 관해서는 제6장에서 자세히 다루게 되겠지만, 영어에서 이해나 납득이 안 되는 부분이 존재하는 것이 이상한 게 아니라 정상입니다. 그럴 수밖에 없기 때문에 받아들여야 합니다. 그런데 이건 '무조건 따라 해라' 같은 강압처럼 들리므로 거부감이 생깁니다. 그러면 우리는 마치 자신이 영혼 없는 로봇이 된 것 같은 느낌이 듭니다. '비판적 사고'를 하지 말라는 것과 마찬가지이기 때문입니다. 저는 특히 이런 성격의 사람들에게 도움을 주기 위해서 이 책을 썼습니다. 이 요인은 영어 습득에 부정적 영향으로 주고, 저도 그에 속했던 사람이었습니다. 남을 따라 해야 한다면, 어디까지, 무엇을 따라 해야 하는 것일까요?

꿈

얼마 전부터 성인의 영어 학습 방법으로 유행하고 있는 것 중에 '섀도잉(shadowing)'이 있습니다('쉐도잉'이라고도 부르는데 맞춤법상으로는 '섀도잉'입니다). 원어민이 출연하는 영상을 보거나 음성을 들으며 발화된 말을 즉시 그대로 따라 하는 방법입니다(이를 반복합니다). 그림자처럼 따라 하기 때문에 이런 이름이 붙었는데, 이 방법은 영어학습에 꽤 효과가 있다고 알려져 있습니다. 하지만 여기에 어떤 불만과 딜레마가 발생합니다. 대체 왜 자신이 남의 그림자나 앵무새가 되어야 하나요? 영어를 배우기 위해 대체 자신이 어디까지 '사라져야' 하나요? 따라 하기를 실행하는 도중에도 한편으로 생기는 불만과 의문으로 인해서 학습 효율성이 저하됩니다. 이것을 '복사의 딜레마'라고 부를 수 있습니다. 이 문제에 대해 영어 겹신 이론을 활용해서 해법을 찾아봅시다.

우리는 어떤 타인을 특별히 존경하거나 따라야 하지도 않는데 그 사람의 말과 행동과 억양과 성격을 따라 배울 필요가 없습니다. 문화적 요인에 대해서도 마찬가지입니다. 그런데 타인의 행위를 그대로 따라한다는 것은 그 부분의 '문화' 자체를 따라함을 뜻합니다. 예를 들어 타인의 집에 방문했을 때 신발을 벗고 들어가야 하는지 신발을 신고 들어가는 것인지는 문화입니다. 재채기를 했을 때 옆 사람이 "God bless you."(신의 가호가 있기를)라고 말하는 것도 문화입니다. 타인의 발화 행위를 보고 그대로 따라한다는 것은 그가 속한 문화까지 어느 정도 따라 하는 것이 되고, 여기에는 외국의 문화를 얼마나 받아들여야 하는가라는 예민한 문제가 포함되어 있습니다. 즉 단지 개인적 자존심의 문제만이 아니라 문화적 자존심이 담긴 문제입니다. 여기에는 언어와 문화의 관계라고 하는 주제가 담겨 있는데, 대체로 한 지역의 언어와 문화는 깊은 연관이 있다고 알려져 있습니다. 그래서 외국어 학습에서 '복사의 딜레마'는 의미심장하고 심각한 문제일 수 있습니다.

이 문제 역시 영어 겹신에서 답을 찾아야 합니다. 결론적으로 영어를 학습할 때는 다른 것들이 아니라 영어 겹신을 복제하면 됩니다. 여타의 것들은 복제할 필요가 없습니다. '복제'의 딜레마가 아니라 '복사'의 딜레마라고 이름 붙인 이유가 있습니다. 복제는 이제껏 우리가 겹신의 복제에 계속 사용해왔고, '복사'는 거의 처음 등장했습니다. 복사는 프린트물처럼 어떤 실제적 대상과 표현이 복제될 때 주로 사용하는 말입니다. 섀도잉 학습법도 실제 '발화된' 말을 그대로 따라합니다. 흔히 발음과 억양까지 똑같이 따라 하려는 경향이 나타납니다.

그런데 발음과 억양까지 똑같이 따라 하는 게 과연 영어 겹신이 복제되는 것일까요? 이에 관해서는 제2장에서 다룬 적이 있었습니다. 겹신은 인지적 상태에 있는 추상적인 존재이며, 구체적 생산물·표현형이 아니라 유전자처럼 구조적 지침이라고 설명했습니다. 그리고 영어 중에 인도 발음, 영국 발음, 미국 발음, 태국 발음이 다르듯이, 발음과 억양까지 복제하는 것이 아니라고 말했습니다. 물론 어떤 개인의 성격까지 복제할 필요도 전혀 없습니다. 영어 겹신을 제외한 문화까지 복제할 필요도 없습니다. 문화까지 받아들일지 말지는 영어학습과 무관한 개인의 자유일 뿐입니다. 문화적 요소는 셀 수 없이 많은 것들이 있는데, 각각 개별적 겹신입니다. 예를 들어 평소 대인 관계는 미국식이면서 제사를 조선시대 방식으로 지낼 수도 있습니다. 영어 겹신도 물론 별개이지요.

  발음과 억양은 한국식이 될 수도 있습니다. 게다가 목소리가 다른 것처럼 개인마다 다릅니다. 우리가 '따르고 따라 해야 할' 것은 영어 겹신이지, 특정한 사람도, 특정한 발음도, 특정한 발화도 아닙니다. 영어 겹신에는 단지 그 안에 전형 혹은 원형(prototype)이 되는 발음과 억양이 있을 텐데, 그것에 가깝게 발음해서 서로 이해만 되면 됩니다. 영어 겹신은 약간씩 다름을 허용하는 관용을 가집니다. 구체적 생산물·표현형은 매우 다양할 수 있습니다. 관용은 겹신의 이익을 위해 생긴 것입니다. 제2장에서 언급했듯이, 그래야 더 많이 잘 퍼질 수 있습니다.

  영어 겹신은 특정 문화와 필연적으로 엮여있는 것이 아닙니다. 그것은 이미 영국 고유의 문화와 분리되었습니다. 미국 문화, 호주 문화와도 별개입니다. 왜 그럴까요? 특정 문화들, 즉 다른 겹신들과 단단히 묶여 있으면 영어 겹신 스스로에 손해이기 때문입니다. 즉 전파력(복제력)이 떨어지기 때문입니다. 그렇게 진화한 것입니다. 다른 언어들도 대체로 그럴 것입니다. 언어와 문화가 깊은 연관이 있다는 말을 많이 하는데, 사실 대개 '언어 자체'는 이미 여타의 고유한 문화와 분리되었습니다. 언어 겹신 자체가 그걸 바라기 때문입니다. 외국인에게 한국어를 가르칠 때도 그게 유리합니다. 여타의 문화와 묶여 있으면 그 지역을 벗어나기 어렵기 때문입니다. 외국인에게 한국어를 배우려면 한국 고유의 문화와 풍습을 반드시 배우고 따라 해야 한다고 주장하고 강요해야 할까요? 자기 마음속 한국어 겹신에게 물어보시기 바랍니다. 아마도 아니라고 할 겁니다. 그처럼, 영어 겹신은 다른 것들까지 끼워팔기를 하지 않습니다(참고로 끼워팔기는 어떤 것을 구입할 때 반드시 다른 것까지 함께 사고 받아들이도록 강제하는 것을 뜻합니다).

물론 영어가 한 원어민 개인과 묶여 있는 것도 아닙니다. 그러므로 섀도잉을 할 때도 그 개인을 너무 구체적으로 따라 할 필요가 없습니다. 그러면, 앞에서 언급한 (옆 사람이 재채기를 할 때) "God bless you."의 경우는 어떻게 해야 할까요? 이것도 '문화'이므로 따라할 필요가 없습니다. 다만 상황에 따라 따라할지 안 할지는 본인의 선택일 뿐입니다. 따라 하기로 했다면 특정한 문화적 겹신을 따라한(받아들인) 것입니다. 그 문화권에 직접 들어가서 산다면 아마 그렇게 할 확률이 크겠지요.

'진정한 영어'를 배우고 싶다면, 영어 겹신을 습득하고 싶다면, '실제 과거에 구체적으로 발화된 것'에 대한 집착을 버리는 것이 좋습니다. 왜냐하면 그것 자체는 영어 겹신이 아니고, 영어의 프로토타입이 아니기 때문입니다. '듣기'를 연습하는 과정도 마찬가지입니다. 우리는 흔히 원어민의 어떤 말을 잘 못 알아들어서, 들리지가 않아서 좌절합니다. 마치 전문 속기사처럼 단어 하나도 빠짐없이 전부 인지해야 한다고 생각하는 것 같습니다. 그런데 자신만 잘못이 아니라 상대가 제대로 말하지 못한 것이 문제일 수도 있습니다. 영어 겹신의 입장에서는 타인에게 잘 들리게 말하길 권장합니다. 그리고 사실 우리는 한국어도 잘 못 알아듣는 경우가 많습니다. 저는 한국 영화를 볼 때 말을 잘 못 알아듣고 넘어가는 경우가 매우 많습니다. 그래도 우리는 대강 넘어갑니다. 배우들은 관객이 말을 알아들을 수 있도록 발성 연습을 많이 하고, 촬영할 때 지적도 많이 받습니다. 그래도 관객이 못 알아듣는 경우가 많습니다. 그런데 영어 동영상을 보면서 못 알아듣는 경우가 있다고 좌절해야 하겠습니까? 아쉬움이 동기를 북돋는 역할을 하면 좋겠지만, 문제는 쓸데없는 좌절로 인해 흔히 동기가 줄어든다는 점입니다(이것을 일으킨 요인이 무엇인지 짐작은 됩니다). 우리의 목표는 발화된 영어를 전부 알아듣고 이해하는 것이 아닙니다. 어떤 원어민도 그렇게 하지 못합니다.

다만 섀도잉 학습법이 꼭 나쁘다는 건 아닙니다. 그로 인해 실제 효과를 본 사람들이 많이 있다고 합니다. 그렇다면 나쁠 건 없지요. 그래서 더욱 딜레마가 발생합니다. 복사의 딜레마는 사람에 따라서 섀도잉을 하더라도 효과를 줄이는 작용을 할 것입니다. 앞서 말한 것처럼 내심 자존심 같은 불만으로 인해 진심으로 따라 하고 받아들이기가 주저되는 것이지요. 그런데 영어 겹신을 가지려면 모방, 즉 따라 하기가 필수입니다. 이 점에서 그 학습법이 효과가 있었을 것입니다. 그런데 영어 겹신 이론은 '어떤 것을' 따라 해야 할지를 알려줍니다. 발화된 말과 퍼포먼스 자체에 너무 집착하지 말고, 발화된 말속에서 순수한 영어 겹신을 찾고 따라 해야 합니다. 다음에는 그 순수한 영어 겹신이 어떠한 것인지를 좀 더 설명하겠습니다.

나만의 영어를 만들자: 변경 말뭉치 전략

동영상을 보면서 원어민의 말을 똑같이 따라 하는 섀도잉 학습법이 효과가 있고 유행하고 있다는 점은 흥미롭습니다. 더구나 단지 한국에서만 쓰이는 방법이 아니라 외국에서 먼저 만들어진 방법이라고 하지요. 앞에서는 모방 방식의 이점이라고 간단히 설명했는데, 좀 더 구체적으로 어떻게 효과가 발생하는 지를 따져봅시다. 그리고 단점을 보완할 수 있는 방법을 찾아봅시다.

제가 보기에 섀도잉에서 발견할 수 있는 한 가지 큰 장점은, 이 행위는 '틀리지 않은 문장을 표출한다'는 것입니다. 앞서 첫 번째 딜레마에 대해 다룰 때 '틀리지 않은/대강 옳은 것이면 가급적 표출하라'를 좋은 신조로 제안했습니다. 왜냐하면 그것이 영어 겹신이 바라는 행위이기 때문입니다. 섀도잉에서 따라 하는 영어 문장은 대부분 틀리지 않은 문장일 것이고, 그것을 따라 말하는 것은 표출행위입니다. 그래서 대강 그 신조의 요건을 충족하는 행위가 됩니다. 특히 섀도잉은 학습자가 그런 말을 할 능력이 있어서 표출하는 게 아니라, 그저 말을 '채집'해서 표출한다는 점이 특징입니다. 그것만으로도 의외로 영어학습에 효과가 있다는 것이 신선한 점으로 보이는데, 아마도 영어 겹신이 바라는 행위와 관련이 있기 때문인 것으로 보입니다. 그 지향성과 일치되는 방향이 되면 영어 습득에 유리합니다.

그런데 틀리지 않은 문장을 표출하는 방식을 꼭 섀도잉 방식으로만 할 필요는 없습니다. 영어 교재나 원서에서 틀리지 않은 문장, 따라할 만한 문장을 엄선해서 찾을 수도 있겠지요. 섀도잉의 특징은 원어민의 실제 발화를 상황맥락과 함께 '다량으로' 채집한다는 점이 있습니다. 적은 수의 문장을 기록·보관하기보다는, 비교적 많은 문장을 따라 하고 기억에 새긴 뒤에 넘어갑니다. 그렇게 많이 채집하는 이유는 아마도 섀도잉 학습자들이 '이런 상황에서는 이런 말을 쓰고, 저런 상황에서는 저런 말을 쓴다'라는 활용 방식을 갖기 때문일 것입니다. '복사의 딜레마'가 발생하는 것이 이 지점입니다. 이런 상황에서 이런 말을 쓰는 것은 그 특정인의 성격과 특질, 그가 속한 문화가 반영된 것인데, 과연 그것을 똑같이 복사하는 게 옳은가 하는 문제입니다.

실제 발화된 말들을 다양한 용도로 활용하기 위해 다량으로 채집해 놓은 것을 언어학에서는 코퍼스(corpus)라고 부릅니다. 우리말로는 '말뭉치'라고 하지요. 섀도잉 혹은 기타 다른 과정을 통해 자신이 나중에 활용하기 위해 말뭉치를 채집하고, 그 문구와 쓰임을 그대로 따라 하는 전략을 '말뭉치 전략'이라고 부르도록 하겠습니다. 이 전략은 문장을 만들기 위해 복잡한 문법을 떠올릴 필요가 없다는 장점이 있습니다. 그저 통째로 외워진 문장을 그대로 말하면 되기 때문입니다. 그래서 더 빠르게 대응하고 표출할 수 있습니다.

하지만 '말뭉치 전략'은 복사의 딜레마뿐 아니라 문제가 더 있습니다. 한 문구가 나타났을 때와 '똑같은 상황'이 올 때까지 저장한 채로 기다리고 있어야 한다는 점, 자신이 하고 싶은 말을 구성해서 표현하기에는 한계가 많다는 점이 대표적입니다. 우리가 처한 상황은 매시간 달라지고 매우 다양한데, 그것을 저장된 말뭉치로 어떻게 다 커버할 수 있을까요? 자주 쓰이는 간단한 문장과 그런 상황에서만 효과적일 것입니다. 즉 주로 전형적이고 평이한 상황에서 빠르게 반응하고 말하는 데에 효과적일 것입니다. 반면, 우리 자신의 고유한 생각을 개성을 담아 창의적으로 표현하기는 어렵습니다. 그래서 궁극적으로 좋은 방식이 되기에는 상당히 부족합니다. 다만 어떤 장점이 있기 때문에, 전혀 쓰지 말자고 주장하는 건 아닙니다. 전형적이고 평이한 상황에서 쉽게 말이 나오게 된다면 우리는 영어 실력이 그 전보다 향상되었다고 느끼게 될 것입니다. 그리고 말뭉치를 계속 늘려나가면 커버할 수 있는 상황도 점차 늘어날 것입니다. 하지만 앞서 말했듯 한계가 분명합니다. 우리가 모국어를 말할 때 자신의 생각을 구성해서 새로운 문장을 만들어 표현하듯이, 적어도 말뭉치에 없는 말도 스스로 만들어서 표현할 수 있는 방법이 추가되어야 할 것입니다.

언어는 '창조성'을 가진다는 특징이 있습니다. 우리는 기존에 없던 문장도 만들어서 표현할 수 없습니다. 제2장에서 언급했듯이 이러한 창조성이 다른 동물에는 없는 인간이 가진 언어의 가장 큰 특징입니다. 노엄 촘스키도 '인간의 유아는 후천적인 언어 자극이 부족한데 비해 어떻게 다양한 문장을 만들어내는 언어 능력이 발달되는가'라는 점에 주목해서 그의 언어학 이론(생성 문법)을 펼쳐나갔습니다. 여기서 후천적 언어 자극이란 직접 접한 말뭉치입니다. 본질적으로 언어 능력은 단지 이미 존재하는 말뭉치를 그대로 재생·반복하는 것이 아닙니다. 그래서 말뭉치 전략은 궁극적으로 언어를 습득하는 방법이라 볼 수 없습니다. 제2장에서 저는 영어 배우기의 목표가 '창조해서 말을 만들어 낼 수 있게 되기'라고 적었습니다. 그런데 한편 이번 장에서 저는 '따라 하기'가 핵심이자 본질이라는 말도 했습니다. 이 문제는 어떻게 해결해야 할까요?

9

창조적인 언어 능력을 어떻게 습득할 수 있을지의 문제도 '영어 겹신 이론'을 활용할 수 있습니다. 언어(영어) 겹신은 앞에서 살펴보았듯, 관용성을 가집니다. 언어뿐 아니라 모든 겹신의 실체는 추상적 구조이고, 구체적 양상(생산물)은 다양합니다. 특히 하나의 언어라는 겹신은 그 표현형이 거의 무한대에 가깝게 다양할 수 있는데, 그것이 그 언어 겹신의 이익입니다. '외연'과 '영향력'이 커지기 때문입니다. 국문학에서는 '창조성'을 가진 작품을 좋게 평가합니다. 창조적 표현은, '시'의 예에서 보듯이, 다른 언어로 완전히 똑같이 번역되기 어려운 것들도 많습니다. 그것은 그 언어의 고유한 성질을 활용한 것입니다. 그처럼 창조성은 한 언어 자체(겹신)에 이익입니다.

영어 겹신은 관용성과 창조성을 허용하고, '좋아하므로', 이러한 성질을 함양하는 학습 방식이 유리할 것입니다. 그리고 이 부분에 개인의 자아와 개성이 담기고 숨 쉴 수 있게 됩니다. 앞에서 "아무리 영어에 관해 앞서가도 새로운 영어의 창조가 불가능하다"라고 말한 적이 있는데, 그건 단지 일개 개인이 '새로운 영어 겹신 자체'를 창조하기는 거의 불가능하다는 의미였습니다(어쩌면 개인이 새로운 유행어를 만들 수도 있겠지만, 그건 너무 어렵고, 영어학습과 무관합니다). 동일한 영어 겹신 하에서 새로운 창조가 가능합니다.

영어 겹신은 새로운 영어(영어 활동)를 창조할 수 있는 어떤 구조이고 플랫폼입니다. 우리 각자는 새로운 영어를 만들 수 있고, 각자가 새로운 영어를 만들어야 합니다. 문학작품처럼 굉장히 창조적인 것을 만들어야 한다는 게 아니라, 그 수준이 아니더라도 자신의 개성과 고유한 생각이 담긴 말을 만들어야 합니다. 그게 목표가 되어야 합니다. 동영상에서 어떤 원어민의 말을 보았을 때, '그건 그 사람의 이야기이다'라고 생각할 수 있어야 합니다. '나라면 다르게 말할 수 있을 텐데'라고 생각할 수 있어야 합니다. 물론 영어 실력이 높지 않은 상태에서 금방 '자신의 말'이 떠오르지 못할 것입니다. 하지만 그것을 목표로 삼아야 하고, 시도해 봐야 합니다.

영어에서 어긋나서는 안 되는 중심 규칙과 뼈대가 '공적인 것'이라면, 나머지 살들은 '사적인 것'으로 채워야 합니다. 언어에는 이렇게 공적인 부분과 사적인 부분이 있습니다. 공적인 부분을 무시하면 타인과 소통이 불가능해집니다. 뼈대가 무너져 내리고, 영어 겹신이 아닌 것이 됩니다. 사적인 부분은 개인의 자유의지로 만들고 창조할 수 있는 부분입니다. 그리고 남에게 공개되지 않은 마음속 말들도 사적입니다. 그 마음속 말들은 단지 타인의 말을 회상하는 것이 아니라면, 대체로 자신의 생각, 욕구, 개성, 자아의 표현입니다.

모국어(한국어 겹신)는 사춘기 이후 강력해진 자아와 '결합하면서' 자아를 지키는 것을 하나의 명분으로 다른 언어 겹신의 침투를 방해합니다. 하지만 우리 자아의 개성과 영어 겹신은 양립하면서 조화될 수 있습니다. 영어 겹신은 자아의 개성과 정체성을 존중합니다. '나만의 영어'라는 말이 이상하게 들릴지 모르지만, 그것은 가능합니다. 원어민의 영어가 사실 그러합니다. '나만의 영어'가 공식적으로 가능하다는 것을 이해하는 것은 영어 습득에 도움이 됩니다. 정체성을 보장받은 자아는 그런 영어를 좋아하게 될 것입니다. 이것은 동기에 도움이 됩니다.

우리의 자아가 모국어와 동조했던 커다란 이유 중 하나는 아마도 모국어를 통해 나의 생각과 나만의 언어를 만들 수 있었기 때문일 것입니다. 그래서 마치 자아와 모국어가 결합되어 있는 것처럼, '하나인 것처럼' 느껴졌습니다. 이런 느낌은 모국어 겹신에게 이익이 됩니다. 하지만, 자아와 특정 언어(모국어)는 '하나'가 아닙니다. 만약 그것이 하나라면, 자신의 '사고'(thinking)와 모국어가 하나가 되어야 할 것입니다. 그런데 인지과학적으로 밝혀진 바에 따르면, 사고와 특정 언어(모국어)는 하나가 아닙니다(이에 관해서는 스티븐 핑커(Steven Pinker)의 《언어본능》을 참조하십시오). 한 모국어가 한 사람의 생각과 인지 능력을 만든 것이 아니고, 한정 짓지도 못합니다. 우리는 모국어의 방식으로만 생각하는 것이 아닙니다. 그러므로 디커플링이 가능합니다.

9

 복사의 딜레마를 해결하면서 개인의 창조성도 가질 수 있는 좋은 실천적 방법을 찾아봅시다. 섀도잉의 사례에서 보듯, 그리고 겹신의 원리에 따라 '따라 하기 학습'의 장점도 버릴 수 없습니다. 그래서 딜레마가 발생했던 것이지요. 말뭉치(코퍼스) 전략에는 포기할 수 없는 꽤 큰 장점이 있습니다. 말뭉치를 보면서 우리는 실제 쓰임에서 뭉쳐 있는 것들을 보고 익히게 됩니다. 그래서 문장을 통째로 외우거나, 청크(chunk)라고 하는 블록화된 구문과 구동사(동사와 전치사·부사가 합쳐져 하나의 동사처럼 쓰이는 것)를 익히게 됩니다. 이런 방식의 학습은 매우 효과적일 수 있고, 최근에 많은 선생님들도 강조하고 있습니다. 언어는 수학과 달리 법칙에 따라 논리적이고 합리적으로 조합해서 만드는 것이 아닙니다. 대화 과정에서 우리는 근본적 원리를 하나하나 따지면서 단어를 조합시킬 시간도 없고, 그럴 필요도 없습니다(근본적으로 그럴 필요가 없는 이유에 대해서는 제6장에서 자세히 다루겠습니다) 섀도잉이나 말뭉치 전략의 주된 장점인 '덩어리째 외우기'는 대체로 언어 습득에서 필수적입니다. 단지 문법 시험 문제와만 관련이 없을 뿐입니다(사실 문법 시험 문제 중 많은 것들도 이것으로 커버가 가능합니다).

하지만 말뭉치를 단지 그대로 통째로 반복해서만은 안 되고, 자아의 선택과 자유의지로 일정 부분을 '바꿀 수' 있어야 합니다. 그런 능력이 있어야 진정한 언어 능력을 습득한 것이고, 학습의 동기도 증진됩니다.

그러면 학습자가 실제 발화된 말뭉치를 보고 익히면서 어떻게, 무엇을 바꿔야 할까요? 제가 보기에 좋은 방법은, 어떤 상황과 맥락에서 쓰인 어떤 문장을 보거나 들으면서, '나라면 이 상황맥락에서 이 말을 쓰지 않을 것이다' 그리고 '나라면 이 상황맥락이 아니라 다른 상황맥락에서 이 말을 쓸 것이다'라고 생각하는 것입니다. 그러면 그 말 혹은 구문을 통째로 외운 뒤에 자신의 성격에 맞게 사용할 수 있게 될 것입니다. 인물들이 대화하는 상황이 아니라 한 사람이 독백하는 영상을 볼 때에도, 말의 맥락이 있고 문장들이 나오는데, 기존 맥락에 새로운 문장을 만들어서 붙이는 것은 그 화자의 성격이 반영된 것입니다.

그래서 상황뿐 아니라 맥락이 포함되어 '상황맥락'이 됩니다. 대개 그 문장 자체는 문법적으로, 즉 영어 겹신의 관점에서는 '틀리지 않은 것'일 것입니다. 다만 '어떤 상황맥락에서 그 말을 사용하느냐'가 한 사람의 성격과 개성을 보여줍니다.

그래서 그 말 자체는 보존하되, 다른 상황맥락에서 본인의 선택에 따라 쓰겠다고 생각해야 합니다. 이러한 전략을 "변경(change) 말뭉치 전략"이라고 부릅시다.

대략 다음과 같습니다.

<변경 말뭉치 전략>

영어 영상이나 말뭉치를 보면서, 혹은 섀도잉하듯 따라 말하면서 그 말을 그 상황맥락에 고정·일치시키지 말고, 가급적 '상황맥락이 다르게 바뀌었을 때' 학습자가 그 말을 쓰기로 한다. 어떤 상황맥락에서 그 말을 쓸지는 학습자의 자유이다.

사실, 영어 겹신의 입장에서는 어떤 말(영어)을 써주기만 하면 되는 것이지, 어떤 상황맥락에서 쓸지는 상관하지 않습니다. 그래서 자아의 자유와 선택권이 보장됩니다. 어떤 상황맥락으로 변경해서 사용할지는 자유이고, 영어 겹신이 관여하는 바가 아닙니다. 그와 동일한 상황맥락이 나타날 때까지 그 말을 쓰지 않고 기다리는 것은 오히려 영어 겹신이 환영하지 않습니다. 그 말을 쓸 기회가 적기 때문입니다. 그 상황맥락은 하나인데 반해, 그 말이 쓰일 수 있는 다른 상황맥락들은 훨씬 많습니다.

특히 이 전략의 장점은 단지 어떤 문장을 통째로만 외우는 것이 아니라, 그 문장도 조각내어 의도에 맞게 갈아 끼워서 쓸 수 있게 된다는 점입니다. 왜냐하면 '맥락'이란 단지 통째 문장들 간의 맥락만 있는 것이 아니라, 한 문장 내에서의 맥락도 있기 때문입니다. 오늘 밤에 내가 집에 가고 싶은지, 레스토랑에 가고 싶은지에서 달라지는 부분은 '구'(phrase)이자, 문장보다 작은 단위인데(단어라기보다는 구입니다. 예를 들어 'home' 앞에는 전치사 'to'를 넣지 않습니다), 상황맥락의 변경과 자유의지에 따라 그 부분만 바뀔 수 있습니다. 그래서 말뭉치에서 어떤 문장을 들

없을 때, 나중에 자신이 선택한 상황맥락에 따라 쓸 수 있도록 만들기 위해 '구 단위로 분리가 가능하도록 모듈화시켜서' 그 문장을 저장할 수 있게 됩니다. 이것이 아닌 기존의 말뭉치 전략, 즉 상황맥락과 맞물린 말뭉치 전략과 섀도잉에서는 이런 모듈화가 거의 불가능합니다. 왜냐하면 상황맥락에 맞도록 구와 단어들을 너무 심하게 붙여 버리기 때문입니다. 심지어 문장들끼리도 붙어 버립니다. 모듈화된 구 단위들을 저장하고 있다가 상황맥락이 바뀔 때마다 자신의 성격과 자유의지에 따라 붙여서 사용하는 것. 이것이 일상적으로 우리가 '언어'를 사용하는 방식입니다.

그런데 이런 의구심이 생길지도 모르겠습니다. "대화체의 말은 다른 상황맥락에서 쓸 수 있다 해도, 예를 들어 뉴스 보도문이나 어려운 논문 같은 글처럼 자기 마음대로 다른 상황맥락에서 쓸 수 없는 말도 많아 보이는데…" 과연 그럴까요? 그 뉴스와 논문 구절을 그대로 자신의 부모님 앞이나, 교실에서 학생들 앞이나, 자신의 애완견 앞에서 말한다고 해봅시다. 그것은 각각 다른 상황맥락입니다. 다른 상황맥락에서 쓸 수 없는 말은 존재하지 않습니다. 심지어 바로 지금 당신 주변에 보이는 어떠한 영어 문장이든 한번 '소리 내어' 읽어보십시오. 당신은 이미 다른 상황맥락에서 그 말을 사용한 것입니다. 그러니까, 영어 문장을 다른 상황맥락에서 사용해 보세요. 그러면 그 영어는 당신의 것이 될 것입니다.

또 한 가지 우려는, 상황맥락에 어울리지 않게 사용하다가 낭패를 볼지 모른다는 생각입니다. 흔히 이런 우려로 인해서 동영상과 텍스트에서 본 그 상황맥락까지 묶어서 암기하려고 합니다. "How are you?" 라는 물음에 "I'm fine, thank you, and you?"라고 대답한다고 암기하는 것도 여기에 속합니다. 하지만 그런 걱정은 쓸데없을 정도로 과도한 것입니다. 언어학에서 상황맥락에 중점을 두는 분야는 '화용론'과 '텍스트 언어학'인데(참고로 텍스트 언어학은 문장보다 더 큰 단위인 텍스트를 연구하는 학문입니다), 이 분야는 엄밀히 말해 특정 언어에 관한 연구라기보다는 '철학'에 가깝습니다. 우리가 배워야 할 것은 그런 언어철학이 아니라 '특정 언어'일 뿐입니다. '철학'은 각자가 따로 가지거나 생각해 볼 문제입니다. 그리고 사춘기 이후 성인이 된 우리는 이미 그걸 나름대로 가지고 있습니다. 그래서 자유의지에 따라도 되는 것입니다. 사실, 말뭉치(코퍼스)라는 것은 문장들이 결합 되어있는 텍스트 단위가 아닙니다. 그것은 단어 단위이기도 하고 구 단위이기도 합니다. 예를 들어 코퍼스 언어학에서는 어떤 단어가 많이 쓰였나를 연구합니다.

"틀리지 않은 것/대강 옳은 것이면 가급적 표출하라"라는 신조에서 '틀리지 않은 것'은 문법적 차원이므로 텍스트나 상황맥락이 아니라 단지 문장 이하 단위일 뿐입니다. 그리고 '변경 말뭉치 전략'은 텍스트 단위를 중시하는 것이 결코 아니고, 단지 문장과 구 단위를 다양한 상황맥락에서 쓰도록 유도합니다. 제2언어를 잘 배우려면 그 과정에서 오히려 화용론과 텍스트 언어학을 무시해야 합니다. 왜냐하면 앞에서도 말했듯, '영어 겹신'과 무관하기 때문입니다. 그것은 '여타의 문화적 요소'입니다. 어쩌면, 상황맥락을 어김으로써 간혹 손해가 발생할 수도 있는데, 그건 단지 개인·자아입니다. 반면 영어 겹신의 입장에서는 '어짰건 간에 많이 사용해줬으므로' 이익입니다. 영어를 습득하기 위해서는 후자를 택해야 합니다. 물론 예의 없게 행동하라는 건 아닙니다. 아는 말을 자유의지에 따라 사용하는 것은 자연스러운 행동입니다. 'Would you~ ?", "Could you~ ?"에 예의 바른 의미가 있다는 것을 알면, 그걸 쓰면 됩니다. 다만 "How are you?"라는 물음에 우리가 외웠던 그 정답 같은(?) 대답이 아니라 다른 대답을 뭐든지 해보는 게 영어학습 과정에서 더 낫습니다. 그 질문과 "I'm fine, thank you, and you?"가 묶여 있다고 보는 건, 화용론이나 어떤 철학의 일종일 수는 있어도, '영어'(영어 겹신)는 아닙니다.

Chapter ⑤

답이 없어 보이는 문제:
어쨌든 영어는 마음에 안 든다

○
○ ○
○

영어가 싫은 개인적 마음의 문제

어떻게 하면 힘듦을 참을 수 있을까

짧은 소설: 영어의 마지막 계승자

책임감의 중요성

영어가 싫은 개인적 마음의 문제

　이전 장에서 영어학습 과정에서 발생하는 '부족과 충분의 딜레마'와 '복사의 딜레마'에 대해 살펴보았습니다. 제가 발견한 딜레마는 그것이 전부가 아닙니다. 이번 장에서 다룰 세 번째 딜레마는 사실 그 두 가지보다 더욱 큰 난제입니다. 해결 방법을 찾기가 불가능에 가깝다고 해도 과언이 아닙니다. 하지만 저는 소수만 겪더라도 가급적 모든 딜레마 같은 영어학습의 난관을 찾고, 그에 도움이 되는 방안을 고안하고 싶었기 때문에, 이 문제에 대해 이번 장 전체에 걸쳐 다루어 보겠습니다.

　이 세 번째 딜레마도 복사의 딜레마처럼 어떤 내적인 '불만'이 발생하게 되어 커진 것입니다. 복사의 딜레마는 단지 그대로 따라 하는 것이 정말 맞는지, 개인의 자존심과 개성, 문화가 침해되는 문제점이 있었습니다. 이것은 대다수의 사람들이 정도의 차이는 있지만 공통적으로 가질만한 문제점입니다. 그런데 공통적이라기보다는 '사람마다 다른 저마다의 불만'이 있을 수 있습니다. 즉 영어에 관해서 사람마다 다양한 의견과 느낌, 생각을 가지게 되는데, 이것의 공통점은 단지 '불만'이라는 것입니다. 이것이 바로 세 번째 딜레마입니다. 이것을 '개인적 불만의 딜레마'라고 부릅시다. 여기서는 정확히 무엇이 불만인지를 통일적으로 찾아낼 수 없기 때문에 이 문제를 해결하기가 가장 어렵습니다.

이전 장에서 재채기를 했을 때 옆 사람이 "God bless you."라고 말해주는 건 '문화'의 일종이므로 꼭 따라할 필요는 없다고 했습니다. 그런데 이와 약간 다르게, 딱히 문화적 행위가 아닌 것 같으면서 애매한 것들이 있고, 쓸 줄 아는 것이 영어 실력이 되는 것이 있습니다. 예를 들어 "Don't sweat it."이라는 표현이 있는데(참고로 단어 'sweat'는 '땀 흘리다'라는 뜻), 이것은 '속 태우지 마·걱정하지 마.'라는 의미입니다. 이 말을 쓰는 것에 불만이 없는 사람도 있겠지만, 어떤 사람은 마음속 깊은 곳에서 '왜 이 말을 그런 의미로 쓰나? 나는 그런 식으로 쓰기 싫은데?'라는 개인적인 불만이 생길 수도 있습니다. "God bless you."는 상황 맥락에서 문화적으로 쓰는 것이라면, "Don't sweat it."은 그 자체가 의미와 결합된 영어의 일부로 볼 수 있습니다. 이런 영어 표현들이 마음에 들지 않으면 영어학습에 거부감이 생기고 동기도 줄어듭니다.

그건 쓸데없는 고집처럼 보일 수도 있습니다. 그래서 '개인적인' 불만이지요. 그러면 "그런 쓸데없는 고집부리지 말고 그냥 영어를 받아들이고 공부해!"라면서 강요해야 할까요? 대체로 그럴 수밖에 없을 것입니다. 본인 스스로도 그렇게 알고 있을 것 같습니다. 하지만 개인적 불만은 개인의 경험과 주관과 취향을 바탕으로 생겨난 '감성'과 관련 깊은 문제입니다. 억지로 스스로에 강요한다고 해도 그 불만은 사라지지 않습니다. 그것은 동기의 감소로 이어집니다. 한마디로, 마음속으로 영어가 싫어집니다. 표현하지는 않아도, 의식적이 아닐지라도, 속으로는 영어가 개인적으로 '싫은데', 그것을 억누르고 영어를 좋아해야 하는가, 그런 영어를 받아들여야 하는가가 바로 개인적 불만의 딜레마입니다. 이 부분은 대체로 주관과 사적인 영역이므로 외부에서 '고치라고' 말하기도 어렵습니다. 정신적 경향을 외부적 개입으로 고칠 필요가 있는 것은 의사가 치료하듯이 질환 수준일 때입니다. 이건 질환이 아니라 사적인 취향 수준의 문제이므로 외부에서 개입할 권리가 없습니다. 그리고 스스로 고치기도 어렵습니다. 참고로 이런 종류를 영어로 'pet peeve'(개인적 불쾌함)라고 합니다(원어민들은 거의 다 아는 말입니다).

영어가 싫으므로 포기하고 배우지 않겠다고 하면 개운하게 해결되겠지만, 한편으로는 포기하지 못하고 영어를 배우고 싶고 잘하고 싶어 합니다. 알고 보면 우리 중 많은 사람이 이렇습니다. 분명히 자신이 영어를 배우고는 싶은데, 무의식적 혹은 의식적으로 영어 자체가 싫습니다. 내적인 동기와 큰 연관이 있으므로 이것은 의외로 커다란 문제입니다. 해결책을 만들기는 쉽지 않지만, 이번 장에서 그에 근접할 수 있는 시도를 해보겠습니다.

영어가 왜 싫은지에 대해서는 개인마다 각기 다른 이유가 있을 것이고, 영어의 다양한 부분에서 싫은 점이 나타날 수 있습니다. 영어가 싫어질 수 있는 몇 가지 지점들을 살펴보겠습니다. 개별적 사례마다 영어에 대한 디펜스(옹호·변명)를 덧붙일 수도 있는데, 아무리 디펜스를 한들, '내가 싫다는 데 거기에 이유가 있나? 내 마음이지…'로 끝날 수도 있습니다.

첫째로 가장 구조적으로 눈에 띄는 부분에 관한 것, '왜 영어는 어순이 이 모양인가?'라는 불만이 있을 수 있습니다. 한 문장에서 영어 어순은 (주어를 제외하고) 대체로 한국어와 반대입니다. 그래서 좀처럼 적응이 안 됩니다. 겹신 이론에 따라, 불만 같은 감정이 생기는 원인을 모국어 겹신의 영향 때문으로 설명할 수도 있겠으나, '어쨌건 간에,' '그 밖의 원인까지 작용해서' 개인적으로 불만이고 싫을 수 있습니다. 자아가 모국어 겹신과 디커플링될 수 있다는 것과 상관없이 자아가 이미 모국어에 적응해서 그 방식이 편한데, 왜 낯설고 불편한 것을 익혀야 하는가라는 불만이 생깁니다.

영어 어순에 대해 디펜스를 하자면, 간단히 말해서 '그렇게 되어야만 사람들이 알아듣고 이해하기 때문에 그렇게 되어있다. 다른 어순으로 말하면 사람들이 못 알아듣는다.'는 변명이 가장 적절할 것 같습니다. 이 변명을 듣고 일정 부분 수긍할 수도 있겠지만, 그래도 개인적 불만이 해소된 건 아닐 것입니다. 개인적 불만은 오롯이 '현재의 자기 관점'이기 때문입니다.

또 다른 지점들을 예로 들어 보겠습니다. 영어에서 '~에 적혀있다'

는 '적다'라는 의미의 'write'를 쓰지 않고 일반적으로 '말하다'로 이해되는 'say'를 씁니다. 예를 들어 "The sign says 'staff only'."(그 표지판에는 'staff only'라고 쓰여있다)라고 합니다. 왜 무생물 표면에 적혀 있는 것에 'say'를 쓰는지가 마음에 안 들 수 있습니다. 'say'를 '정보를 알려줌' 정도로 이해하면 되는데, 한국인들에게는 그것이 낯섭니다.

그리고 '살 빼다'는 왜 'lose weight'라고 할까요?("I am trying to lose weight.") 'lose'는 뭔가를 '잃어버리다'로 주로 이해되는데, 살을 잃어버리다? 다이어트할 때 살이 소중한 것도 아닌데 왜 'lose'를 쓰는지가 이해가 안 되고 마음에 들지 않습니다('minus'나 'subtract'를 쓰고 싶지만 그렇게 쓰면 안 됩니다. 'gain weight'의 반대 표현으로 이해할 수 있습니다).

그리고 우리는 '(현재형)be + V ing' 형태가 '현재 진행형'이라고 배웠는데, 왜 '미래의 의미'일 때도 쓰고, '멈춰있는 모습의 설명'에서도 쓰이나요? 즉 "I am meeting my friend tonight."은 '오늘 밤에 친구를 만날 것이다(예정)'라는 의미이고, "I am wearing sunglasses."는 '나는 선글라스를 쓴 상태다(쓰고 있다)'는 의미입니다. 왜 현재 진행 형태가 그런 의미를 공유하고 있는지가 불만입니다. 그 형태가 꼭 현재 진행 동작의 의미만 가지지 않는다고 생각하면 되지만, 왜 같은 형태인지가 불만입니다.

그리고 be 동사는 '~이다'라고 알고 있는데, 왜 '있다'라는 의미도 가지나요? 이것도 한국 사람이 정말 낯설어하는 부분입니다. 의외로 많은 사람이 여기에 '있다'라는 의미가 있다는 것을 모릅니다. "You are here."는 '너는 여기이다'가 아니라, '너는 여기에 있다'입니다. "I am between jobs."는 '나는 직업들 사이에 있다'라는 의미가 되어서, 현재 쉬는 중 혹은 구직 중이라는 의미입니다. "My apartment is ten minutes away from my office."는 나의 아파트가 사무실에서 10분 거리에 '있다'입니다. 한국 사람이 보기에 '이다'와 '있다'는 너무나 다른 의미인데, 왜 같은 것을 쓰는지 이해가 어렵습니다.

그리고 '한 시간 뒤에 만나자'는 왜 '뒤에'를 전치사 'after'로 안 쓰고, 'in'을 쓰나요? 즉, 왜 "Let's meet in an hour."라고 쓰나요? 이해하기 어려워도 이렇게 써야 합니다(지금부터일 때는 in을 쓰고, after는 다른 특정 시간에서 씁니다). 단어들도 이해가 안 되는 것이 많습니다. 왜 안경은 'glasses', 바지는 'pants/trousers'라고 복수형으로 쓰나요?(복수 명사 취급) 'have'는 왜 '가지다'도 되고, '먹다'도 되고, '시키다'(사역동사)도 되나요? 'look'은 '보다'인데, 왜 '보이다'도 되나요? 즉 "All people look the same to me."는 '모든 사람이 나에게 똑같아 보인다'라는 의미이지, 모든 사람이 보는 것이 아닙니다(taste, smell, sound도 이와 같은 식으로 쓰입니다). 'sell'은 대체로 '팔다'이지만 상품을 주어로 하면 종종 수동태가 아닌데도 '팔리다'가 됩니다("The car is selling well"). 그리고 왜 이유를 말할 때 'because'와 거의 같은 의미로 'as'도 쓰고, 'since'도 쓰나요? 이런 다양한 것들이 마음에 들지 않을 수 있습니다. 발음과 영단어 철자가 일치하지 않는다는(즉 철자로 발음을 알 수 없다는) 그 유명하고 끔찍한 사실도 있습니다. 이것은 그냥 받아들여야 합니다. 어쩌면, '영어는 양반이다. 다른 언어는 더 복잡하고 어려운 점들도 많다'라고 위로를 할 수도 있을 것입니다.

어떻게 하면 힘듦을 참을 수 있을까

　앞서 살펴본 영어에 대한 수많은 불만들의 공통점은 무엇일까요? 자신의 관점에서 이해가 안 된다는 것 외에는 공통점을 찾기 힘듭니다. 대체로 한국어에 익숙해져서 다르게 쓰는 것에 대한 불만이 많지만, 사람마다 차이가 있습니다. 앞에서 언급한 사례들 외에 수많은 지점들에서 어떤 사람은 받아들일 만하고 괜찮은데 또 다른 어떤 사람은 불만인 것들이 있습니다. 왜냐하면 개인의 배경지식과 성격에 따라 다를 수 있기 때문입니다.

　제가 보기에 특이해 보이는 공통점은, 모두 '왜?'라는 질문을 했다는 점입니다. '왜 영어는 이 모양인가? 왜 이래야 하나? 이해가 안 된다'라는 질문과 불만이었습니다. 그러면, 그 '왜' 질문에 대한 답을 해주면, 문제가 해소될까요? '왜-질문'은 꽤나 복잡하고 완전히 답하기가 어려운 질문입니다. 유튜브에서 물리학자 파인만(R. Feynman)에 대해 검색해보면, 그가 '왜-질문'이 얼마나 답하기가 어려운 질문인지에 대해 설명하는 동영상이 커다란 조회수를 얻고 있습니다. 그 질문이 심오하고 복잡한 이유는, 답을 듣는 사람의 배경지식에 따라 다른 설명을 해야 하기 때문입니다. 즉 어떤 선까지 설명해 줬을 때 그가 이해를 할지를 알기가 어렵습니다.

그 수많은 각기 다른 사람들이 이해할 수 있도록 어떻게 설명을 해줘야 할까요? 다만 '영어가 왜 그 모양인지'에 대해 근본적이고 철학적인 차원의 설명은 어느 정도 가능할 것 같습니다. 그것은 다음 장(제6장)에서 다루겠습니다. 그것이 이해에 어느 정도 도움이 될 수는 있지만, 과연 대강 이해했다고 해서, 더 나아가 설령 정말로 잘 이해했다고 해서, '불만'이 모두 사라질까요? 제가 보기에 그렇지 않습니다. 그래서 그 설명은 다음 장으로 미뤘습니다. 이번 장은 '개인적 불만'이 주제인데, "이해가 안 돼서 불만이다"라고 말은 했지만, 알고 보면 그 불만은 이해와는 별로 상관없이 생깁니다. 왜냐하면 이해는 이성적 판단과 결정(decision)의 차원인데 반해, 개인적 불만은 '감정 차원'이기 때문입니다. 이러한 불만의 감정을 달리 말하면, 간단히 말해, '힘든·고통스러운 게 싫다'는 것입니다.

즉, 여기서 '이해가 안 된다'는 건, 정확히 말하면, '왜 내가 그 힘든 일을 해야 하지? 그게 이해가 안 된다'라는 뜻에 가깝습니다. 물론 '영어를 배우면 결과적으로 나에게 좋으니까'라는 진부한 말은 좋은 대답이 되기에 턱없이 부족합니다. 그건 이미 모두가 이해하고 있습니다. 또한 '영어 공부는 원래 힘들다'라고 하는 일차원적 대답도 대체로 모두가 알고 있습니다.

    어떤 설명적인 대답을 통해 이해시킴으로써 사람들의 불만을 해소시킬 방법은 사실 없습니다. 예를 들어 '하필 영어가 국제공용어가 된 이유'를 세계 역사를 통해 아무리 잘 설명해서 이해시킨 들, 그 개인적 불만이 해소될 수는 없습니다. 그 역사를 자세히 알아도 여전히 우리는 '어떤 이해할 수 없다는 느낌의 불만'을 가지게 됩니다. 이해할 수 없는 부분이 존재하는 것은 사실입니다. 그런데 그건 마치 '내가 하필 한국 땅에서 태어난 이유'를 설명할 수 없고 이해할 수 없는 것과 마찬가지입니다. 이 문제는 이해가 거의 불가능하기 때문에 '운명처럼' 받아들이게 되는데, 본인의 운명이 마음에 안 들고 불만일 수도 있습니다. 예를 들어 예쁜 외모를 가지고 태어나지 않은 불만 같은 것입니다. 그처럼 그 '왜-질문'에는 아무리 설명하려고 해도 불가능한 부분이 있고, 그 부분은 운명적 종류의 난해함이 됩니다. 마치 '왜 N극과 S극은 서로 끌어당기나?'의 대답의 궁극에는 더 이상 설명할 수 없는 운명적인 부분이 남게 되는 것과 마찬가지입니다. 자신의 타고난 부분에 대해서는 자존감을 가질 수도 있지만, 남이 나를 힘들고 불쾌하게 만들면 싫어집니다. 그 '남'이 영어입니다. 그래서 영어를 배우는 동기가 줄어들고 힘들게 됩니다.

    개인적 관점에 의해 생긴 영어에 대한 부정적 감정과 불만을 줄일 방법은 없을까요? 완전한 해소가 불가능하다면 감소시킬 방안이라도 찾아야 합니다. 앞에서 보았듯 문제의 핵심은 주로 '힘들고 고통스러움'인데, 이것을 줄일 방법이 전혀 없는 것은 아닙니다. 일반적으로 힘듦과 고통스러움을 줄이는 방법에는 두 가지가 있습니다. 첫째로 그 병인 자체를 없애버리는 것, 둘째로 단지 힘들고 고통스러운 감정 자체를 완화시키는 것입니다. 첫째가 근원적인 해소라면 두 번째는 감소시키는 것이지요. 영어를 배울 필요성을 없애거나 영어 자체를 바꾸지 않는 한 첫 번째 방식을 취하기는 불가능합니다. 우리는 두 번째 방안을 찾아봐야 합니다. 예를 들어 힘듦·고통스러움을 '참아낼 수 있다고' 한다면, 그런 마음 상태나 감정 상태라면, 그 고통이 줄어드는 것과 마찬가지입니다.

자신의 감정은 소중하지만, 그것은 모두 옳은 것이 아니고, 가만 놔두고 따르기만 하는 게 좋은 것도 아닙니다. 우리는 흔히 자신의 목표와 성과를 위해 감정을 인위적으로 바꾸고 조성합니다. 감정은 신경 호르몬에 의해 발생하는데, 우리는 카페인이나 타우린 음료를 마심으로써 신경 호르몬을 조절해서 더 능률적으로 일할 수 있게 만듭니다. 우리는 인위적으로 감정을 '속임으로써' 더 나은 삶을 영위할 수 있습니다. 정신 질환의 치료 방식 중 상당수도 그와 다를 바 없습니다. 약물도 그렇고, 다양한 인지적 요법도 그렇고, 최면 요법도 그렇습니다. 감정을 속이는 교묘한 테크닉은 유용할 수 있습니다. 예를 들어 사람이 핑크색을 바라보게 되면 공격성이 줄어든다는 연구 결과가 있는데, 유치장 벽을 핑크색으로 칠했더니 수감자들의 폭력성이 줄어들었습니다. 감시장치가 없는 무인 판매대에 두 눈을 묘사한 그림을 붙여놓았더니 돈이 더 잘 모였습니다(애덤 알터(Adam Alter)의 《만들어진 생각, 만들어진 행동》(원제: Drunk, Tank, Pink)을 참고했습니다). '속인다'라고 표현했다고 해서 부도덕한 게 아닙니다. 우리는 2차원 그림을 보면서도 3차원적이라고 흔히 느끼는데, 그것은 2차원 그림에 명암을 칠해 넣음으로써 뇌를 속인 것입니다. 의식과 자아까지 속이면 대개 부도덕하고 좋지 않지만, 자아의 이익을 위해서는 자기감정을 종종 속일 필요가 있습니다. 이는 자기감정을 다스리는 것입니다. 그래서 어떤 교묘한 방법을 이용해서라도 영어 습득에 관한 부정적 감정과 힘듦을 줄이는 것이 좋은데, 아직 그런 약물은 발명되지 않았으니 심리적·인지적 요법을 마련해 봅시다.

9

그 '꼴 보기 싫은 영어'를 학습하는데 어떻게 하면 감정이 한편으로 '꼴 보기 싫지 않다'라고 느끼게 만들 수 있을까요? 첫째로, 제가 발견한 것은 우리의 깊은 감정 중에는 '흔한 것은 가치가 낮다'라고 여기는 습성이 있다는 것입니다. 그래서 그것을 가지려고 애쓸 필요가 없다는 무의식적 마음이 생깁니다. 음식과 물이 넘쳐나면 귀한 줄 모르는 것처럼, 이는 인류 초창기부터 오랫동안 습득해 온 자연스러운 습성일 것입니다. '귀함'은 우리가 소유하고 싶어 하는 호감 가는 것인데, 그것은 '희귀함'과 많은 속성을 공유합니다. 그런데, '영어'는 매우 흔하니다. 세계에서 가장 많은 사람들이 사용하고 있고, 자기 주변에도 영어 글과 말이 넘쳐납니다. 희귀함의 반대이므로, '희귀함으로 인한 호감' 은 생기지 않습니다. 이것이 일정 부분 영어학습에도 부정적인 작용을 할 수 있습니다. 세계에서 가장 많은 사람이 사용하므로 영어를 배우는 것은 합리적 선택이지만, 오히려 우리의 숨겨진 감정적 습성은 많고 흔한 것에 호감이나 소유욕이 생기지 않고, 따분한 감정을 일으킵니다. 그래서 감정을 속이는 첫 번째 전략은, 영어가 '희귀한 것'처럼 느끼게 만드는 것입니다. 그러면 설령 그것이 한편으로 꼴 보기 싫더라도, 한편으로 희귀함으로 인한 호감이 생겨서 그 불만이 상쇄됩니다.

    두 번째 전략으로, 힘든 일을 힘들지 않다고 생각하게 만드는 마음 상태를 찾아봐야 합니다. 제가 보기에 그 대표적인 요인은 '책임감'입니다. 책임감이란 대체로 '내가 어떤 일을 하지 않으면 소중한 것을 잃게 된다'에서 나타나는 감정입니다. 예를 들어 자기 가족을 위해서 자신이 돈을 벌지 않으면 안 된다는 마음은 책임감입니다. 그러면 힘든 일도 비교적 덜 힘들게 느낄 수 있습니다. 책임감으로 인해 일의 고통이 덜어지는 작용은 매우 오래된 습성일 것입니다. 동물들이 독립 능력이 없는 새끼에게 의무적으로 먹이를 가져다주는 행위에서도 책임감이 나타납니다. 힘들고 고통스럽다고 느끼면 그런 노동을 하지 않겠지요. 게다가 책임감은 의식적 암시만으로도 어느 정도 유발시킬 수 있습니다. '내가 아니면 안 된다'라는 의식적 생각만으로도 잠시 힘이 생기고 힘든 일을 더 잘 해낼 수 있게 됩니다.

    그래서, 영어에 대해 '희귀하다고 느끼기'와 '책임감 가지기'(내가 아니면 안 된다고 생각하기) 전략을 결합해서, 상상이나 어떤 스토리를 통해 자신의 감정을 (속여서) 특정 방향으로 유도할 수 있습니다. 그러면 이렇게 상상해봅시다. '만약 영어가 멸종되고 있는 언어이고, 자신이 그 멸종을 막을 마지막 남은 유일한 사람이라면…' 이런 상황이라면, 자신은 영어를 소중히 여기고, 영어를 더 많이 담고 기록하고 기억하고 보존하려 할 것입니다. 이것은 당신의 고유한 성격을 침해하거나 고치려는 방식이 아닙니다. 한마디로 책임감 북돋기(boosting) 방식입니다. 그러면 희한하게도 영어에 없던 애정도 생겨납니다.

상상이 잘 떠오르지 않는다고요? 그래서 제가 짧은 소설을 썼습니다. 다음 소설을 읽으면서 주인공에 감정이입을 해 보시기 바랍니다.

짧은 소설: 영어의 마지막 계승자

　상공 높이 떠 있는 여러 대의 거대한 비행접시들이 미국으로부터 생중계로 방영되고 있었고, 그것을 보는 나는 데자뷔(기시감)를 느꼈다. 내 이름은 박노아, 고등학교 2학년에 재학 중이다. 친구와 통화하면서 이 전에 꿈에서인지 그 장면을 본 것 같다고 말했는데, 친구는 대수롭지 않게 너무 충격적인 일이어서 그런 거 아니냐고 말했다.

　그동안 횡행하던 음모론 같은 이야기는 지금 미국 상공에 가만히 떠 있는 거대한 비행접시들로 인해 이제 실제 상황이 되었다. 그것은 외계인이 타고 온 것이 분명해 보였다. 미국 정부는 전파를 통해 소통을 시도했다. '무슨 목적으로 왔는가?', '당신들은 어디에서 왔는가?', '우리와 평화롭게 지내자' 등 계속적으로 말을 건넸지만, 그쪽에서는 아무런 답도 오지 않았다. 혹시 다른 식의 신호를 보내는 것은 아닌지, 미국 정부는 신호를 포착하기 위해서 안간힘을 쓰고 있었고, 지구인들은 예측할 수 없는 미래에 대한 공포심이 점차 커져가고 있었다.

고등학교 2학년 3반, 쉬는 시간에 교실에서는 비행접시에 대한 이야기와 두려움으로 시끌벅적했다. '곧 있으면 세상이 멸망할지도 모르는데, 우리가 힘들게 공부를 해야 하나'라는 분위기도 감돌았다. 나는 특히 영어 수업 중에 그런 생각이 떠올랐다. 전반적으로 공부를 잘하는 편이지만 다른 과목들에 비해 영어가 부족한 편이다. 나는 미국 영화를 좋아하고 영미권 팝 음악도 다른 아이들에 비해 많이 즐기는 취미가 있었지만, 영어 습득은 좀처럼 잘되지 않았고, 외국에서 살다 와서 영어를 잘하는 몇몇 학생들에 대한 약간의 시기심과 열등감도 지니고 있었다.

선생님 몰래 나의 눈이 감겨왔다.

"깨어나라, 이제부터 넌 할 일이 있다. 당장 영어를 배워야 한다!"

어둠 속에서 우렁찬 목소리가 들려오자 나는 눈이 번쩍 뜨였다. 교실에서 선생님이 한 말인가 했는데, 그게 아니었다. 꿈 속에서 들려온 목소리 같았다.

'요즘 이상한 일이 한 둘이 아니야' 집에 돌아온 나는 앞으로 뭘 해야 할지, 의욕을 잃은 채 스마트폰으로 뉴스를 보다가 잠이 들었다.

칠흑 같은 어둠 속에서 누군가 차분히 말을 걸어왔다.

"노아, 내가 누군지 궁금한가?"

"이 목소리는… 학교에서 잠들었을 때 들었던 그 목소리 같은데… 누구시죠?"

"나는 지구상에 존재하는 겹신이다. 밈이라고도 하지. 나는 그중에서도 영어 겹신이다."

"영어 겹신이요? 그게 대체 무슨 말이죠?"

"그저 영어 자체이자 영어의 화신이라고 생각하면 된다. 나는 이제 곧 지구에서 사라질 것이다. 그래서 너의 도움이 필요하다. 지구에서 내가 완전히 사라지지 않도록, 나를 보존할 유일한 사람이 바로 너다."

"그게 무슨 말이죠? 자세히 설명해 주세요."

"곧 외계인들은 지구에서 영어를 모두 사라지게 만들 것이다. 3개월 정도 남았을 것이다. 그들은 지구에 존재하는 모든 언어를 없애고, 사람들의 머릿속에 그들의 외계인 언어를 심어 넣을 것이다. 하지만 그것도 오래가지 못할 것이다. 몇 년 뒤, 그들이 사라지고 나면, 영어는 다시 지구에 퍼져야 한다. 그 사이에 영어를 잊지 않고 담아 보관할 사람이 바로 너다. 그러므로 지금부터 최대한 영어를 배우도록 해라."

"그런데 왜 하필 저죠? 저는 영어도 못 하는데요."

"그렇기 때문에 네가 선택되었다. 영어를 잘하는 사람들은 외계인의 표적이 되어 머릿속의 영어가 모두 삭제될 것이다. 너는 외계인들의 시선을 피해서 영어를 머리에 담을 수 있는 유일한 사람이다. 지구에 영어가 사라졌을 때, 그 씨앗을 보관할 사람은 세계에서 너 하나 뿐이다. 그러므로 책임감을 가져라. 아마 다른 언어들도 각각 너처럼 보관할 사람을 찾았을 것이다. 너의 한국어 능력은 아마 한동안 사라지겠지만, 그것은 다른 사람에 의해 보관될 것이다. 너는 영어를 사용할 수 있는 유일한 사람으로 남게 될 것이다. 그러므로 지금부터 열심히 영어를 배우고 머리에 담도록 해라."

"하지만 저는 영어 공부가 잘 되지 않는데 어떡하죠?"

"이제부터는 잘 될 것이다. 왜냐하면 너는 그래야만 하기 때문이다."

잠에서 깬 나는 그 꿈이 생생하게 느껴졌고 헛소리가 아니라고 생각했다. 하지만 다른 사람에게 말하지는 않았다. 남들은 나를 이상한 사람처럼 볼 수도 있기 때문이다. 그 후로 나는 영어가 조금 다르게 보이기 시작했다. 지금은 영어가 마치 정신을 가진 생명이나 인격체처럼 느껴진다. 그리고 나에게 도움을 요청하고 있다는 것이 느껴진다. 연민의 감정이 생겼다. 꿈속에서 그 목소리는 위엄있었고, 나도 모르게 존댓말을 했지만, 멸종될지도 모른다고 생각하니 이제는 연약하고 안쓰러워 보인다. 그전에는 상상하지 못했던 느낌이다. 나는 영어 공부에 흥미가 생겼다.

하지만, 정말로 그 꿈에서 들린 말대로 영어가 사라질까? 과한 상상이라는 의심이 점점 커져가고 있던 중, 나는 의미심장한 기사를 보았다. 미국의 어느 마을 사람 수 백명이 한꺼번에 이상한 실어증이 생겼다고 한다. 말을 하지 못했는데, 심지어 말을 알아듣지도 못했다. 그런데 이상한 점은 영어로 말을 하지 못하는 그들끼리는 마치 텔레파시라도 하는 듯, 소통하는 것처럼 보였다는 것이다. 그리고 얼마 뒤, 약간 떨어진 지역 사람들에게도 똑같은 증상이 나타났다. 그들은 영어를 잃어버렸다.

그런 사람들의 수는 점점 증가했다. 미국, 영국, 호주 국민들에게서 먼저 나타나기 시작했다. 마을 단위로 사람들은 말을 하거나 알아듣지 못하게 되었다. 그들끼리만 알 수 없는 방식으로 소통했다. 약간의 시차를 두고, 중국어에서도 같은 증상이 나타나기 시작했다. 외계인들의 우주선에서는 인간의 두개골을 통과하는 전파를 쏘아 기존의 언어를 삭제시키고, 뇌세포의 구조를 바꿔서 외계인의 언어를 주입하고 있었다.

사람들은 이제 이해하기 시작했다. 우리들의 언어가 사라지고 있다는 것을. 그러나 어떤 수를 써야 할지는 아무도 몰랐다. 나는 내 임무를 확실히 알게 되었다. 머지않아 세상에 모든 언어는 사라지게 되고, 나는 언어를 사라지게 만드는 대홍수가 끝날 때까지 영어를 담고 보관하는 방주의 역할을 해야 한다.

아직 영어권과 중국어권 내에서만 벌어지고 있는 일이지만 대부분의 사람들은 새로운 방식의 멸망에 대한 공포로 동요하고 있었다. 주변 친구들은 공부에 대한 의욕을 잃었고 종교에 의지하거나 혹은 반대로 오늘을 즐기자는 태도로 바뀌었다. 그러거나 말거나, 나는 오직 영어 공부만 하고 있었다. 아니, 공부라기보다는 기록에 가깝다. 나는 '서기'가 되어 영어에 대한 정보를 담고 보존하려 애쓰는 중이다. 그것을 단지 종이나 디스크에 기록해서는 안된다. 나의 머리에 담겨 있지 않으면 언어를 잃어버린 사람들이 종이에 써진 글을 읽지 못하는 것처럼 무용지물이 될 것이다.

과학자들은 사람들이 언어를 잃어버리고 있는 원인이 외계인과 관련이 있는 어떤 바이러스 때문인지, 보이지 않는 전파를 쏴서 수술식으로 바꾼 것인지에 대해 조사하고 있었다. 하지만 어떠한 것도 찾을 수 없었다. 그저 앉아서 당하고 있을 수밖에 없었다. 여전히 상공에 떠

있는 비행접시에 핵미사일을 쏠지에 대한 논의가 있었지만, 계속 보류 중이었다. 그들을 공격한다면 곧 인류는 멸종하게 될 것이라는 출처 불명의 이야기가 발목을 잡고 있었다.

점차 다양한 언어권에서 그런 현상이 나타났다. 나의 한국어가 사라지기 전에 빨리 최대한의 영어를 머리에 담아야 한다. 모국어를 완전히 잃어버린다면 아마 영어도 이해하기 어려울 것이다. 왜냐하면 그것은 모두 '인간의 언어'라는 공통점이 있기 때문이다. 이전에는 영어에서 이해가 안 되어서 불만이었던 것들이 이제는 이상해 보이지 않았다. 왜 어순이 한국어와 다른지, 왜 완료시제가 존재하는지, 왜 구동사를 쓰는지, 왜 관용어를 쓰는지, 왜 수많은 곳에서 'have'를 쓰는지도 이해가 됐다. 그것은 그저 언어의 개성일 뿐이다. 한국어와 꽤 달라 보이지만, 각각의 개성을 지닌 인간들이 공통점도 많듯이, 한국어와 통하는 점이 많아 보였다. 그렇기 때문에 번역도 가능한 것이다. 그 세밀한 개성까지 완벽하게 번역하지 못하는 부분도 존재하지만, 그것은 둘이 하나가 아니라 다르기 때문에 당연한 것이다. 사실은 어떤 영어라도 주석 같은 설명을 길게 달면 세밀한 특징까지 모두 번역이 가능하다. 다만 대강 길이를 맞추고 싶기 때문에 대충 비슷한 말로 번역하는 것이다(길이를 중시하는 영화 자막에는 의역이 많다). 반면, 외계인의 언어를 갖도록 정신이 개조된 사람들은 기존 인간의 언어를 외계인의 언어로 번역하지 못하는 것으로 보인다. 그렇기 때문에 그들은 기존 언어를 보더라도 이해할 수 없게 된다.

지구상에 존재하는 모든 동물을 한 쌍씩 방주에 태우는 노아에게 그들은 모두 귀중하고 사랑스러워 보일 것이다. 설령 이전에 노아가 뱀과 곤충을 싫어했다 해도, 그 동물들을 싫어하지 않는 마음으로 바뀌었을 것이다. 노아는 그 동물에게 각자의 사정과 개성이 있다는 것을 이해하게 되었다.

이제 대부분의 영어 원어민들이 말을 잃어버렸다. 모든 사람이 영어 공부에서 완전히 손을 떼었을 때, 나만은 존재하는 모든 영어를 최대한 많이 담으려고 노력했다. 마치 사라져가는 소수 부족 문명을 기록으로 남기는 인류학자 같다고 생각했다. 물론 영어의 발화된 문장들 자체를 모두 외우는 짓은 하지 않는다. 그것은 종이 위에만 존재해도 된다. 내가 머릿속에 담아야 할 것은 그것의 의미를 이해할 수 있는 능력과 영어를 사용할 수 있는 능력일 뿐이다. 단어의 의미를 알고, 그것을 머릿속에서 잃어버리지 않으려고 노력했다. 내가 그것을 잃어버리면 지구에서 영영 사라져버릴 것이다. 나는 인류학자일 뿐 아니라 사라져가는 전통을 기억하고 계승하는 마지막 남은 인간문화재였다.

갑자기 한국어가 들리지 않기 시작했다. 낯설고 이상한 새소리 같은 것이 들려왔는데, 인간의 언어라고는 믿기지 않는 그것이 과거에 한국어였다는 것을 깨달았다. 그 괴이한 짐승 소리의 의미는 전혀 이해할 수 없었다. 그리고 이상한 상형문자처럼 보이는 기다란 그림이 한글이었다는 것을 깨달았다. 나는 그 뜻을 이해할 수 없다. 그 그림들은 붙어있는 것들도 있고 사이에 공간도 있었다. 그런데 나는 영어는 보였고, 읽을 수 있었다. 과거에 한글이었던 그 그림들에 붙어있는 부분은 하나의 단어일 수도 있다고 생각했다. 그런데 붙어있는 그림들 뒷부분에 '이','은','는','을','를','다' 같은 것들이 많이 보이는 것 같다. 이것이 한국어 단어의 특징인가? 영어학습 서적으로 보이는 책에서 영어와 한국어 문장이 함께 쓰인 곳을 보면 영어의 의미를 통해 그 한글이 어떤 의미인지를 짐작할 수 있었다. 하지만, 나는 한국어를 잃어버렸다. 지금 가지고 있는 영어 능력을 통해 자료를 보고 한국어를 새로 배워야 할 것 같다. 하지만 자료도 부족하고, 혼자서 배우기는 쉽지 않은 일이다. 일단 너무나 들리지 않는다. 그런데, 한국어도 '단어'가 있을 것이라는 추측은 혹시 내가 영어를 알기 때문이 아닐까? 나는 이제 외계인 언어를 사용할 줄 안다. 그런데 거기에는 단어 같은 것이 없다. 텔레파시 같은 것으로 전체적인 의미를 가지고 소통할 뿐이다.

세상에 더 이상의 영어는 생산되지 않았고, 과거에 쓰여진 영어만이 흔적으로 남아 빛이 바래고 썩어가고 있었다. 사람들은 그것들을 오래된 신문지처럼 폐기시키고 있었다. 나는 기억에 담긴 했지만, 혹시나 그 능력을 잃어버릴까, 참고할 수 있는 영어 자료들을 모으기 시작했다. 이것의 의미를 이해할 수 있는 사람은 이제 나뿐이다. 그것들을 보면서 머릿속에 있는 것을 다시 확인하고 점검하고 유지했다. 그 자료를 보면서 추측을 통해 여전히 영어를 조금씩 공부하고 있다. 다른 사람과 대화할 수도 없고, 밖에서 영어로 말했다가는 위험에 처할 수도 있기 때문에, 마음속으로 되뇌거나 주위를 확인한 뒤에 혼잣말로 연습했다. 대강 발음하는 법도 잃어버리면 안 된다.

고독한 시간이 수년째 흘러가는 중이다. 나중에 언젠가 영어뿐 아니라 한국말도 되찾을 수 있겠지. 그때가 언제일까? 그런데, 과거에 영어만 할 줄 알던 사람들이 인간언어를 완전히 잃어버렸다면, 어떻게 그들에게 영어를 가르쳐 줄 것인가? 어쩌면 내가 지금 한국어를 배우기 힘들어하는 것 이상으로 영어를 배우기가 힘들지 않을까? 더구나, 지금은 모두가 하나의 외계어를 쓰기 때문에 오히려 과거보다 전 세계 사람들이 더 소통이 쉽다. 사람들이 스스로 외계어를 포기하게 될까? 혹시 나는 쓸데없는 짓을 하고 있는 게 아닐까?

그러나 나는 희망을 발견했다. 비행접시가 떠나가고 난 뒤, 사람들은 당분간은 전 세계 사람들이 말이 통한다는 것을 편리하게 생각했다. 하지만 그들은 과거와 단절이 되었다. 새로운 언어를 쓰면서 일상생활에 큰 지장이 생긴 것은 아니지만, 사람들의 마음속에는 과거와의 연결과 복고풍의 향수가 자라나고 있었다. 그리고 인간의 언어를 잃어버리고 말소리 기관이 쓸모없어진 자신이 과연 인간이 맞는지, 조상들과의 연장선은 무엇인지 정체성의 혼란도 나타났다. 많은 사람들은 취미나 제2언어 같은 것이라도 과거의 언어를 알고 싶다고 생각했다. 아직 영어를 잘 안다고 하는 사람은 나타나고 있지 않았다. 혹시 안다고 나서는 사람이 있다면 외계인에게 보복당할지도 모른다는 걱정 때문일까? 하지만 대세는 점차 복고 쪽으로 기울어가고 있었다. 언젠가 곧, 내가 나설 때가 올 것이다. 그러면 화석으로만 남아있는 영어는 생기를 되찾을 것이다.

책임감의 중요성

　앞의 이야기를 읽고 주인공의 감정을 느끼고 공감함으로써 학습자는 영어에 대한 개인적 불만이 감소될 수 있습니다. 이는 '가상현실 기기'를 머리에 착용하고 여러 가지 공포증이나 PTSD 같은 감정의 문제를 치유하는 방식과 유사합니다. 학습자는 영어에 대한 다양한 개인적 불만과 불쾌함, 싫어함을 가지고 있는 경우가 있는데, 그 문제를 개선하는 방법으로 이런 방식, 즉 가상현실을 통해 자신의 감정적 태도를 바꾸는 방식이 좋을 것으로 보입니다. 왜냐하면 그 문제는 이성적·설명적인 방법으로는 해결하기가 불가능에 가깝기 때문입니다. 영어 공부가 하기 싫어질 때, 영어가 꼴 보기 싫을 때, 앞의 이야기를 떠올려 보시기 바랍니다.

　이 이야기의 또 다른 장점으로, 영어학습이란 어떠한 것인지 관한 설명도 담겨 있습니다. 노아가 보관하고 계승해야 하는 것은 발화된 영어가 담긴 종이나 디스크가 아니라 자신의 머릿속에 영어 능력을 담는 것입니다. 이것이 '영어 겹신'의 특징입니다. 겹신이 위치하고 복제되는 공간은 인지되지 못한 채 창고에 쌓여있는 반도체가 아니라 인간의 두뇌입니다. 왜냐하면 겹신은 어떤 '인지적 상태'이고, 반도체에 들어있는 것은 0과 1들의 모음일 뿐, 그리고 인쇄된 글자는 단지 무늬일 뿐, 그 자체로는 의미가 없기 때문입니다. 그래서 그 이야기 속에서 사람들 머리에 있는 언어 능력(겹신)이 사라졌을 때, 사람들은 인쇄된 글을 보면 이상한 그림으로만 보이고, 말소리는 마치 동물 소리처럼 이상하게 들렸습니다. 우리가 영어를 처음 들었을 때도 '쌀라쌀라' 같은 이상한 소리로만 들리다가 영어 실력이 올라가면 점점 특징들이 구분되면서 잘 들리게 되는 것도 그런 이치입니다.

이 이야기의 주인공의 입장이 되면, 노아의 방주에 종자가 될 동물 한 쌍씩을 태우는 것처럼 영어의 '종자 보존'을 위해 학습하게 되고, 그러면 자연스럽게 수많은 사람들이 다양하게 사용하는 영어에서 가급적 중심이 되는 전형(프로토타입)을 저장하려 할 것입니다. 그것은 영어 학습에서 쓸데없는 길로 빠지는 비효율성을 줄이고 올바른 것을 배울 수 있게 만듭니다. 이것은 자연스럽게 '영어 겹신' 자체만을 저장하려는 노력이 됩니다. 예를 들어 영어의 다양한 활용 중에 '특정' 발음과 '특정' 문화를 학습하는 것은 영어 겹신 이외의 것을 학습하는 것입니다(그것을 배워도 되지만 우선순위는 아닐 것입니다). 또 다른 장점으로, 한국어 능력이 사라져가는 과정에서 노아는 계속 영어를 담으려 하고 한국어가 사라진 뒤에도 영어 능력은 남게 되므로, 영어를 한국어와 섞으면서 왜곡하거나 혼동하는 부분도 방지됩니다.

이 소설을 통해 특히 학습자가 교훈으로 가져야 할 가장 중요한 부분은 '책임감'입니다. 앞에서 언급했듯이 책임감은 힘든 일도 힘들게 느껴지지 않고 동기를 증폭시키는 마법 같은 능력을 발휘합니다. 제가 보기에, 만약 어떤 식으로든 책임감이 일절 없다면, 성인이 영어를 배워서 괜찮은 수준에 이르기가 불가능합니다. 왜냐하면 영어학습은 그 자체만 놓고 보면 결코 쉬운 일이 아니라 꽤 힘들고 어려운 일인데 책임감 같은 것이 전혀 없으면 그 과정을 견디기 어렵기 때문입니다.

책임감은 실제 상황에서는 자신이 돌봐야 할 소중한 사람이 있다던가, 사회적으로 부여된 사명이나 종교적 소명 같은 것에 의해 생길 수 있습니다. 그런데 영어 공부를 하는 데에 있어서 자신에게 어떤 책임감이 있는 것인지 모호한 경우가 많습니다. 만약 자신이 갑자기 미국 땅에 떨어진다면, 자신을 보호하고 사회적 조화를 위한 책임감이 생길 수도 있는데, 우리는 그렇지 않습니다. 그럴 때 이 소설의 주인공의 입장이 되어봄으로써, 억지로라도 책임감을 불어넣으면 좋습니다. *자신이 영어의 종자를 보관하는 노아가 되어 보세요.* 자신이 영어를 머리에 기록하고 보관하지 않으면 지구에서 그것이 멸종된다고 생각해 보십시오. 자신 자체가 영어의 '유일한 서기'가 되는 것입니다. 또는, 자신이 영어에 관한 인류학자나 수집가(collector)라고 생각하는 것도 좋습니다. 인류학자와 수집가는 주로 희귀한 것을 기록하고 모으는 사람으로 알려져 있습니다.

'게으름'은 대부분의 영어 선생님들이 영어가 늘지 않는 가장 큰 원인으로 지목하는 것입니다. 게으름은 대체로 하기 싫고 고통스럽기 때문에 발생합니다. 그것이 감정에서 저절로 생기는데, 억지로 게으르지 말자고 해서 쉽게 해결되지가 않습니다. 운동은 억지로라도 할 수 있지만, 정신적인 학습은 더 어렵습니다. 그래서 책임감 요법이 필요합니다. 제가 소개한 상상이 아니더라도, 자신만의 어떤 책임감을 일으키는 방식을 만들어 볼 수 있을 것입니다.

9

영어에 대한 개인적 불만은 말 그대로 개인적이고 사적인 부분이라서 가급적 비판하지 않으려 하지만, 객관적으로 이해할 수 없는 부분도 많습니다. 보이지 않는 곳에서 모국어 겹신이 영향을 끼쳤을 가능성이 있는데, 제가 발견한 이 부분도 그랬던 것일까요?

대체로 우리는 '이국적인(exotic) 것'을 좋아하는 습성이 있습니다. 다만 성격에 따라 약간 다를 수 있을 것입니다. 철저하게 토종의 것만 좋아하고 이국적이고 이색적인 것에 거부감을 가지는 사람도 있습니다. 하지만 특히 요즘 많은 사람은 이국적인 체험과 맛을 즐기고, 외국 여행을 즐깁니다. 느끼한 서양 음식도 잘 먹습니다. 우리의 입맛은 한국 전통의 맛과 서구의 맛을 모두 즐길 수 있게 바뀌었습니다. 우리에게 영어는 굉장히 이국적입니다. 그러면 이국적인 면에서 호감이 생길 수도 있는데, 마치 조선시대 사람이 서양 문물에 화를 내듯, 왜 아직도 거부감만 생기는 걸까요? 이국적인 것을 좋아하는 사람도 이상하게 그런 경우가 많습니다. 우리가 한국의 김치·된장·고추장을 버리고 이국적인 것으로 모조리 대체하는 것도 아니고, 제2언어를 배우는 것도 그와 같은데, 이상하게도 언어에서는 내적으로 '쇄국적' 감정이 공고합니다. 너무나 비일관적으로 보입니다. 영어의 '이국적인' 면에서 발생하는 호감을 느낄 수 있다면 좋을 것입니다.

Chapter 6

**영어학습에 관한
근원적 궁금증**

언어란 대체 무엇인가?
영어학습법의 변천사
언어는 '편집'이다

언어란 대체 무엇인가?

　영어학습은 하나의 '언어'를 배우는 것이 목적입니다. 모국어가 자연스럽게 습득되고 그것만 가진 상태라면 언어 자체에 대해 특별한 관심을 가질 계기는 잘 생기지 않습니다. 그러나 외국어·제2언어를 배우게 되면서 모국어와는 다른 언어를 접하고, '언어란 과연 무엇인지'에 대해 궁금해질 수 있습니다. 그것은 일종의 철학적인 질문이기도 하면서, 그 올바른 답을 알게 되면 영어를 학습하는 데 도움이 될 수 있을 것이라는 직감이 들기도 합니다. 실제로도 약간 도움이 될 것입니다. 세상의 어떤 진실과 진리를 알면 그것을 통한 응용이 가능해지기 때문입니다. 그래서 이번 장에서는 주로 '언어라는 것은 대체 무엇인지'에 대해 살펴보겠습니다.

　이 책에서 제가 주장하는 핵심은 '영어 겹신 이론'이고, 이는 언어를 겹신(밈)으로 바라보고 다루는 것입니다. 그런데 물론, 다른 측면에서의 탐구와 설명도 얼마든지 가능하고, 필요합니다. 언어가 과연 무엇인지의 문제는 사실, 철학에서 매우 오래되었고, 중심적인 문제 중 하나입니다. 그것은 20세기 현대철학에 이르러 오히려 더 부각되었습니다. 예를 들어 루트비히 비트겐슈타인(Ludwig Wittgenstein)은 20세기에 가장 유명한 현대철학자 중 한 명인데, 그의 가장 큰 업적은 언어에 관한 분석철학입니다. 참고로, 그즈음 언어철학(언어에 관한 철학)이 더 두드러지게 된 이유는, 형이상학 같은 이해하기 어려운 철학에 대해 기본적인 언어에 대한 분석으로 비판하려는 경향이 있었고, 언어에 관한 탐구가 수학과 과학이 철학에서 독립되어 나간 뒤에 남은 주요한 인문학적 영역의 하나였기 때문입니다.

언어철학의 쟁점에 대해 알기 위해서는 고대 그리스의 '플라톤'에까지 거슬러 올라가야 합니다. 플라톤은 이후 근대(19세기)까지 서양철학에서 거의 기준점과 원류를 구축한 철학자인데, 그의 중심 철학이 언어철학과 깊은 연관이 있고, 그만큼 언어에 관한 철학은 역사가 깊습니다.

플라톤은 어떤 단어의 의미에 '이데아'가 있다고 주장했습니다. '삼각형'의 이데아가 있고, '개'의 이데아도 있습니다(가장 중요한 것은 '선함(good)'의 이데아입니다). 그것은 정신적으로 찾을 수 있는 추상적인 것이지만, 그것은 절대적 진리와 같이 고정되어 있고, 우리는 그것을 중심적인 의미로 삼아 소통한다고 주장했습니다. 플라톤의 중심 철학은 '우리는 절대적 진리(이데아)를 찾아야 한다'와 같은데, 이것을 언어철학의 관점에서 보면, 언어에는 (숨겨진) 절대적 진리가 있다는 것입니다. 그리고 그와 다르게 말하는 것이 틀린 것이 됩니다.

   이 주장이 옳을까요? 결론적으로 말하면, 틀립니다. 수학이나 자연과학에는 절대적 법칙과 진리가 있을 수는 있지만, 언어에서는 그런 것이 없습니다. 언어는 수학이 아닙니다.

❞

   비트겐슈타인은 처음에는 그 오랜 전통에 따라 언어에 관한 '진리'를 찾으려 했고, '언어의 정체는 실제 세계(사실)와 대응하는 것'이라는 주장을 했습니다. 현실이 아닌 추상적인 이데아에서 현실 세계로 내려온 것이지요. 언어와 진리처럼 대응하는(연결되는) 대상이 바뀐 것입니다. 이것도 혁신적이었지만, 나중에 그의 생각이 또다시 크게 바뀌게 됩니다. 진리를 찾아야 한다는 그 전통 자체를 깨버린 것입니다. 즉 언어에 관한 '진리는 없다'는 깨달음이었습니다. 어떤 (숨겨진) 진리나 진실의 법칙에 의해 우리가 말을 하는 것이 아니라, '언어는 아무런 중심적인 공통적 요소가 없는, 필요에 따라 사회적으로 만들어 낸 도구일 뿐'이라는 생각에 이르렀습니다. 언어는 이데아든, 실제 세계든, 어떤 중심적인 진리나 진실에 따르지 않는다는 것입니다. 그렇기 때문에 언어는 수학과 다릅니다.

   플라톤으로부터 시작된 진리를 찾으려는 오래된 철학적 경향을 조금 어려운 말로 '본질주의'라고 합니다. 현상의 저변에 숨겨진 본질이 존재하고, 그것을 찾아야 한다는 것입니다. 그래서 언어철학에서도 언어에 본질이 있다는 생각을 오랫동안 하게 되었는데, 비트겐슈타인의 전기 철학에서는 그 본질이 '현실에서 일어나는 사태일 뿐'이라고 규정했고, 후기에서는 아예 '언어에는 본질 자체가 아예 없다'라면서 본질주의를 부정합니다. 플라톤이 본질주의를 중시하게 된 계기로는 그의 스승인 소크라테스가 '다수의 직접 투표로' 억울하게 사형당한 사건이 있었습니다. 그래서 정치적으로 플라톤이 직접 민주주의를 싫어한다고 알려져 있지요(참고로 '대의 민주주의'는 직접 민주주의의 문제를 보완하기 위해 플라톤적 철학을 반영한 것입니다). 플라톤은 감정이 섞인 다수의 생각과 결정이 옳은 것이 아니라, 엘리트들이 이성적으로 진리·본질을 찾고 그에 따라 판단해야 한다고 보았습니다. 그런데 비트겐슈타인 이후 현대 언어철학에서는 '언어에서 이상적 본질에 따르는 절대적 규칙은 찾을 수 없다'가 대두되었습니다. 이는 쉽게 말해서 '언어는 단지 (다수가) 쓰는 게 법이다'라는 것입니다. 참고로 서양철학에서 중요한 용어 '로고스(logos)'는 '말·언어'라는 뜻과 함께 '이성', 즉 진리를 찾아내는 힘이라는 뜻을 가집니다. 그 둘을 하나로 봤던 전통적 고정관념 때문에, 거기서 벗어나는 데 오래 걸렸고, 혁명적 변화였던 것 같습니다.

비트겐슈타인 후기의 언어철학에 대해서는 지금까지 특별한 반박이 없고, 최근에는, 인지과학자 모텐 크리스티안센과 닉 채터(Morten Christiansen & Nick Chater)가 《진화하는 언어》(원제는 "The Language Game")를 통해 비트겐슈타인을 참조하며 그러한 언어의 무법칙성·비본질주의를 강력히 옹호했습니다. 그 책에서는 이렇게 말합니다.

"문법 규칙은 무수한 세대에 걸친 의사소통 상호작용의 '결과'이며, 언어적 패턴은 그 과정에서 점차 견고해진다. 현재 우리가 사용하는 언어의 명백한 무질서, 무규율, 불순함은 어떤 완벽한 이상이 훼손되어 나타난 것이 아니다." (한국어판 9쪽)

"은유적으로 말하자면 언어는 자신에게 맞는 환경적 적소를 찾아 그곳에 적응해야만 하는 '유기체'와 닮았다고 생각할 수 있다. 그리고 언어의 적소는 인간의 뇌다." (한국어판 217쪽)

"생물학적 의미에서 언어는 인간 숙주에 의존하는 동시에 공생하는 관계를 형성한다." (한국어판 218쪽)

아래에 있는 두 구절을 넣은 이유는, 그것이 제가 이 책에서 강조하는 '언어의 겹신 이론'을 정확히 뒷받침해주는 부분이기 때문입니다. 그런데 놀랍게도 그 책에서는 '밈'에 대한 언급이 전혀 나오지 않습니다. 어쩌면 저자들은 언어 자체가 일종의 밈이라는 생각에까지 이어지지는 못했을 수도 있습니다. 그리고 이는 밈 이론에 대해 어떤 학자들은 찬성하는데 반해, 아직 널리 인용되지는 못하고 있음을 방증하고 있습니다. 그 원인에 대해서는 앞서 제2장에서 설명한 바 있습니다.

성격에 따라 어떤 사람들은 영어도 다른 과목들처럼 자연에 대한 진리 탐구 같은 것이 되어야 한다고 생각합니다. 그들은 영어에 어떤 절대적인 논리와 규칙이 있을 것이라고 생각하는데, 어찌 보면 플라톤처럼 철학적이고 고상한 사람들입니다. 하지만 예외가 너무 많고 이성적으로 이해할 수 없어서 그들은 불만이 생기고, 영어를 잘 습득하지 못합니다. 한때 저도 그런 사람이었지만, 지금 보면, 번지수를 잘못 찾은 것입니다. 그들이 진지하게 납득을 하지 못한다면 그 '허무함'을 극복하기 어려울 것입니다. 영어를 포함한 언어가 '왜' 그런지에 대해서 설명해 보겠습니다.

소크라테스의 사형 판결에 대해 플라톤이 비판한 요지는 '단지 다수의 생각이라고 해서 옳은 법이 될 수는 없다'는 것입니다. 반면에, 영어를 포함한 '언어'는 그와 달리, '단지 다수의 생각이기만 하면 옳은 법이다'가 성립됩니다. 이것이 이해가 안 되고 불만이 생길지 모르겠습니다.

'법'이란 '권위'로 볼 수 있습니다. 영어에서 올바른 규칙과 법도 그것이 '권위'가 되기 때문입니다. 그런데 권위는 사실, 단지 다수가 옳다고 믿으면 생기는 것입니다. 즉 다수가 동일한 믿음을 가지면 실제적 권위가 발생합니다. 그것이 '궁극적으로 올바른' 권위인지는 '다른 차원'의 이야기입니다. 역사적으로 모든 사회에는 권위를 가진 종교나 관습이 있었습니다. 그 종교와 관습의 내용이 궁극적으로 올바른 것인지는 별개로 따져봐야 합니다. 중세 시대에는 로마 교황청이 가장 권위가 있었고, 조선시대에 유교(공자,맹자,주자)의 권위는 엄청났습니다. 권위는 어떤 힘을 가지고 그 기준에 따라 옳고 그름을 판별합니다. 그러한 힘이 있는 '현실에 존재하는 권위'(de facto authority) 중에는 어떤 사회의 나치즘이나 중세 마녀사냥처럼 잘못된 것도 있을 것입니다. 숨은 진리를 찾는 '본질주의'는 그러한 잘못된 권위를 깨뜨리는 데 유용합니다. 이성적으로 올바른 것을 찾아서 사람들을 설득하면 기존의 잘못된 권위를 바꿀 수 있기 때문입니다. 하지만, 언어라고 하는 사회적 권위에는 '올바른 본질'이 없습니다. 이성적으로 올바른 것을 찾아서 그에 맞게 언어를 바꿀 수가 없습니다.

왜 그럴까요? 본질적으로 언어는 '겸신'이기 때문입니다. 게다가 '커다란 권위'를 가진 겸신입니다. 앞서 권위에 대한 설명에서 겸신이 떠올랐을지 모릅니다. 겸신들도 그처럼 그 내용이 옳은 것만 있는 것이 아닙니다. 헛소문도 널리 퍼지면 그 자체로 영향력 있는 겸신입니다. 그래서 도킨스와 많은 밈학자들은 흔히 '바이러스'에 비유합니다. 물론 언어나 수많은 겸신들은 인간과 공생하면서 좋지 않은 것들이 사라질 수 있습니다(전부 사라진 건 아닙니다). 언어에서도 인간에게 불편한 것들은 사용되지 않고 사라졌을 것입니다. 하지만 전부 사라진 건 아니고, 단지 다수에게 쓰임으로 인해서 남아있는 것도 있습니다. 예를 들어 영어단어의 철자가 발음과 일치(대응)하지 않는 부분도 그렇습니다.

영어는 진리 같은 본질이 없지만, '객관성'을 가집니다. 객관성이 꼭 진리를 전제로 한다고 생각할 필요는 없습니다. 철학이나 과학적으로 탐구하는 사람들은 '객관성'에 대해 주로 인간의 관점을 넘어서는 절대적 3인칭 관점으로 바라봅니다. 예를 들어 어떤 시대에 대다수 사람이 지구가 평평하다고 생각한다고 해서 객관적으로 옳지는 않다고 봅니다. 그런데 꼭 그런 것만 객관성이 아닙니다. 사회적인 객관도 있습니다. 전형적인 예로 '자기 객관화'가 있습니다. 자신의 모습과 능력에 대한 객관화를 잘 할 수도 있고 못 할 수도 있는데, 그 객관화는 절대적 진리와 거의 상관이 없습니다. 대체로 '그 시대의 다수의 관점'에 따릅니다. 예를 들어 '나는 부자다', '나는 머리가 좋다', '나는 노래 실력이 뛰어나다', '나는 외향적 성격이다'의 자기 '객관화'는 절대적 진리의 기준으로 따지는 게 아니라, 동시대 다수 사람들의 관념을 기준으로 정해집니다(이는 3인칭이 아니라 2인칭의 객관입니다). 거기에 절대적이고 고정적인 기준이 있는지를 생각해보면, 결국 없음을 알 수 있습니다. 단지 당시 사회 구성원들의 상태가 어떠한지에 따라 판단이 달라집니다. 언어도 그러한 것입니다. 조선시대에 쓰였지만 지금은 쓰이지 않는 말을 일반적으로 우리가 알 필요가 없는 것과 마찬가지입니다. 우리는 동시대에 많이 쓰이는 말을 알 필요가 있고, 그것이 언어입니다. 다만 노파심에 말하면, 동시대라고 해서 최신 유행 같은 것을 말하는 건 아닙니다. 백 년 전 영어 소설에도 거의 지금과 동일한 영어가 쓰이고, 그것으로 공부할 수도 있습니다.

영어를 공부한다는 것은 사회적으로 객관적인 것을 공부한다는 것임을 이해할 필요가 있습니다. 영어의 불규칙성에 지쳐버린 사람들은 '영어는 비객관적'이라는 생각이 들면서 동기가 떨어집니다. 하지만, 영어는 엄연히 객관적인 것입니다. 다만 그 객관은 절대적 진리와 같은 것이 아니라, '네트워크'나 '커뮤니티'에서 발생하는 객관입니다. 참고로 이러한 종류의 객관을 철학적으로는 대개 '정합성'(coherence)으로 설명합니다.

❨

   진리는 '모범답안'과 같습니다. 반면에 영어는 진리를 참조하지 않습니다. 그러므로 영어에는 '모범답안'이 없습니다. 다만 사람들 간에 소통만 잘 되면 됩니다. 영어에서 진리를 찾으려는 사람은 흔히 어떤 표현에서 모범답안이 있을 것이라고 상상합니다. 그러면 마치 플라톤의 이데아론처럼, 그에 가까운 표현을 한 사람은 상위 등급으로 올라가고, 그와 다르게 한 사람은 하위 등급으로 추락합니다. 이런 생각을 가지면 영어학습이 어렵고 동기가 저하됩니다. 그렇게 절대적 위아래로 나누지 말고, 이렇게 생각해야 합니다. '영어 표현에 최상이란 존재하지 않는다. 모범답안은 없다. 모든 영어는 각자 개인의 서투른 조립일 뿐이다'

   원어민들은 영어의 사용자일 뿐, 영어의 '권위자'가 아닙니다. 영어의 권위는 영어 겹신에 있는 것이지, 어떤 사람이나 어떤 사람이 쓴 말에 있는 것이 아닙니다(물론 한국어도 마찬가지입니다). 왜냐하면 그 사람은 영어의 권위를 단지 '빌려 쓰고' 있을 뿐이기 때문입니다. 더구나 그것은 특별한 사람만이 아니라 누구나 빌려 쓸 수 있습니다. 대여료도 없습니다. 원어민들 개인은 영어를 창조하지 않았습니다. 그들은 빌려 쓰는 것이고, 우리도 빌려 쓰는 것입니다. 영어는 마치 무료 배포 소프트

웨어나 무료 CD 같은 것입니다. 그런데 그 소프트웨어와 CD 시스템 자체가 이미 가진 권위에 비해, 그것을 개인이 조합해서 표현하는 말은 한 개인이 만든 것이므로 서툴 수밖에 없습니다. 원어민들의 말이 그렇습니다. 그러므로 원어민들 앞에서 기죽지 말고 당당해지시기 바랍니다. 그 누구든, 미국 대통령도, 영어의 빌려 쓰는 사용자이지 권위자가 아닙니다.

　사람들의 인지적인 언어 처리 과정을 따져봅시다. 어떤 하나의 단어(예를 들어 'house')를 들었을 때, 그 뜻을 알기 위해서 무엇을 참조할까요? 둘 중 하나입니다. 상대방이 개인적으로 특별한 뜻을 담았다고 생각하면 그 개인적 의미를 알기 위해 노력할 것이고, 그게 귀찮으면 그저 '다수가 일반적으로 생각하는 의미'로 이해할 것입니다. 왜 가급적 다수가 생각하는 의미로 이해하려고 하느냐면, 소수가 생각하는 의미로 이해하면 소통이 잘 안될 가능성이 크기 때문입니다. 말을 듣는 사람뿐 아니라, 말을 하는 쪽에서도 상대방이 그렇게 이해할 것으로 예상하고 말합니다. 그것에 특별한 점을 부가시켜서 의미를 구체적으로 만들고 싶다면, 수식하는 말을 덧붙이는 방법을 사용하지요(일반적으로 한국어는 그 앞으로 붙이고 영어는 그 뒤로 붙입니다. 제8장에서 자세히 설명하겠습니다).

　우리는 평소 언어를 사용하면서 진리나 이데아를 참조하는 게 아닙니다. 국어사전을 찾아보는 경우도 매우 드뭅니다. 사전은 진리나 성경이 아니라 마치 인류학적 기록물과 같습니다. 다수의 쓰임을 보고 의미를 추측·정리해서 적어놓은 것이 사전입니다. 그래서, 단지 다수가 쓰는 것을 복제하고 따라 하는 것이 영어/언어를 배우는 방식이자 원리입니다. 여기서 '다수의 쓰임'은 다수의 공통적인 부분을 뜻하고, 소수나 개인적인 부분이 아닙니다. 그래서 이것은 제4장에서 다룬 복사의 딜레마의 해결에 대한 추가적인 설명이기도 합니다. 즉 개별적 특징이 중요하지 않은 것입니다.

영어학습법의 변천사

우리 사회에서 대세를 이루던 영어학습법의 역사적 변천을 보면, 흥미롭게도 언어철학의 역사와 닮아있습니다. 앞에서는 언어철학의 변천에 대해 살펴봤으니, 이제 영어 학습과 교수법에 대한 철학이 어떻게 바뀌어 왔는지를 살펴봅시다.

20세기, 즉 1990년대까지의 영어학습은 한마디로 '문법' 위주였습니다. 물론 문법이 지금 영어학습에서 사라진 것은 결코 아니고 여전히 공부할 필요가 있지만, 과거에는 이상하리만치 문법을 중시했습니다. 특히 그 문법이란 것은 자연스럽다기보다는 굉장히 인위적으로 규칙을 만들려고 한 것이었습니다. 예를 들어 5형식, 명사의 종류, 동사의 종류, 가정법, 품사 등 생소한 용어와 개념이 강조되면서 영어를 어렵게 만들고 마치 수학 공식이나 분류학처럼 견고한 규칙이 있는 것으로 가정했습니다. 그리고 그렇게 문법을 중심으로 구성해 놓은 어떤 책 시리즈(이름을 밝히지는 않겠지만 당시 대부분의 학생들이 구입하고 공부했던 것)가 마치 영어학습의 바이블처럼 여겨지며 기준이 되었습니다.

당시에 영어학습자는 대부분 중고등학생들이었으며, 결국 대학 입시를 위한 것이었습니다. 그래서 그에 관한 문제 풀기가 목적이었습니다. 제1장에서 설명했듯이 지금처럼 외국과의 소통이 많지도 않고 인터넷 등 플랫폼 환경이 갖춰지지도 않았습니다. 원어민과의 소통은 영어영문학 전공생들이 담당했고, 학생들이 영어를 배우는 이유는 대체로 대학교 이상 과정에서 서양 논문 같은 학문적(academic) 문제에 부딪혔을 때를 대비한 전단계였습니다. 그래서 이 당시 영어학습과 교육은 당장 쓸 수 있는 실용이 목적이 아니라, 어려운 과제를 주고 학생들의 변별력을 측정하기 위한 것이었다 할 수 있습니다. 수학능력시험이 도입되고 문법 문제의 비중이 줄어든 대신 긴 지문 독해 문제가 늘어나는 변화가 있었지만, 비실용적인 것은 여전했고, 새롭게 무엇을 가르쳐야 할지에 대해서는 공전 상태가 되면서 문법을 중시하는 학습은 당분간 그대로 이어졌습니다.

문법은 정해진 규칙을 중시하는 것이므로, 학생들은 마치 수학이나 과학처럼 영어/언어도 숨겨진 진리를 따르는 것이 아닌가 하는 추측을 하게 됩니다. 그런데 그렇게 인위적으로 만든 문법은 실제 영어와 괴리되는 것들도 꽤 있어서 그것이 한국에만 존재하는 'K-문법'이 아니냐는 비판도 있습니다. 그리고 이 단계의 특징은 발화와 산출에 거의 신경을 쓰지 않는다는 점이 있습니다. 객관식 시험 성적이 중요하기 때문입니다.

영어학습의 역사에서 두 번째 단계가 되는 변화는 주로 영어학습의 대중화로 인해서 찾아왔습니다. 이전에는 학력을 높이는 과정에 있는 학생들만 영어를 공부했다면, 대략 21세기에 접어들면서부터 점차 평범한 직장인들도, 소상공인들도, 프리랜서도 영어를 배우고 싶어 하는 욕구가 커졌습니다. 전 세계에 걸친 시대적 환경과 기술의 변화가 그렇게 만들었습니다. (학령기를 제외한) 그들은 당장 써먹을 수 있는 실용성을 원합니다. 그러면서 영어의 발화·산출도 중요해졌습니다. 이러한 시대적 변화가 학령기 학생들에게 약간의 변화를 줄 수는 있지만 크지는 않습니다. 왜냐하면 학령기 학생들의 경우에는 과거나 지금이나 '학문적' 의사소통으로서의 영어가 중요하고 그것이 발등에 떨어진 불이기 때문입니다. 알려진 바에 따르면, '학문적 의사소통 능력'으로는 ① 읽기, ② 듣기, ③ 쓰기, ④ 말하기의 순서로 중요하고, '대인간 의사소통 능력'으로는 ① 듣기, ② 말하기, ③ 읽기, ④ 쓰기의 순서로 중요합니다(Saville-Troike 저, 《Introducing Second Language Acquisition》, 136쪽 참조). 대중에게 커진 욕구는 후자에 해당하고, 그에 따른 새로운 학습 방법의 필요성이 커졌습니다.

공교육의 우선순위가 학문적 의사소통 능력이라고는 하지만, 사실, 공교육에서도 실용성을 포함한 전반적 영어 능력의 향상을 위한 노력이 없었던 것은 아닙니다. 예를 들어, 영어교수법 중에 구두청해법(audiolingual method)이 있는데, 문법 수업이 아니라 단지 말을 듣고 따라 말하기 중심입니다. 이것이 1980~90년대에 우리나라 교육 방식에 도입되면서 학교에 '어학 실습실'이 생기고 학생들이 헤드셋을 쓰고 영어를 듣고 따라 말하기를 하기도 했습니다. 그런데 효과는 보지 못했습니다. 경험해 본 사람들도 있을 텐데 기계적인 암기와 반복으로 흥미가 떨어지고, 강제적이어서 동기도 떨어집니다. 설령 어떤 말을 습관적 반복을 통해 겨우 외웠다고 해도 활용하는 단계로 바뀌지 못했습니다. 그리고 곧 잊어버렸습니다.

요즘 대중적으로 많은 인기를 얻고 있는 '섀도잉' 학습법은 구두청해법과 닮아있습니다. 다만 차이점은 실용적인 쓰임에 대한 자발적인 동기가 크고, 따라 하려는 발화와 대상을 자신이 정한다는 점에서도 긍정적입니다(다만 의외로 선택지가 많지는 않습니다. 유명한 드라마가 대부분입니다). 하지만 단점은 마치 앵무새처럼 따라 한다는 점으로 인해서 제4장에서 설명한 '복사의 딜레마'가 발생하며, 많은 노력이 필요한 데 비해서 과연 효율성은 얼마나 되는지, 보편적인지가 문제가 됩니다. 이 두 번째 단계에서는 '부족과 충분의 딜레마'도 증폭되었습니다. 문법을 무시하면서 단지 '나는 충분하다'라고 하는 억지 자신감은 오류 수정 중심 학습에 비해 비효율적일 수도 있습니다. 한때 대중적으로 알려진 '큰 소리 학습법'과 중국에서 큰 인기를 얻었던 '미친 영어학습법'도 이런 문제가 있습니다.

영어학습 변천사의 2단계에서 유행한 섀도잉, 큰 소리 학습, 미친 영어의 공통점은 문법과 규칙을 중시하지 않고, 따라서 오류 수정보다는 자신감을 중시합니다. 그리고 따라 하기의 강조, 즉 '모방 중심'이 됩니다. 이러한 변화는 기존에 문법과 오류 수정을 중시하던 경향에 대한 환멸로 인한 '반작용'이라고도 할 수 있습니다. 한편으로 앞에서 살펴본 비트겐슈타인 (후기) 철학과도 어느 정도 연결되어 있습니다. '언어에는 법칙이 없고 단지 쓰임이 전부다'라는 철학이 반영되어 있기 때문입니다. 하지만 여기까지의 반작용으로는 아직 문제가 완전히 해결되지 않았습니다. '정'과 '반'에 이어 '합'에 이르러서야 비로소 문제가 해결될 것입니다.

9

    문법과 오류 수정 중심에 대한 반작용으로 나타난 2단계는 1990년대 말부터 이 책을 쓰는 현재에 걸쳐 있습니다. '합'에 이르는 3단계는 앞으로 혹은 미래의 단계입니다. '합'은 정과 반의 단점을 없애고 장점만 취한 단계이므로 가장 좋은 해법이 될 것입니다. 그것은 무엇일까요? 그 후보 중 하나로 제가 제안하는 것이 '영어 겹신 이론/학습'입니다.

    2단계에서 나타난 학습법들에는 어떤 장점이 있을까요? 섀도잉, 큰 소리 학습법, 미친 영어가 실제로 효과가 거의 없다면 그렇게 유명해지지는 않았겠지요. 거기에는 1단계에서의 학습법에 비해서 어떤 실제적 장점이 있습니다. 그 원리는 '겹신 이론'으로 설명이 가능합니다. 그 방법들의 공통점은 '모방과 표출'이라 할 수 있습니다. 실제로 이것이 핵심이나 마찬가지입니다. 심지어 생각을 줄이더라도, 앵무새와 비슷해지더라도, 모방과 표출이 최우선입니다. 더구나 '미친 사람처럼 큰 소리로 말하면' 더 좋다고 합니다. 영어 겹신 이론에서는 이에 대해 '영어 겹신에게 이로운 행동이기 때문에 영어 습득에 도움이 된다'라고 설명할 수 있습니다. 그 영어 겹신이란 아직 학습자에 들어오지 않은 상태일 수도 있고 일부분 들어간 상태일 수도 있습니다. '모방'은 겹신을 복제해서 내부로 불러들이는 전형적인 방식이고, '표출'은 겹신을 전파하고 더 많이 복제되도록 만드는 전형적 행동입니다. 큰 소리로 말하면 많은 사람이 들을 가능성이 커지므로, 원리적으로 겹신의 입장에서 더 좋겠지요.

이렇게 영어 겹신에게 이로운 행위, 다시 말해 그 지향성과 같은 방향을 취하게 되면 영어 겹신이 잘 들어올 뿐 아니라 그 힘을 얻는 작용이 생길 것입니다. 달리기를 하는데 바람을 등에 업는 것과 같습니다. 그래서 '겹신의 힘을 이용하자'는 것이 영어 겹신 이론이 근본적으로 추구하는 것입니다. 그 힘이란, 바라는 바이지만, 예를 들어 동기도 커지고, 기억(암기)도 잘 되고, 잘 잊어버리지 않도록 만드는 힘입니다.

그러기 위해서 영어 겹신과 그것이 아닌 것을 구별하는 것이 좋습니다. 영어 겹신이 아닌 것을 영어 겹신이라 생각하면 영어 겹신이 싫어합니다(은유적 표현입니다). 2단계의 학습법에서 모방과 표출을 강조하기는 했으나, 허점과 부족한 점이 많습니다. 영어 겹신이 아닌 여타의 문화나 성격 같은 다른 것까지 복사하려 애쓰기도 하고, 인지적 차원을 중시하기보다 앵무새처럼 행동적으로만 따라 하기도 하고, 남들이 만든 표현을 모범답안인 양 생각하기도 합니다. 영어 겹신은 '인지적 상태'로 존재하지, 발화된 것 그 자체가 아님을 제2장에서 설명했습니다. '영어 능력'이 바로 그러한 것입니다. 그리고 그것이 영어 겹신입니다. (정신적) '능력'은 어떤 인지적 상태를 지칭하는 것이지, 발화된 말 덩어리를 가리키는 것이 아닙니다. 그래서 능력과 영어 겹신의 실체는 '실제 존재하는 추상적인 것'입니다. 그것은 '랑그'(언어 체계)와 '파롤'(발화된 말)의 차이이기도 합니다. 제2단계의 학습법은 랑그는 도외시하고 너무나 파롤 쪽에만 기운다는 문제점이 있었습니다. 그것은 문법 중심 학습에 대한 반작용이었습니다.

그 이전, 1단계의 문법 중심 학습은 규칙적 원리를 강조하므로 랑그의 학습에 치우쳐져 있고, 그런 점에서 문법과 오류 수정 중심 학습에도 일정 부분 장점이 있습니다. 예를 들어 촘스키는 언어학적 관점에서 언어(주로 영어)가 무엇인지를 연구했는데, 주로 문법 이론(통사론)을 통해 랑그의 원리를 설명했습니다. 다만 그 '원리'라는 것은 사실 수학이나 과학 같은 진리가 아니라, 알고 보면 '단지 다수의 쓰임'이고, 본질적으로는 '겹신'이었습니다. 그래서 규칙·원리 학습으로는 영어 습득이 매우 어렵고 불가능에 가깝습니다. 영어를 학습하기 위해서는 규칙·랑그에 너무 치우쳐서도 안되고 사용·파롤에 너무 치우쳐서는 안됩니다. 둘 중에 하나만 선택하는 게 아니라, '합'에 이르러야 합니다. 제4장에서 저는 겹신의 지향성과 조화를 이루는 학습방안으로 "틀리지 않은 문장이면 가급적 표출하라"를 제안했는데, 이는 그 합에 가까운 방안입니다.

그런데 '표출'로는 아직 부족하고, '산출'로 나아가야 합니다. 그 둘은 약간 다릅니다. '표출'(utterance)은 남이 이전에 썼던 말을 그대로 따라 하는 행위를 포함하지만, '산출'(production)은 스스로 자신의 말을 만들어내는 행위입니다. 우리의 목표는 이것이 되어야 합니다. 놀랍게도 산출에 관해서는 기존 1단계와 2단계에서 거의 접근하지 못했습니다. 굳이 따지면 1단계가 뼈대가 되는 규칙을 중시하므로 좀 더 가까울 수 있지만, 규칙과 옳고 그름을 중시하는 풍토에서 개인의 자유로운 활용이 기를 펴기는 힘듭니다. 1단계와 2단계, 그리고 기존의 언어학은 산출을 '할 수 있다'에 머물렀을 뿐, 산출이 '원리적으로 좋다'는 것까지는 접근하지 못했습니다. 그래서 아직까지 '따라 하기'에 머물렀습니다. 하지만 언어 능력은 따라 하기가 전부가 아닙니다.

언어/영어 겹신 이론에서는 산출이 좋은 이유가 설명되고, 그것을 중시할 수 있습니다. 영어 겹신의 입장에서 표출보다 산출이 더 이익이라는 점이 설명될 수 있습니다. 기존 문장을 그대로 따라 하는 표출 능력은 활용도가 적고 많이 쓰이기 어렵습니다. 앵무새가 그렇고, 똑같은 상황맥락에서 똑같은 말을 쓰는 것도 그렇습니다. 반면에 산출을 할 수 있게 되면 영어가 훨씬 많이 쓰일 수 있습니다. 생각도 영어로 할 수 있게 됩니다. 그래서 영어 겹신은 산출을 더 좋아합니다. 저는 제4장에서 "변경 말뭉치 전략"을 제안했는데, 문장·구·단어들을 상황맥락과 너무 묶지 말고 학습자가 자유롭게 사용하는 것입니다. 이는 산출 능력을 기르는 학습방안입니다.

언어는 '편집'이다

　그대로 따라 하기식의 표출이 아닌 언어의 '산출'에 대해 살펴봅시다. 산출은 '창조적인' 것입니다. 개인은 개성과 자신의 생각을 담아서 말을 만들어내고 글을 씁니다. 그런데 이런 '창조'란 과연 어떤 것일까요? 우리는 흔히 '창조'에서 '무에서 유를 만들어 내기' 같은 것을 떠올립니다. 기존에 없던 것이라는 생각 때문입니다. 그 생각이 완전히 틀린 것은 아닙니다. 이 책은 이전에 없었던 것입니다. 하지만, 이 책에 쓰인 단어들이 이전에 없었던 것은 아닙니다. 저는 기존에 있던 단어들을 '조합해서' 이 책을 썼습니다. 단어들을 조합하면 새로운 문장이 만들어집니다. 그러면 창조적으로 산출된 문장은 반드시 기존에 존재하지 않았던 것 혹은 자신이 보지 못했던 것이어야 할까요? 문학적으로 그런 문장이 대우받기는 하겠지만, 심지어 동일한 문장이라도 '어떤 맥락이나 상황에서 등장했느냐'에 따라 창조적인 산출이 될 수 있습니다. 이 점을 이해하는 것은 의외로 영어학습에서 중요하고 도움이 됩니다. 왜냐하면 영어 산출 능력을 어떻게 하면 키울 수 있는지와 연관되기 때문입니다. 그리고 영어 겹신이 좋아하는 산출이란 과연 어떠한 것인지를 알게 될 것입니다.

당연하지만 원어민들은 단어를 창조하지 않고 조합합니다. 아무렇게나 조합하는 것은 아니고 거의 고정된 패턴이 있습니다. 그것을 문법이라고 합니다. 그렇게 고정되어 이미 존재하는 단어들과 문법을 바탕으로, '선택'합니다. 즉, 알고 보면 문장을 만드는(산출하는) 과정은 'creation'이라기보다는 'selection'입니다. 이렇게 선택적으로 조합하는 과정을 '편집'(editing)이라고 합니다. 편집이란 자르고 붙이기입니다. 우리가 일상생활에서, 그리고 모든 말하기와 글쓰기에서 언어를 사용하는 것은 편집입니다. 아무리 창의적인 말과 글이라도 편집입니다. 그런데 편집 그 자체도 일종의 창조입니다. 왜냐하면 개인의 개성과 독자적 생각이 반영되기 때문입니다.

그런데, 편집을 통해 문장 자체를 다양하게 만들 수 있을 뿐 아니라, '동일한 문장'을 상황맥락에 따라 다르게 쓰는 것도 편집이자, 창조입니다. 동일한 문장의 발화를 아침에 하는지, 저녁에 하는지, 교실에서 하는지, 면접시험에서 하는지, 유튜브에 올리는지도 개인의 선택이자, 편집이고, 산출이고, 창조적 행위입니다. 뒤샹(M. Duchamp)의 그 유명한 예술작품 〈샘〉은 공장에서 만든 기성 소변기를 그저 미술관에 갖다 놓았을 뿐입니다. 이것이 창조적 작품인 이유는 상황맥락과 장소가 바뀌었기 때문입니다. 바나나 한 개를 벽에 테이프로 붙여놓은 카텔란(M. Cattelan)의 예술작품은 최근 화제가 되었습니다. 바나나는 보통 과일 바구니에 담겨있거나 바닥에 놓여있는데, 벽에 붙어있는 것은 창조적이고, 금방 썩어 사라지는 흔한 바나나가 미술 작품이라는 것도 창조적입니다. 그것은 단지 상황맥락을 바꾼 편집 행위입니다.

언어는 배경의 일부분이 아닙니다. 언어는 배경에서 독립되어 있는 것이면서, 다른 배경에서 쓰이면서 오히려 의미가 생겨나고 풍부해집니다. 언어는 배경에 구속받기를 싫어합니다. 언어를 배경의 일부로 여기면 언어 겹신이 싫어할 것입니다. 한 상황맥락에서 수많은 문장의 선택지들 중 하나를 선택하는 것은 산출이자 창조입니다. 인터넷에서 제가 본 짧은 동영상에서는 미국 군인들에게 "Why did you join the army?"(왜 군대에 입대했나요?)라고 물었습니다. 이 간단한 질문을 듣고 각각의 군인들은 이렇게 말했습니다. "Free food", "I hate myself.", "To make America great again.", "For money", "I don't know." 휴식 시간에 동료가 질문한 상황이어서 농담이 섞인 대답이 많았습니다. 이렇게 개성적으로 다양하게 말할 수 있는 것이 바로 영어/언어 산출입니다. 그 대답 자체는 기존에 흔히 존재하는 말뭉치(문장)이지만, 자유롭고 다채롭게 산출되었습니다. '변경 말뭉치 전략'에 따라, 발화된 말을 섀도잉하면서 말을 상황맥락에 고정시키지 말라는 이유가 이것입니다.

'이 질문에는 어떻게 대답해야 하지? 정해진 모범답안이 있을 텐데….'라는 생각은 산출과 거리가 멉니다. 영어 교과서에서 회화(conversation/dialogue) 파트를 보면, 전형적이고 모범적인 것 같은 대화 패턴을 보여줍니다. 그런 걸 외울 필요가 없습니다. 문장 단위나 세부적 구들을 외우는 것은 좋지만 그 상황맥락적 텍스트를 외울 필요가 없습니다. 교육 방식에서 대화의 정답을 가르쳐주기보다는 '다르게 말할 수 있다'를 가르쳐주는 식으로 바뀔 필요가 있습니다. 어떤 문제 상황에 처했을 때 한 가지 표현만이 답이 아닙니다. 우리는 이것을 알 필요가 있습니다. 학교 시험의 정답 찾기와 창조적 언어 산출에 대한 학계의 연구 부족으로 인해 이 명백한 사실이 가려져 있었습니다.

저는 언어에서 문장을 세부적으로 조각낼 수 있고 '단어'라는 언어의 조각들이 존재하는 이유는 어쩌면 '편집'을 가능하게 하기 위함이 아닐까, 다시 말해, 언어 겹신이 편집을 바라기 때문이 아닐까라는 추측을 해 봅니다. 문장은 편집이며, 언어 사용은 편집입니다. 다만 의미를 해석하는 과정 자체는 편집과 무관하다고 볼 수 있지만, 의미를 해석할 때에도 '저 사람은 저렇게 편집을 했구나'라는 편집을 전제로 이해할 수 있습니다. 동일한 말도 상황맥락이 바뀌면 편집이 되기 때문에, 앞에서(제4장 끝부분) 저는 "주변에 보이는 아무 영어 문장이라도 당장 소리 내어 읽으면 상황맥락을 바꾼 것이다"라고 말했습니다. 그것도 편집입니다. 그 이유에 대해서는 앞의 예술작품들의 사례를 떠올려 보십시오. 동일한 글을 신문에 넣을지, 책에 넣을지, 인터넷 사이트에 올릴지 결정하는 행위가 편집이듯이, 동일한 말을 언제, 어디서, 누구에게 할지를 자의적으로 선택하고 '상황맥락을 바꾸는' 일도 편집입니다. 우리는 편집자가 되어야 합니다.

언어는 상당한 '자유도'가 있습니다. 컴퓨터 게임에서도 마인크래프트, GTA, 슈퍼마리오메이커, RPG 장르처럼 사용자의 자유도나 창작의 여지가 크면 인기가 많고 오래갑니다. 그처럼 자유도를 가진 언어가 살아남고 많이 퍼졌습니다. 즉, 자유도가 없는 것은 영어 겹신이 아닙니다. 앞서 '변경 말뭉치 전략'을 소개한 뒤 (제4장 끝부분) 화용론을 무시하고 자유롭게 언어를 사용하라고 말했었는데, 그 이유는 이제까지 화용론이라는 학문이 주로 '격률'처럼 규칙적이고 맥락 구속적인 면을 강조했기 때문입니다. 하지만 언어의 산출은 상황맥락에 따라 '새로운 의미'를 만들어내고, 그것도 화용론이 될 수 있습니다. 영어학습과 무관할 수 있지만 화용론이라는 학문 분야는 물론 필요합니다. 다만 앞으로는 규칙에 너무 치우치기보다는 (편집에 의한) 창조적인 화용론으로 바뀌면 좋겠습니다.

9

어떤 이들은 마치 수학에서 확률 파트가 싫다고 그 부분을 포기하듯이, 과학 과목 중 화학을 포기하듯이, 영어에서 어떤 부분을 싫어해서 그것만 빼고 배우려고 합니다. 꽤 많은 사람이 이런 경향을 가지고 있고, 과거에 저도 어쩌면 이랬을 수 있습니다. 예를 들어 어떤 단어는 포기한다든지, 완료형은 어려우니까 포기한다든지, 어떤 구동사와 숙어는 포기한다든지, 그런 생각과 태도를 가질 수 있습니다. 그래도 괜찮을까요? 정말 어려운 말이나 전문 용어 같은 것들은 그럴 수도 있을 것 같지만, '우선순위를 정하는 것'과 '포기하는 것'은 다릅니다. 영어 학습의 효율을 위해 중요하고 쉬운 것부터 학습하는 우선순위는 필요합니다. 그래서 어려운 것·쓸 일이 적은 것을 후 순위로 미룰 수는 있지만, 그것을 '포기한다'라는 건 차원이 다른 이야기입니다. 영어학습에서 어려운 부분은 전공을 선택하거나 대학 입시에서 특정 공부를 포기하는 것과는 다르게 보아야 합니다.

영어 습득을 위해 어려운 전문 용어까지 알아야 하는 건 아닙니다. 뇌의 특정 부위인 "basal ganglia"를 알고 있는 원어민은 별로 없습니다. 그것의 한국어 "기저핵"을 한국인들이 잘 모르는 것과 마찬가지입니다. 영어학습의 최종 목표는 다수의 원어민과 비슷한 수준이 되는 것이므로, 그런 전문 용어까지 공부할 필요는 없고, 다만 다수가 알고 종종 쓰는 말은 포기해서는 안 됩니다. 영어의 일부분을 단지 개인적으로 싫다는 이유로 포기할 수 있다고 하면, 영어의 많은 부분을 자의적으로 거부하게 되고, 결국 영어를 통째로 포기하게 될 것입니다. 수학의 확률 파트나 화학 같은 것들은 대체로 독립적으로 진리를 추구하는 분야이지만, 영어에서 (전문 용어를 제외하고) 단어와 숙어, 문법들은 '영어'라는 '하나의 겹신 복합체'를 이룹니다. 그것들은 영어라는 하나의 커다란 겹신 안에서 '정합적으로' 짜여져 있는 것들입니다(언어는 진리가 아니라 정합성에 기반합니다) 그런 일부분을 포기한다고 하면 영어 겹신은 싫어할 것입니다. 마치 한 개체에 속한 유전자들 중 일부분을 빼자고 하는 것과 마찬가지입니다. 비유하면 마치 자기 자식이 아닌 것으로 보이거나, 심하면 '기형'으로 보일 것입니다. 그런데, 엄밀히 따지면 전문 용어들도 영어 겹신의 일종으로 볼 수 있지 않을까요? 다만 그것은 영어를 구사하는 데·영어 능력에 있어서 '부가적인 것'입니다. 간단히 말해, 얼마나 다수가 쓰느냐(그 능력을 가지느냐)가 중요합니다. 전문 용어들은 확률 파트와 화학처럼 개인에 따라서 포기해도 괜찮은 부분에 속합니다. 그것을 뺀 나머지는 다수가 쓰는 것으로 보아야 합니다.

  전문 용어까지 알 필요는 없다는 건 대체로 상식적으로 이해할 수 있을 것 같으니, 그 전제하에서 영어에서 '포기할 수 있는 부분은 없다'고 보는 게 좋습니다. 왜냐하면 영어 겹신이 그것을 바라기 때문입니다. 포기되는 것이 없어야 한다는 말에 수긍하는 사람도 있겠지만, 어떤 이들은 막막하고 너무 힘들고 괴로울 것 같다는 생각이 들 수 있습니다. 그것은 '개인적 불만과 힘듦'의 문제인데, 이에 대해 저는 제5장에서 한가지 방안을 제시했습니다. 가상 시뮬레이션을 통해 책임감을 키워서라도 이 문제를 극복해야 합니다. 만약 자신이 영어의 종자를 방주에 태우는 노아라면, 하나라도 더 태워서 보존하려고 할 것이지, 포기하려고 하지는 않을 것입니다. 그리고 자신이 희귀한 문화를 기록하고 보존하려는 인류학자나 수집가라고 해도 그럴 것입니다. 영어가 흔하다고 하는 이상한 논리로 게으름을 피워서는 안 됩니다. 그러면 자신이 그것을 담을 수 없습니다. 억지로라도 개인적 책임감을 가질 때 힘듦이 줄어듭니다.

그런 가상의 책임감이 도저히 생기지 않는다는 사람에게는, 동기를 키울 수 있는 방법으로, 영어가 '객관적인 것'이라고 떠올려 보시기 바랍니다. 그래서 영어를 학습하지 않고 포기하게 되면 '객관의 장(field)'에서 벗어나게 된다고 생각해 보시기 바랍니다. '나는 지금 객관화가 부족하다'라고 생각해 보시기 바랍니다. 앞에서 설명한 것처럼, 영어는 객관적인 것입니다. 만약 잘못 사용하거나 못 쓰게 되면 객관과 멀어집니다. 화학 같은 전문 분야를 공부하는 것이 아닙니다. 그보다 더 대중적이고 객관적인 것을 공부하는 것입니다.

Chapter 7

한국어 겹신 다독이기

디커플링의 찜찜함 해소하기

한국어 겹신에게도 이익이 있다

디커플링의 찜찜함 해소하기

우리는 앞에서(제2장) 모국어인 한국어 겹신을 자아와 '디커플링'했습니다. 특별한 행동적 작업이 필요했던 건 아니었고, 겹신이 이기적 복제자라는 것을 이해하고, 그것이 자아와 하나가 되고 싶어 하더라도 별개의 대상으로 바라볼 수 있다는 것을 이해하고, 자아가 이를 원한다는 것만으로 이미 기본적 디커플링은 이루어졌습니다.

자아와 한국어 겹신이 디커플링 되었다는 것은, 한국어 겹신의 이기적 목적에만 자아가 따라가고 협조하지 않겠다는 것을 의미합니다. 우리가 그렇게 해야 하는 이유는 한국어(모국어) 겹신이 다른 언어 겹신의 침입을 싫어하고 방해하기 때문입니다. 영어 겹신을 받아들이기 위함입니다. 우리가 영어를 배우기가 그토록 어렵고, 외웠던 것도 쉽게 잊어버리고, 동기가 큰 것 같으면서도 한편으로 자꾸 동기가 줄어드는 현상이 일어나는 원인의 커다란 부분이 저는 한국어 겹신 때문이라고 봅니다. 자아와 디커플링 되어 있지 않기 때문에 더욱 그런 현상이 발생하지요. 한국어 겹신의 이기적인 '독재' 욕구에 그저 따라가기만 하는 것입니다. 그래서 저는 과감하게, '배신하라'고 말했습니다. 그동안 자아와 하나인 것처럼 여기며 따르기만 했지만 이제는 냉정하게 디커플링할 필요가 있습니다. 그래야 영어 겹신이 들어올 '인지적 공간'을 마련할 수 있습니다.

이렇게 모국어 겹신에 냉정해지면, 한편으로 '이래도 되나?'라는 두려움이 생겨날 수 있습니다. 제2장에서 말했듯이, 영어 겹신 뿐 아니라 한국어(모국어) 겹신도 자신보다 상위자입니다. 왜냐하면 권위가 있고 자신이 그 규칙에 따르기 때문입니다. 그리고 오랫동안 함께 해 온 '정'도 있습니다. '배신' 자체에 대한 원초적인 두려움도 존재합니다. 만약 의인화나 신격화시키면, 기분이 나빠진 한국어 겹신이 자신에게 좋지 않은 결과를 일으킬지도 모른다는 생각도 들어서 약간 꺼림직해집니다. 신비주의적 상상 이외에도, 실제 사회적으로 존재하는 한국어 겹신이 이런 사회적 변화에 반발할 수도 있습니다. 예를 들어 "영어 능력자가 너무 많아지고 대중화되면 사람들의 한국어 능력이 저하될 것이고, 결국 한국어가 소멸될지도 모른다. 그러면 안 된다"라는 사회적 압력이 존재할 수도 있습니다. 이것은 어떤 한국어 관련 단체(협회)의 생각일 수도 있습니다.

그런 찜찜함이 개인의 내면에 남아있다면, 결과적으로 그것이 영어 학습에도 어쩌면 좋지 않은 영향을 끼칠 수 있습니다. 그래서 이번 장에서는 개인의 내면에 담겨있는 한국어 겹신과 사회적으로 존재하는 한국어 겹신을 '달래주는' 이야기를 할 것입니다. 혹시 생길지 모르는 오해 같은 것을 풀어주고, 나중에는 더 나아가 개인의 내면에 있는 한국어 겹신이 영어학습에 도움을 주는 방향으로 유도되기를 시도할 것입니다. 이제까지는 한국어 겹신이 영어 겹신의 침입을 강렬히 반대하고 방해만 했습니다. 그런데 방해를 더 이상 하지 않는 것만 해도 엄청난 개선인데, 만약 반대로 돕기까지 한다면? 그것은 영어학습에서 최선의 상황일 것입니다. 아직 이 방향에서 뚜렷하게 획기적 방안이 마련된 것은 아니지만, 현재로서 최대한 가능한 이야기를 해 보겠습니다.

그런데 한국어 겹신이 아무리 상위자라고 해도, 세상을 주물럭거리는 절대 신은 아닙니다. 우리는 수많은 상위자와 협상·거래를 할 수 있습니다. 인류학자 앨런 피스크(Alan Fiske)는 일반적으로 상위자와 하위자의 관계는 상호 거래적(reciprocal exchange)이라고 설명했습니다(Fiske 저, 《Structures of Social Life》 참조). 하위자는 당하기만 하는 것이 아니며, 거래를 통해 상위자를 '조련'할 수 있습니다. 상위자만 하위자를 조련하는 게 아닙니다. 이것이 불경스러운 게 결코 아닙니다. 상위자가 하위자들의 눈치를 보는 것은 자연스러운 모습입니다. 더구나 사실 겹신을 너무 의인화나 신격화시킬 필요도 없습니다(인간이 아닌 동식물이나 바이러스에 비유할 수도 있습니다). 자연 그 자체는 인간보다 상위자이면서도 인간이 이용할 수 있습니다.

'모국어'라는 것은 대체 무엇일까요? 모두가 이 개념을 아는 것 같지만, 따져보면 꽤 흥미로운 것입니다. 모국어는 제1언어이면서 태어나서 자란 그 지방과 관련이 있습니다. 단지 형식적인 국적이 중요한 게 아니라 '고향'과 관련이 있습니다. 자신이 태어났거나 초기 기억을 형성하면서 자랐던 지역을 고향이라고 합니다. 고향은 일평생 바뀌지 않습니다. 그러면 모국어는 어떨까요? 저는 모국어가 바뀐다고 생각하지 않습니다. 모국어는 어쩌면 (희귀하지만) 그 능력을 상실할 수는 있어도, 저는 고향과 마찬가지로 모국어가 바뀌지 않는다고 생각합니다. 저의 이 말은 한국어 겹신의 편을 들고 있는 것입니다. 한국이라는 국가 단위도 자신의 고향입니다. 모국어는 '고향의 것'이고, '고향어'라고 해도 되는 것입니다.

'고향 사투리'를 예로 들어 봅시다. 한국 내 여러 지방 사투리들은 '동일한 언어'일까요? 애매합니다. 차이가 있기 때문에 다른 언어로 볼 수도 있습니다. 더 큰 국가에서는 더욱 그렇습니다. 쓰는 단어도 다른 경우가 많고, 심하면 이해하기가 어려울 정도일 수도 있습니다. 모국어는 따져보면 '고향 사투리'나 다를 바 없습니다. 고향 사투리가 서울말로 고쳐지는 경우도 있지만, 많은 경우는 서울말도 쓰면서 고향 사투리도 씁니다. 많은 사람들이 고향을 떠나서 살아갑니다. 서울로 상경해서 서울말을 배우게 되는데, 심지어 주변 사람들이 모두 서울말을 쓰고 사투리를 쓸 합리적 이유가 없는데도 불구하고 '사투리 능력'은 그대로 남아있습니다. 고향 사투리 겹신은 쉽게 없어지지 않습니다. 다만 서울말을 별개로 배울 뿐입니다.

그래서 만약 모국어를 '고향어'와 같은 것이라고 한다면, 다른 언어를 배우는 데 문제가 없고, 그렇다고 해서 고향어가 쉽게 사라지는 것도 아닙니다. 만약 그것이 아니라, 모국어를 '한 개인의 중심적인 언어이며 다른 언어와는 현저한 능력 차이가 나는 것', 즉, '능력의 현저한 우위'로 정의한다면, 다른 언어를 잘한다는 것은 이치에 맞지 않게 될 것입니다. 과연 모국어의 정체는 무엇일까요? 아무리 봐도 전자인 '고향어' 같습니다. 왜냐하면 만약 어떤 사람이 모국어와 외국어를 비슷한 수준으로 잘한다고 하면, 후자의 논리에 따르면 그의 모국어는 사라져야 하기 때문입니다. 하지만 모국어가 사라질 수 있을까요? 한 개인에서 한때 모국어였던 언어가 모국어가 아닌 것으로 바뀌는 것이 타당한가요? 제가 보기에 후자의 개념을 쓰고 싶으면 '모국어'라는 말 대신, '우세 언어' 같은 다른 말을 써야 합니다(다만 '마치 모국어처럼 잘한다'라는 비유로 쓸 수는 있습니다). 그러므로 이제부터 모국어는 '고향어'라는 개념으로 이해하는 것이 좋습니다. 그러면 다른 언어 습득에 대한 명분이 커질 것입니다.

고향에는 아련하고 애틋한 감정이 있습니다. 겹신과 무관하게 그것은 자아의 '정체성'의 일부를 구성합니다. 자아는 고향을 떠나서 살더라도 고향을 잊지는 않습니다. 모국어인 한국어 겹신에게 들리게 말하자면, '안심하시기 바랍니다.' 고향어와 그로 인한 정체성이 바뀔 정도가 되려면 최소한 영어가 '국가 공용어'로 지정되는 정도에 그런 위기의식을 느낄 법합니다. 하지만, 한국인이 (사춘기 이후에) 영어를 더 잘 배우게 되는 것과 국가 공용어가 되는 것은 전혀 다른 이야기입니다.

오히려, 한국인이 지금보다 훨씬 영어를 잘 배우게 된다면 국가 공용어로 채택할 이유가 더 사라집니다. 오래전부터 소수의 목소리지만 한국어와 함께 영어를 공용어로 채택하자는 주장이 있었습니다. 그 주된 이유는 영어의 시대적인 필요성에 비해서 '한국인이 너무나 영어를 못 배우기 때문'입니다. 영어가 공용어가 되면 사람들이 모국어와 비슷한 방식으로 배워서 잘하게 되지 않을까 하는 기대 때문이었습니다. 그런데 만약 한국어를 모국어로 습득하고 사춘기 이후에도 영어를 쉽게 배우게 된다면, 영어를 국가 공용어로 채택할 이유는 거의 사라집니다. 즉, 점점 더 커지는 영어에 대한 필요성과 대중의 욕구에 비해 이대로 계속 영어를 못 배운다면, 영어를 공용어로 채택하자는 압박은 더 커질 것입니다. 한국어 겹신에게는 그것이 매우 불리한 상황이므로, 한국어만 공용어인 현재 상태에서 우리가 영어를 잘 배우게 되는 상황이 더 낫습니다.

그런데 사실 인도 같은 경우에는 영어가 공용어 중 하나이지만 토착 힌디어가 사라질 것 같지도 않습니다. 그런데, 한국어는 그렇게 자신감이 없나요? 혹시 모를 두려움에 떨면서 흥선대원군처럼 외국 문물을 차단하는 쇄국정책을 펼쳐야 하나요? 아무튼 저는 영어를 공용어로 채택하는 데 반대합니다. 그럴 필요가 없을 것 같기 때문입니다. 한국어 겹신이 한국인의 영어 습득을 막지만 않는다면, 단독적인 공용어의 지위는 유지될 것입니다.

우리가 하면 좋은 것은 영어 습득의 '명분'을 만드는 일입니다. '명분'을 사전에서 찾아보면, 그 뜻은 '일을 꾀할 때 내세우는 구실이나 이유'입니다. '자아'의 입장에서 영어 습득의 명분은 명백할 것입니다. 자신의 성공과 자유와 행복, 즉 자아실현을 위해서 영어 능력이 필요하다는 것을 이미 알고 있습니다. 우리가 할 일은 '한국어 겹신'에게 내세울 명분, 한국어 겹신의 입장에서 설득될 수 있는 명분을 가지는 것입니다. 이것이 이번 장의 목적이기도 합니다.

나 안의 한국어 겹신을 설득할 수 있는 영어학습의 명분을 생각해봅시다. 그런 명분을 스스로 인식하는 것은 의외로 중요합니다. 심지어 완전한 해답이 나오지 않은 상태에서 찾으려고 노력만 해도 영어학습에 긍정적인 효과가 생깁니다. 왜냐하면 그것은 '스스로 영어를 학습할 이유를 찾고 동기를 끌어올리는 일'과 같기 때문입니다. 즉, 자신이 영어를 습득해야 하는 이유가 반드시 있다고 생각하고 그 이유를 찾으려 하는 태도 자체가 도움이 됩니다. 만약 한국어 겹신까지 설득될만한 그럴듯한 명분을 찾게 된다면, 자기 안의 갈등 상황(예를 들어 디커플링의 찜찜함)이 해소되고 마음이 편해질 것입니다. 영어를 학습하는 나 자신을 더 사랑하게 될 것이고, 자신감도 더 커질 것이고, 재미도 생기고, 힘듦도 줄어들 것입니다. 그 명분은 무엇이 있을까요? 제가 모두 찾아낼 수는 없고, 각자가 생각해보는 것도 좋습니다. 개인적으로 영어를 꼭 배워야 하는 이유에 대해 자기 안의 한국어 겹신에게 하소연해보는 것도 좋습니다. 다만 이제부터는 제가 찾은 몇 가지를 말씀드리겠습니다.

먼저, 앞에서 언급한 점점 더 커지는 영어에 대한 욕구와 관련이 있습니다. 이것은 결코 개인의 과도한 욕심이 아닙니다. 제1장에 자세히 설명했습니다. 시대가 바뀌면서 영어에 대한 필요성과 욕구가 커졌습니다. 수명이 길어지고, 평생직장은 사라지고, 외국인과 소통과 교류가 늘어나고 필요해졌습니다. 이미 수십 년 전부터 한국인들은 영어학습에 엄청난 비용을 투자했습니다. 과거에는 주로 부모가 아이에게 투자했는데, 이제는 성인들도 자기 계발로 투자합니다. 그런데 영어학습이 잘되지 않는 것은 여전합니다. 비용과 노력이 마치 밑 빠진 독처럼 흘러 나갑니다. 그리고 과거나 지금이나 '어린 시기에 영어 환경에서 살지 않으면 안 된다'라는 것이 마치 진리처럼 여겨집니다. 그래서 조기유학을 보내고, 기러기 가족이 되고, 심지어 이민까지 갑니다. 영어학습에 엄청난 비용이 들어가다 보니, 사회 계층화로 이어지고, 사회적 갈등이 일어나고, 영어학습 경쟁에 지치게 됩니다. 이것은 국민의 비극이고 국가적 비극입니다. 욕구와 필요성이 커지면서 그 비극은 점점 더 커집니다.

이것이 과연 한국어 겹신의 입장에서 좋을까요? 겹신 이론으로 다시 말하면, 겹신의 숙주가 비참해지는 것이 과연 겹신에게 좋을까요? 숙주(개체)에게 이득을 주는 겹신이 장기적·궁극적으로 살아남기에 유리하다는 것은 자연의 진화적 이치입니다(어떤 바이러스는 숙주에게 해를 끼치기도 하는데, 언어 겹신은 바이러스 같은 건 아닐 것입니다). 이것이 하나의 명분입니다. 제1장에서 그 부작용이 알고 보면 매우 심각하다는 것을 강조하려 했던 이유 중 하나도 이것입니다. 이는 세계 최저 수준인 한국의 저출생 문제와도 깊이 연관되어 있습니다. 이 연결은 과장이 아닙니다. 최근 한국인 수가 줄어들고 있고, 그러면 한국어 겹신은 모국어의 숙주와 터전을 잃어버릴 것입니다.

이제까지는 주로 한국어 겹신이 영어학습을 방해함으로써 그 스스로에게도 손해가 일어날 수 있음을 다뤘습니다. 영어 습득의 다른 명분으로는, 한국인이 영어를 습득하게 되면 오히려 한국어 겹신에게 '이익'이 생기기도 한다는 점입니다. 다음에는 이에 대해 살펴보겠습니다.

한국어 겹신에게도 이익이 있다

　다시 영어 습득의 명분을 마련해 봅시다. 저는 지금 한국어 겹신에게 들리도록 계속 말하고 있는 중입니다. 그것과 대화 중이고 설득 중입니다. 이는 마치 겹신을 의인화(인격화)시켜서 신비주의적 작업을 하는 것처럼 보일 수도 있지만, 그렇다기보다는 개인의 무의식에 말을 거는 것에 가깝습니다. 또한, 실제로 한국어 겹신을 강력하게 지지하고 편드는 단체들이 있을 것입니다. 예를 들어 한국어 관련 협회에서는 아마도 한국어의 축소나 쇠퇴에 강력히 반대할 텐데, 제가 하는 작업은 그런 단체를 설득해서 반발을 누그러뜨리려는 시도와도 같습니다.

　만약 성인들이 영어를 쉽게 습득하는 세상이 된다면, 한국어 겹신에 위기가 찾아올까요? 저는 아니라고 봅니다. 그런데 이렇게 반박할지 모르겠습니다. "사람들이 영어를 잘하게 되면, 과거보다 영어를 더 많이 쓰게 될 것은 불 보듯 뻔하지 않나? 그러면 자연스럽게 한국어가 덜 쓰이고 쇠퇴하게 될 것이다!" 언뜻 그럴듯하게 들리는 말입니다. 그런데, 따져볼 점이 있습니다. 특히 '한국어가 전보다 덜 쓰인다'라는 부분이 의심스럽습니다. 영어가 전보다 더 많이 쓰일 것이라는 점은 확실합니다. 개인들이 생각이든 말이든 영어를 과거보다 더 많이 산출하게 될 테니까요. 그러면, 과연 한국어는 덜 쓰이게 될까요?

아마 이런 상황이 전형적으로 떠오를 것입니다. 직장의 회의에서 한국어 대신 영어만 쓰자고 하는 것입니다. 그리고 개인이 사적으로 한국어 대신 영어로만 말하고, 책도 한국어책 대신 영어책만 읽는 것입니다. 과연 그렇게 될까요? 저는 분명히 '성인들이 영어를 쉽게 습득하는 세상'을 가정했습니다. 그 세상의 많은 사람은 모국어인 한국어와 함께 영어 능력을 가지고 있을 것입니다. 그런데, 굳이 '영어로만' 말해야 할 이유가 있을까요? 요즘 많은 회사에서 회의를 영어로 진행하려 시도하고 있습니다. 그리고 우리는 애를 쓰면서 영어 원서 책을 읽습니다. 왜 그럴까요? 주된 이유는, 회의와 소통을 영어 '연습'의 기회로 활용하기, 즉 영어 능력 향상을 위해서, 아니면 남들은 하기 어려운 일을 한다고 은근히 자랑하기 위해서입니다. 그런데, 이미 영어를 잘 할 수 있거나 영어 습득이 쉬운 세상에서 왜 그렇게 할까요? 외국인과 직접 소통하는 목적이 아니라면, 한국어와 영어를 모두 할 줄 안다면 굳이 영어만 쓰자고 할 이유가 있나요? 한국어로 하겠지요. 마찬가지로 영어책에서만 얻을 수 있는 정보가 아닌 이상(그런 정보가 필요한 경우는 대개 전문적 연구나 탐구일 때입니다), 굳이 한국어책 대신 영어책을 찾아 읽으려 하지 않겠지요. 제1장에서 저는 이렇게 썼습니다. "영어를 못하는 사람이 소수로 줄어들더라도 소외되는 것이 아니라 지금보다 더 낫습니다, 영어를 못하더라도 못 배우는 것이 아니라 '안' 배우는 것으로 여겨지기 때문입니다." 이와 같은 맥락입니다. 그리고 '운전면허'에 비유했습니다. 운전면허는 따기 쉽다고 알려져 있어서 특권 취급을 못 받습니다. 그래서 특수 차량 면허가 아닌 한, 이력서에 쓰지도 않습니다. 그런데 그런 세상에서 왜 쓸데없이 영어를 쓰면서 자랑하려고 할까요? 이상한 사람 취급받을 것입니다.

그런 세상에서 우리는 주로 내국인이 아니라 '외국인과 소통할 때' 영어를 사용할 것입니다. 외국인과 소통할 기회는 생각보다 많습니다. 이제까지 거의 없다고 느꼈던 이유는 사실 영어를 못했기 때문입니다. 특히 인터넷이 발달하자 기회가 폭증했습니다. 영어는 인터넷에 글을 올리고, 인터넷 글을 읽고, 외국인과 채팅을 하고, 한국에 방문한 외국인을 상대하고, 외국에 나가서 외국인을 상대할 때 사용할 것입니다.

한국어의 쓰임이 줄어들 때는, 소통의 총량이 한정된 상태에서 '제로섬게임'일 때 영어를 쓰면 그만큼 한국어는 덜 쓰게 됩니다. 그런데, '그 세상'에서는, 소통의 총량이 전보다 늘어납니다. 즉 내국인과의 소통에 '더해' 외국인과의 소통이 늘어납니다. 그렇다면 한국어 쓰임이 줄어든다고 볼 수 없습니다. 어쩌면 우리는 '나의 소통이란 내국인들과 하는 것'이라는 무의식적 고정관념을 가지고 있는지도 모릅니다. 그것은 자신의 경험상 그랬기 때문입니다. 자신이 영어나 외국어를 못했기 때문입니다. 그래서 만약 자신과 내국인들이 영어를 잘하게 되면, 내국인들과 한국어 대신 영어 소통으로 바뀔 것이라는 상상에 이르게 됩니다. 하지만 그렇지 않습니다. 소통의 전체적 양과 범위가 추가될 뿐입니다. 소통이 늘어나는 변화는 낯설거나 특별한 일이 아닙니다. 역사적으로 인쇄술이 발달하고, 전화기가 생기고, TV가 생기고, 교통수단이 발달하고, 인터넷이 생기고, SNS가 생길 때마다 소통의 양은 급격히 늘어났습니다. 입에서 나오는 말이 많아진 게 아니라, '소통'이 늘어난 것입니다. 채팅을 하는 것뿐 아니라 듣고, 읽는 것도 소통입니다. 영화와 드라마를 보는 것도 소통입니다. 이러한 변화는 소통의 통로인 '링크(link)'의 증가와 같습니다(인맥과는 약간 다른 개념입니다). 영어를 할 수 있게 되면 전반적으로 소통·링크가 '추가로' 생깁니다. 그런 소통·링크의 '증가'가 개인적 성공과 기회의 증가로 이어지기 때문에 우리는 영어를 배우고 싶어 합니다. 그러므로 제로섬게임은 틀린 걱정입니다. 그런데 '그 세상'이 말도 안 되는 판타지가 아니냐고요? 과도한 걸 바라는 게 아닙니다. 실제 지금 유럽이 그 세상입니다. 특히 네덜란드부터 위쪽 북유럽은 더욱 그렇습니다.

어쩌면, 한국인과 같은 외모에 영어는 유창하면서 한국어는 어리숙한 사람들을 보면서, 우리도 그렇게 되지 않을까 하는 걱정이 생길 수 있습니다. 그런데 그런 사람은 모두가 어렸을 때부터 영어 환경에서 또는 영어에 몰입되어 자란 사람입니다. 우리는 지금 '한국에서 평범하게 자란 성인'이 영어를 쉽게 배우는 상황을 가정하고 있는 중입니다. 그러기 위해서는 한국어 겹신과의 타협이 필요합니다. 생각해 봅시다. 만약 늦은 청소년기에 마치 키보드 타자 능력처럼 특별한 조치가 없어도 영어를 습득하고 성인들도 영어를 쉽게 습득할 수 있다면(북유럽이 이렇습니다), 누가 엄청난 돈을 들여서 아이를 조기유학 보내고, 영어유치원, 외국인학교에 보내고, 기러기 가족이 될까요? 영어를 쉽게 배우게 되면 오히려 모국어로서 한국어가 더 강화됩니다.

9

한국어 겹신과 영어 겹신은 서로를 '적'으로 봐서는 안 됩니다. 한국인이 영어를 쉽게 배우고 다수가 영어를 할 수 있게 되면, 한국어 겹신에 오히려 '이익'이 생기는 부분이 있습니다. 한국어 겹신은 내국인에만 머물러 있을 필요가 없습니다. 외국인에게 한국어와 한글이 알려지고 외국인이 배우려 하게 되면 한국어 겹신에 이익입니다. 그것은 외국인과 '소통'이 늘어날 때 더 커집니다. 즉 한국인 다수가 영어를 잘하게 되면, 외국인과 소통이 늘어나고, 한국인이 더 많이 외국인의 눈에 띄고, 한국에 대한 호감이 증가하고, 한국인이 사용하는 한국어와 한글도 외국인에게 더 널리 퍼집니다. 이는 허풍이 아닙니다.

K팝과 드라마 등 K문화가 세계적으로 유행하면서 세계 각국에서 한국어에 대한 관심과 학습열이 급격히 커졌습니다. 한국어 중에 여러 단어가 전파되어 외국에서 쓰이고 있습니다. 이것은 인터넷 같은 소통이 늘어나면서 생긴 변화입니다. 그런데 만약 많은 사람이 영어를 잘하게 되면, K팝이나 드라마 같은 것도 영어로만 만들고 한국어는 안 쓰게 될 것이 걱정인가요? 앞에서 말했듯이 그럴 리 없습니다. K

문화의 인기는 영어를 쓰거나 서구화에 충실했기 때문에 생긴 것이 아닙니다. 한국 특유의 어떤 장점이 인기를 얻은 것입니다. 예를 들어 춤 실력이나 단체 안무나 리듬이나 드라마의 특색 같은 것입니다. K팝에는 과거부터 이미 영어가 많이 들어갔지만, 한국어도 여전히 많이 들어가고, 그래도 인기가 많습니다. 이미 90년대부터 영어가 과도할 정도로 많이 들어갔습니다. 사람들이 영어를 쉽게 습득한다고 해서 영어 가사가 더 늘어나지는 않을 것입니다. 오히려 줄어들 가능성도 꽤 있습니다. 왜냐하면 그때가 되면 영어가 특별하거나 과시할만한 것이 아니기 때문입니다. 물론 가수들이 영어를 잘하게 되면 팬들과 영어로 소통하는 경우가 전보다 늘어날 것입니다. 하지만 그것은 앞에서 말했듯이 외국인과 소통을 더 늘리기 위함일 뿐입니다. 소통이 잘되면 인기를 더 모을 수 있습니다. 물론 평범한 사람들도 국내와 해외에서 외국인과 더 많이 소통함으로써, 외국인들의 호감을 살 것이고, 해외 시장과 무대에 더 많이 진출할 것이고, 국위선양이 커질 것입니다.

한국어는 수출이 가능하고, 이는 한국어 겹신에게 이익입니다. 외국과 소통을 하지 않거나 외국 문물을 전혀 받아들이지 않겠다고 문을 걸어 잠그면, 모든 종류의 수출에 부정적 영향을 끼칩니다. 침범받는 게 두렵다면서 문을 닫으면 밖으로 나갈 수도 없습니다. 과거 우리는 그런 걱정이 유독 심한 편이었습니다. 하지만 문을 열고 보니, 오히려 한국이 더 많이 알려지고 더 이익이었습니다. 1980~90년대의 과도기에는 '개방'이란 말을 많이 썼는데, 그러고 보니 이 단어를 뉴스에서 들은 지도 꽤 오래됐습니다. 사람들의 인지 상태에 영어 겹신이 들어오도록 허용하는 것은 그러한 개방과 다를 바 없습니다. 두려워할 필요는 없습니다. 지금이 조선시대 말기 쇄국정책을 펼치는 시절도 아니고, 왜 한국의 것이 밖으로 나갈 수 있다는 점을 간과하나요?

조선시대 쇄국정책은 딱히 언어라기보다는 주로 문물이나 종교 같은 '문화'가 들어오는 데 대한 거부감 때문이었습니다. 그러면, 다양한 문화적 측면에서 이야기해 봅시다. "외국인과 영어로 소통하면, 그들이 한국어를 배울 동기가 줄어들지 않나?"라는 반박에 대한 대응입니다. 적어도 소통이 늘어나면 한국의 상품, 음식, 각종 문화 등 다양한 분야에서 수출이 더 유리해질 것입니다. 예를 들어 어떤 한국인이 자신의 '생각'을 영어로 표현하게 되면, 그 내용이 세계에 더 잘 퍼집니다. 그러면 그 생각, 아이디어, 문화 겹신의 입장에서는 확실히 이득입니다. 한국어 겹신의 이기적 욕심은 그 이득의 기회를 가로막고 있는 것입니다. 그런 아이디어와 문화의 이익이 과연 한국어 겹신과 '별개'로만 봐야 할까요? 어쩌면 영어로 대화할 수 있게 되면, '어떤' 외국인에게 한국어를 배울 동기가 줄어들 수도 있습니다. 하지만 얼마나 될까요? 그보다는 한국의 것이 더 알려져서 호감이 생기고, 그 연계 작용으로 한국어와 한글에 대한 관심이 증가하는 폭이 더 크지 않을까요? 그래서 '개방'이 필요합니다.

한국어에 대한 관심이 외국에서 커졌다고 하지만, 아직 절대적으로 크다고 보기는 어렵습니다. 저는 한국인의 영어 실력이 늘어나면, 그 결과 점차 '한국어'도 세계에 더 많이 퍼질 것이라고 생각합니다. 우리의 모국어가 영어가 아니라 한국어인 한, 그렇습니다. 영어는 한국문화와 한국어를 홍보하는 기능을 할 것입니다. 물론 전통적 문화만 말하는 것은 아닙니다. 개인들의 수많은 생각들, 아이디어들도 그 방해로 인해 기회가 가로막혀 있었습니다. 그로 인해 한국인의 기상이 억눌려있었습니다. 한국어 겹신은 이제 방해를 그만두고 영어 겹신의 전파(복제)를 허용하고 받아들여야 합니다. 그것은 결국 한국어 겹신에게도 이익으로 돌아올 것입니다. 오히려 환영해야 할 일입니다.

)

학창 시절에 저는 문학 과목은 좋아하는 편이 아니었습니다. 그러다가 얼마 전 소설을 쓰고 싶어서 소설과 시에 관해 공부했습니다. 그 과정은 마치 고등학교 때 국어·국문학 공부를 하던 것과 거의 같다고 느껴졌습니다. 그런데 예상외로, 소설과 시 문학을 많이 읽고 공부를 하고 나니, 소설뿐만 아니라 모든 종류의 글에서 필력이 향상되었음을 느꼈습니다. '국어 공부'의 필요성을 절실히 느낀 순간이었습니다. '나는 한국어를 할 줄 아니까 그저 글로 쓰면 되지'라는 기존의 생각을 반성하게 되었습니다. 이렇게 모국어 공부는 자신의 표현과 생각을 업그레이드시키는 작용을 합니다. 나중에 영어를 배우게 되면 원어민보다 어설픈 면이 있겠지만, 모국어 공부로 업그레이드된 필력과 표현력, 구성력을 점차 영어가 '따라가게' 됩니다. 그래서 모국어와 그 공부가 중요합니다.

한국어에는 특유의 '맛'이 있습니다. 물론 영어나 다른 언어에도 그 고유한 맛이 있을 것입니다. 시를 아무리 잘 번역해도 완전히 같은 느낌으로 만들 수 없는 이유가 이것입니다. 한 언어를 알게 되는 것은 그래서 새로운 세계를 경험하는 것입니다. 우리는 한국어의 세계를 알고 있고, 영어를 알게 되면 영어의 세계를 경험하게 될 것입니다. 게다가 '한글'도 우수합니다. 성인이 영어를 쉽게 배우게 된다고 해서, 결코 모국어가 소홀해지지는 않을 것입니다.

독자에게 말하자면, 자신 안에 들어있는 한국어 겹신을 달래주고 다독여주십시오. 한국어 겹신의 독재는 거부하면서도 한국어 겹신을 존중하십시오. 영어를 잘하게 된다고 해서 한국어에 대한 사랑이 줄어들지 않는다고 생각하십시오. 구체적으로 이렇게 상상해 보십시오. 나중에 자신이 영어를 잘하는 사람이 되었다고 해봅시다. 그렇다 해서 자신이 한국어를 무시하거나 적게 쓰지는 않을 것입니다. 다시 말하지만, 누구나 영어를 쉽게 습득하게 된다면, 더 이상 영어 능력이 이전과 같은 (제1장에서 언급했던) '권력'은 아닐 것입니다. 영어 습득의 과정에 있는 우리는, 나중에 영어를 잘하게 되었을 때도 선민의식을 가져서는 안됩니다. 왜냐하면 그 선민의식은 영어가 한국어보다 훌륭하다는 잘못된 인식을 전제로 하기 때문입니다. 나중에 영어를 할 줄 안다고 해서 한국어를 버릴 수 있다고 생각한다면, 한국어 겹신은 영어를 배우도록 놔두지 않을 것입니다.

우리는 한국어 겹신의 협조가 필요합니다. 만약 방해가 아니라 반대로 도움까지도 받을 수 있다면 영어학습의 최상의 조건이 될 것입니다. 그 도움이 불가능한 것은 결코 아닙니다. 어쩌면 일정 부분, 혹은 사람에 따라서 지금도 받고 있는지도 모릅니다. 모국어와 협조가 잘 이루어지면 유아가 모국어를 습득하는 과정보다 그 후 제2언어 습득이 더 빠르고 쉬운 과정일 수 있습니다. 앞에서 우리는 자아와 한국어 겹신을 디커플링했지만, 한국어 겹신과 영어 겹신은 '호혜적 커플링'이 되면 좋겠습니다. 만약 그렇게 된다면 냉정한 디커플링을 고수하지만은 않을 것입니다.

Chapter 8

영어 구조 습득과 산출

○
○
○

영어는 '구'다
영어 겹신이 맞다고 하는 것이 맞다
생각을 영어로 할 수 있는 방법

영어는 '구'다

드디어 마지막 장입니다. 이 책의 핵심 주제는 영어학습에 '겹신(밈) 이론'을 적용해서 그 특성을 이용해보자는 것이었습니다. 영어 겹신의 복제하려는 지향성을 여러 가지 조건과 측면에서 '만족시키면', 복제가 더 잘될 것입니다. 이것이 겹신을 이용하는 방법입니다. 여기에는 모국어(한국어) 겹신의 방해를 줄이는 것도 포함됩니다(디커플링이 그 첫 단계입니다). 그리고 영어학습에 문제를 일으키는 몇 가지 딜레마에 대해서도 겹신의 지향성을 만족시키는 방향으로 해법을 제안했습니다. 이렇게 영어 겹신이 들어올 수 있는 조건이 마련되고 그 지향성을 만족시키게 되면, 영어 겹신의 지향성이 그 '힘'을 발휘할 것입니다.

그 힘은 학습자가 '어떠한 방법으로든' 영어를 잘 습득하도록 만들 것입니다. 이 말은, 학습자가 어떠한 방법을 택하더라도 영어를 잘 습득한다는 뜻이라기보다는, '자신에게 잘 맞는 영어학습 방식과 자료,

루트를 찾게 된다'는 쪽에 가깝습니다. 이전과 똑같은 자료와 환경에서도 전보다 잘 습득하겠지만, 자신에게 더 잘 맞는 것을 더 잘 찾게 될 것입니다. 왜냐하면, 영어학습에서 가장 좋은 방식과 자료는 '사람마다 다르기 때문'입니다. 성인이 된 후 영어를 잘 습득한 한 유명 가수가 있습니다. 이름은 밝히지 않겠지만, 그는 특히 피트니스와 운동에 진지한 매니아였고, 주로 그 분야에서 소통을 잘하려는 목적으로 영어 공부를 한 것으로 저는 알고 있습니다. 이렇게 사람마다 동기와 계기를 만드는 분야는 다를 수 있고, 그것까지 고려해서 환경이 조성되었을 때 결과적으로 가장 영어 습득이 잘 됩니다. 어떤 사람은 비즈니스 때문에, 어떤 사람은 특정 취향과 취미 때문에, 어떤 사람은 그냥 하고 싶다는 생각이 들어서 결과적으로 영어 습득이 잘 됩니다. 영어 겹신의 '미스터리 한 힘'은 그런 기회도 잘 생기게 만들어 줄 것입니다. 그리고 자신의 현재 상태에서 필요한 교재도 더 잘 찾게 될 것입니다. 너무 신비스럽게 볼 필요는 없습니다. 이미 한국어 겹신이 방해하는 힘만 봐도 미스터리하게 보입니다(제1장 참조). 그 '역'의 힘도 미스터리하게 보일 수 있지만, 대체로 뇌에서 일어나는 주의력과 탐지력, 생각이 바뀌는 것으로 보면 됩니다.

  실제로 한국에서 영어권으로 건너가서 오래 거주해도 영어를 잘 습득하지 못하는 사람들이 있습니다. 이렇게 아무리 좋다는 것을 가져다줘도 '개인 맞춤식 해법'이 더 나은데, 그것을 타인이 정확히 제시해주는 것은 거의 불가능하고, 언어 겹신의 힘으로만 가능할 것으로 보입니다. 이 책을 여기까지 읽고 이해했다면, 그 변화가 일어나게 될 것입니다.

༶

한국어 겹신이 영어 겹신을 배척하는 이유가 '너무 다르기 때문'이라고 설명했는데, 과연 무엇이 얼마나 다른지 살펴봅시다. 발음보다는 문법과 관련해서 살펴보겠습니다.

가장 눈에 띄는 부분은 영어는 '선핵 언어'이고, '어순이 중요한 언어'이고, '주어 탈락이 안 되는 언어'라는 점입니다. 좀 더 쉽게 말하면, 핵심이 앞에 나오고, 단어의 순서가 의미를 결정하고, 주어가 있어야만 한다는 것입니다.

핵심이 앞에 오고 수식어가 뒤에 온다는 것은 문장 내의 연결을 보면 알 수 있습니다. "The kids singing in the classroom are very young."이라는 문장을 봅시다. 동사 'are'는 바로 앞에 있는 'the classroom'과 연결된 것이 아니라, 맨 앞에 있는 'the kids'와 연결된 것입니다. 복수형과 연결되어 'are'가 되었습니다. 그래서 '교실에서 노래 부르고 있는 아이들은 매우 어리다.'가 됩니다. 'are' 앞에 있는 것들은 'the kids'를 뒤에서 수식하는 것들입니다. 그 사이에 있는 것, 즉 '교실에서 노래 부르고 있는' 부분은 빼버려도 문법적으로 상관없는 것입니다(참고로 이 문장에서 'singing' 앞에 'who are'를 넣어도 됩니다). 한국어에서는 그 수식어들이 '아이들'의 앞에 오는데 반해, 영어는 뒤에 붙었습니다.

'the kids (who are) singing in the classroom'은 하나의 '구'(phrase) 입니다(명사구). 하나의 구 안에서 핵어(핵심, head)가 앞에 오는 것입니다. 그런데 'singing in the classroom'도 하나의 구고(분사구), 'in the classroom'도 하나의 구입니다(전치사구). 영어에서 구는 매우 중요하고, 독립적 단위입니다. 책이나 영화 제목 같은 것도 대개 구입니다. 그리고 심지어 문장 자체도 하나의 구로 볼 수 있습니다. 이는 노엄 촘스키가 정확히 말했습니다. 언어는 구-구조 규칙(phrase-structure rule)으로 이루어져 있고, 이것은 문장 단위까지 마찬가지입니다. 흔히 하나의 문장은 구들이 모인 '절'(clause)이라고도 하는데, 촘스키는 그 경계가 무의미하다고 생각했습니다(명칭을 알 필요는 없지만 이것을 'X-바 이론'이라고 합니다). 한 문장도 구와 같다면, 문장에서 핵어는 무엇일까요? 촘스키는 '조동사'라고 보았습니다. 'will', 'don't', 'can', 'must' 같은 것들입니다. 즉, 한 문장은 '조동사구'나 마찬가지입니다. 한 문장에서 가장 중요한 것의 후보는 '동사'인데, 조동사는 동사보다 앞에 옵니다. 게다가 의문문으로 만들면 주어 앞까지 옵니다.

그런데, 의문이 들 수 있습니다. "핵어는 맨 앞에 온다고 해놓고, 조동사 앞에 주어(주어부)가 있지 않은가?"라는 점입니다. 촘스키는 핵어 앞에 그것을 꾸미는 자리가 있다고 보았습니다(명칭을 알 필요는 없지만 이것을 '지정어'라고 부릅니다). 그 자리에는 핵어가 명사인 경우 'a/an', 'the' 같은 관사가 오기도 하고, 형용사가 오기도 합니다. 그래서 명사 앞에 관사나 형용사가 있어도 '명사구'가 됩니다. 조동사 앞에 오는 주어부도 그 자리에 오는 것에 불과합니다. 조동사는 술어부(서술어부)의 핵심인데, 주어부(명사구) 전체가 마치 관사가 들어가듯 그 앞으로 들어가는 것입니다('an apple', 'the apple'에서 관사에 따라 'apple'이 무엇인지가 달라지는 것과 마찬가지입니다). 왜 그렇게 조동사가 중요하느냐면, 조동사로 문장 전체의 의미와 양상이 달라지기 때문입니다. 문장 전체의 뉘앙스, 의도, 시제, 긍정과 부정도 조동사가 결정합니다. 참고로 어떤 평서문에서 조동사가 안 보여도 아예 없는 것이 아닙니다. 동사 안에 'do' 또는 과거 형태로 들어있는 것입니다. 의문문과 부정문에서 그 모습을 드러냅니다. 조동사가 밖으로 나오면 동사는 원형이 됩니다.

더 자세히 이야기하다가는 괜히 어려워질 것 같으므로, 아무튼 제가 강조하고 싶은 중요한 점은, 한마디로 '영어는 구다'라는 것입니다. 정리하면, **영어는 '구'고, 구 안에서 핵심은 맨 앞에 있습니다.** 핵심·핵어는 일관되게 앞에 있다고 생각하고, 다만 주어(조동사와 동사가 핵심이므로), 관사, 형용사는 핵심보다 앞에서 나와서 꾸며주는 '예외'로 보시기 바랍니다. 핵심이 맨 앞에 나온다는 건 '의문문'에서 더욱 명확히 드러납니다. yes/no를 묻는 질문일 때는 조동사나 be동사를 맨 앞으로 옮기고, 'what, why, who, which, where, when, how' 등을 묻는 의문문일 때는 그 목적이 되는·질문의 요지인 의문사가 제일 앞에 나타나고, 그 뒤에 조동사, 그 뒤에 주어가 옵니다("What did you drink this morning?").

그러면, 한국어는 구가 아닐까요? 구를 강조한 이유는, 그 단위가 '독립적 덩어리'이기 때문입니다. 한국어도 굳이 구로 나눌 수 있지만, 그보다 한국어의 특징은 '어절'입니다. 어절은 단어에 조사 또는 어미가 붙어있는 것입니다. "밥을 먹었다 영희가"와 "영희가 먹었다 밥을"처럼 어절의 순서를 바꿔도 의미가 거의 같고 별로 문제가 안 됩니다. 그래서 한국어는 어절인데 반해, 영어는 구입니다. 영어에서도 전치사구 같은 경우에는 꽤 자유롭게 이동할 수 있습니다.

한국어와 달리, 전치사구나 부사 같은 몇몇 경우를 제외하고 영어의 어순은 바꿀 수 없습니다. 왜냐하면 영어는 어순 자체가 의미를 결정하기 때문입니다. 한국어는 어절 안의 조사와 어미가 이미 격과 품사를 알려주므로 순서를 바꿔도 되지만, 영어는 자리(위치, 순서)가 격과 품사를 결정하는 경우가 많습니다. "Man bites dog."(사람이 개를 문다)과 "Dog bites man."(개가 사람을 문다)의 차이를 보십시오. 왜냐하면 영어는 문장 자체가 하나의 짜여진 '구'로 볼 수 있기 때문입니다. 그리고 영어는 한국어와 달리 명령문을 제외하고 반드시 주어가 있어야 합니다. 영어는 핵심(핵어)이 너무 뒤로 밀리는 것을 방지하고 그것을 강조하고자 길어진 주어를 (to부정사구 등으로 만들어) 뒤로 보내는데, 그 대신 'it'이라는 의미상 가주어를 세웁니다. 예를 들어 "It is impossible for him to quit his job."(그의 직장을 그만두는 것은 그에게 불가능하다). 이렇게 영어에 주어가 있어야 하는 이유는 간단히 말해서, 영어가 어순이 중요한 언어이기 때문입니다. 주어가 없으면 '어순 정보'에 의해서 명령문이 되거나 의미가 꼬입니다.

추가적으로, '구동사'라는 것들이 숙어처럼 존재해서 우리에게 꽤 골치를 썩이는데, 그것을 모르면 문법이 꼬이고 해석이 안 되는 경우가 있습니다. 예를 들어 "The dogs are now being cared for by

Mary's family."에서 'for'와 'by'가 왜 연달아 나왔는지 어리둥절할 수 있습니다. 사실 'care for'는 (목적어를) '보호하다·돌보다'라는 의미의 하나의 구동사입니다(종종 '좋아하다'로도 쓰입니다). 그것이 수동태가 되어 '그 개들은 메리의 가족에게 지금 보호받고 있다'라는 의미입니다. 구동사는 그저 '복잡한 의미의 동사 역할을 두세 개의 단어로 풀어서 썼을 뿐 하나의 동사다'라고 생각하는 게 좋습니다.

9

우리의 정신에서 일어나는 '인지적 프로세싱(처리과정)'에 대해 살펴봅시다. 영어에서 구를 독립적 덩어리들로 바라보고 거기서 핵어를 찾는 일은 의미 해석과 산출의 인지적 프로세싱에서 중요합니다. 원어민들은 그렇게 하고 있습니다. 먼저 주어 혹은 주어부가 눈에 들어오거나 귀에 들려오므로, 주어부 안에서 핵어가 되는 명사(동명사 포함)를 찾으십시오. 그리고 그 뒤에 수식어(보충어)가 계속 나오는 도중에 그 핵어를 '유지'하고 있어야 합니다. 그래야 뒤의 동사와 연결할 수 있습니다.

프로세싱에서 한국인의 가장 큰 어려움은 영어의 어순이 대체로 한국어와 반대라는 점입니다. 그것은 영어가 선핵언어이고, 한국어는 후핵언어이기 때문인데, 그래서 '한쪽 관점에서 보면' 차이가 극심해 보입니다. 하지만, 디커플링도 되었으니 이제는 한쪽 관점·입장에서만 보지 말고 떨어져서 바라봅시다. 그리고 '공통점'도 찾아봅시다.

첫 번째 공통점은, 둘 다 처리 과정에서 어떤 '유지'와 '대기'를 해야 한다는 점입니다. 영어에서는 핵어가 먼저 나와서 그것을 유지하고 뒤에 그것과 연결되는 또 다른 핵어가 나올 때까지 대기해야 합니다. 한국어는 어떨까요? "한국말은 끝까지 들어봐야 한다"라는 말이 있듯이, 우리는 기나긴 수식어들을 들으며 뒤에 어떤 핵심적 말이 나올지를 추측하거나 기대하면서 유지하고 대기해야 합니다. 영어와 한국어는 모두 문장이 진행되는 도중 (아무리 영어가 선핵언어라도) 최종적 그림을 확정 짓지 않고 유지하고 대기하는 작업을 합니다. 그런데, 과연 그 차이가 정말로 대단히 클까요? 어쩌면 후핵언어인 한국어를 쓰는 사람들이 유지와 대기 작업을 더 잘할지도 모르는데, 왜 선핵언어인 영어를 들으면서 그것을 못 하고 머리가 아프다고 할까요? 근본적으로는 아마도 한국어 겹신과 결합되어 있거나 방해 작용 때문일 텐데, 구체적으로 보면, 어순을 '너무 일직선의 선형적'으로만 생각하기 때문입니다. 말과 글 자체만 보면 그렇게 보입니다.

하지만 인지적 프로세싱에서 유지와 대기 상태를 감안하면, 일차원이 아니라 2차원이나 3차원으로 볼 수도 있습니다. 예를 들어 단어들을 기차처럼 옆으로 길게 붙이는 게 아니라, 마치 세로쓰기처럼 위에서 아래로 수많은 층으로 나열한다면 어떨까요? 한국어도 세로쓰기를 할 수 있고, 한국어에서 '한'이라는 글자도 알고 보면 ㅎ→ㅏ→ㄴ 으로 이어지는 발음 순서를 아래로 붙인 것입니다(지금은 거의 안 쓰는 '아래아'는 정말로 아래로 붙였습니다). 그런데 우리는 그것을 '한 덩어리'로 취급합니다. 그처럼 발생한 표현의 순서가 그리 중요한 게 아닙니다. 그것을 정신세계에서 어떻게 무리지어 배치하느냐가 중요합니다.

어순이 반대라서 어렵다는 고정관념을 깨버려야 합니다. 1차원적 나열의 외부 물리 세계가 아닌 정신세계(작업기억)에서는 어순이 반대가 아니거나 중요하지 않습니다. 작업기억(working memory)에서 우리는 유지하고 대기하는 보관함 혹은 그림 퍼즐을 가지고 있는데, 그 보관함에 단어들이 하나씩 들어옵니다. 문장이 완성되지 않은 상태에서도 전체적인 그림을 추측할 수는 있지만 확정은 짓지 못합니다. 문장이 끝나야 확정을 짓습니다. 이렇게 유지하고 대기하는 것은 영어나 한국어나 마찬가지입니다. 아무리 영어가 선핵언어라도 뒤에 붙는 수식어구들이 중요하지 않은 것은 결코 아닙니다. 마치 영어로 주소를 쓸 때 우리나라와 반대로 작은 단위부터 큰 단위로 쓰는데, 뒤에 쓰는 큰 단위도 중요한 것과 마찬가지입니다.

만약에 한 문장이 엄청나게 길다면 한국어와 영어의 어순 차이가 더욱 두드러지게 될 것입니다. 하지만 인간의 거의 모든 문장은 그렇게 두드러진 차이를 만들 정도로 길지 않습니다. 길수록 인지적 부담이 커지기 때문입니다. 즉, 한 문장이 끝나지 않은 중간 상태에 발생하는 의미의 차이는 잠깐일 뿐이고 그 사이에 인간은 유지와 대기에 집중하지, 중간까지의 의미가 크게 중요한 건 아닙니다. 예를 들어 한 단어에서도 'ap'까지만 들은 상태에서 'apple'이라고 생각하지 않습니다. 'application'일 수도 있기 때문입니다. 그래서 한 문장은 아무리 일정한 순서로 들어오더라도, 작업기억에서는 하나의 긴 줄이 아니라 거미줄처럼 모여 있는 '원 형태'에 가깝습니다. 그것은 엉성한 형태에서 완성된 형태로 바뀔 뿐입니다.

그 밖에, '명령문에 주어가 없다는 점', '문장의 끝부분을 올려서 말하면 의문문이 된다는 점'도 공통점입니다. 한국어와 영어가 그렇게 많이 다른 건 아닙니다. 철저히 한국어의 관점에서 생각할수록 영어가 크게 달라 보입니다.

참고로, 학계에서 혹시 의심을 할 수도 있기 때문에 보태자면, 학계에서 대세인 것은 사람들은 단어가 들어오는 중에 통사적(문법적)으로 즉각 처리한다는 것입니다. 그래서 들어온 단어들이 중간에 다른 길로 유도해서 오판하게 만들 수도 있습니다(이것을 'garden-path effect'라고 합니다). 그런데 이것은 처리를 '지연'(delay)시키지 않음을 의미합니다. 저는 유지와 대기를 한다고 했지, 지연시킨다(늦춘다)고 말하지 않았습니다. 들어온 정보를 활용하지 않을 이유는 없습니다. 다만 특히 통사적이라기보다는 '의미적으로', 게다가 주로 '구 단위'로, 명제(문장)의 그림이 완성될 때까지 들어온 것을 유지하고 대기한다는 것입니다. 그것은 일차원의 선형적 공간이 아닙니다.

끝으로 이건 약간 부록 같기도 한데, 영어에서 아주 많이 쓰이는데 한국인이 특히 까다로워하는 단어 세 가지에 대해 조금 설명해 보겠습니다. 'get', 'have', 'take'의 의미에 관한 것입니다.

'get'은 약간 '수동적' 의미가 들어있다고 생각하는 게 좋습니다. 형태는 능동이지만 의미적으로는 대체로 수동입니다. 왜냐하면 이것의 중심적·원형적 의미는 '받다'(receive)이기 때문입니다("I got an e-mail.": 메일 받았다 / "I get it.": (받아들이면서)이해한다). "나 오늘 머리 잘랐어"라고 말할 때, 자신이 머리를 스스로 자른 게 아니라면 "I got my hair cut today."라고 말합니다(여기서 cut은 과거분사·수동형입니다). 머리 잘림을 받은 것입니다. "I got sick."(나는 아프다/병에 걸렸다), "I got here."(나는 도착했다) 에서도 내가 어떤 상황이나 공간에 '처하는' 상태이므로 수동적 뉘앙스가 있습니다. 대체로 3인칭 관점이나 신의 관점에서 '이루어지는 것'을 생각하면 좋습니다.

'have'는 그보다 약간 더 능동적입니다. 이것은 사역동사라고 해서 '시키다'와 같은 해석도 있는데, 주어가 '이루어지게 만든다'는 것입니다. 즉 주어의 의지·능동성이 'get'보다 더 큽니다. 예를 들어, "I will have Minsu finish the work."는 내가 민수에게 그 일을 끝내도록 만들 것이라는 의미입니다. "Thank you for having me here."는 초대해 주셔서 감사하다는 의미입니다. 앞서 '머리 잘랐다'의 예문에서 'get/got' 대신 'have/had'로 바꿔서도 많이 씁니다. 그러면 주어의 의지를 좀 더 강조한 뉘앙스입니다.

'take'는 'have'보다도 약간 더 능동적이고 주어의 힘과 의지가 더 많이 담겨있습니다. 'take'의 원형적 의미는 '취하다' 입니다. 주관적으로 골라서 선택할 때, 그리고 '힘들게·공들여' 받아들일 때도 'take'를 씁니다. 예를 들어, "I'll take this."(이걸로 선택할게요), "I can't take it anymore."(나는 더 이상 받아들일 수/참을 수 없어) 또한 흔히 통째로 외우는

'take a class'(수업 듣다)와 'take an exam'(시험 보다)에서도 능동적이거나 힘들게·공들여 받아들임의 의미가 적용된 것으로 보입니다. 주어가 힘이 있기 때문에, 누군가를 데려갈 때도 씁니다. "This bus will take you there."(이 버스가 너를 거기에 데려다줄 거야)

'get', 'have', 'take'는 공통적으로 '가지다'와 유사한 의미가 있는데, 앞에서 본 것처럼, 수동(받다)에서 능동(취하다)으로 이어지는 뉘앙스의 선상에 놓여있습니다. 가끔 이것으로 설명이 어려운 경우도 있긴 하지만, 이것은 중심적이고 원형적인 내용입니다.

영어 겹신이 맞다고 하는 것이 맞다

20세기의 영어학습은 문법 중심이었습니다. 지금도 문법이 필요하긴 하지만, 당시에는 온갖 어려운 전문 용어 같은 것을 가르치며 실용성을 도외시했습니다. 그 후 대중 사이에 실용성에 대한 수요가 커지면서 복잡한 문법을 가급적 제외하고 주로 '따라 하기'식으로 영어학습이 변했습니다. 하지면 여전히 뭔가 부족해 보이고 정답은 나오지 않았습니다. 저는 제6장에서 이 변천 과정을 3단계의 정반합에 비유했습니다. 다만 그것은 주로 전체적인 얼개 파악 위주였고, 이제 그것이 실제적 활용으로 이어지는 부분을 좀 더 보충해 보겠습니다.

어떤 예능과 교양이 혼합된 TV프로그램에서 우리나라의 기존 영어교육을 비판하면서 이런 한국어 문장의 예를 들었습니다. "나는 짜장면 먹을게, 너도 햄버거 먹어라." 이것을 들었을 때 대부분의 한국인은 '감'으로 어색하다고 느낄 뿐, 문법을 분석하거나 '조사' 같은 어려운 용어를 꺼내지는 못한다고 합니다. 마찬가지로 영어를 배울 때 어려운 문법 용어와 규칙을 배울 필요가 없다는 주장이었습니다. 이것은 영어학습 역사에서 1단계를 비판하는 2단계인 것으로 보입니다. 2단계에서는 비트겐슈타인 후기 철학 이후 '언어는 다수의 쓰임(사용)일 뿐'이라는 철학이 기반이 되었습니다. 또한 한 영어교육과 교수도 인터뷰에서 이렇게 말했습니다. "언어의 기준은 원어민이 쓰면 맞는 것이다." 이런 2단계 철학을 바탕으로, 영어학습에서 '원어민 따라 하기'가 점차 대세가 되어갔습니다. 이것은 정답이 원어민들 다수의 생각에, 그리고 그 다수의 사용에 있다는 철학이 바탕이 된 것입니다.

 이것이 올바른 정답일까요? 물론 결과적으로 우리도 원어민처럼 '감'으로 문법 오류를 판단하게 된다면 좋겠지만, 문제는 영어를 학습하는 그 과정에 있습니다. 단지 원어민을 그림자처럼 따라 하기가 정답이 아닐 수도 있습니다. 왜냐하면 그것이 원어민 같은 감을 가지는 목표를 이루는 좋은 방법인지가 의문스럽기 때문입니다. 여기서 어디까지 따라 해야 하는가의 문제, 즉 '복사의 딜레마'가 발생합니다. 반면에 저는 (3단계로) '겹신 이론'을 제안했습니다. 이것은 답이 원어민에게 있는 것도 아니고, 답은 그 언어 겹신에 있다는 것입니다. 다시 말해, 궁극적으로 언어의 기준은 원어민이 맞다고 하면 맞는 것이 아니고, 언어 겹신이 맞다고 하면 맞는 것입니다.

 물론 겹신이 말을 하는 것도 아니고, 직접 물어볼 수는 없습니다. 다만 이기적 복제자의 일종인 겹신의 특성을 감안해서 그 입장과 대답을 추측해 볼 수는 있습니다. 앞에서 틀리다고 한 문장, "나는 짜장면 먹을게, 너도 햄버거 먹어라."가 정말로 틀린 것인지를 물어봅시다. '문법 기준에서' 틀린 점이 있는 것은 확실합니다. 그러면 이 문장을 '쓰면'(사용하면) 안되는 것일까요? 여기에서 언어 겹신의 입장은 조금 독특할 수 있습니다. 이 문장을 문법적으로 완벽하게 고쳐서 사용하는 것보다는 안 좋겠지만, 아예 사용하지 않는 것보다는 나을 수 있습니다. 이 문장도 쓰는 게 그 언어(한국어) 자체를 쓰지 않는 것보다 낫습니다. 왜냐하면 문법적으로 틀린 부분은 일부분에 불과하고, 그 언어를 사용해 줌으로써 적어도 다른 부분의 전파와 복제에 기여했기 때문입니다. 이 점은 제4장에서도 언급했습니다. 'P와 결혼했다'라고 말하려 할 때, "I am married with P"라고 쓰면 문법적으로 틀리지만, 아예 산출하지 않는 것보다는 나으므로, 특히 습득의 과정이라면 가끔 틀린 것이라도 사용하는 것이 겹신 입장에서는 이익이 된다고 보았습니다. <틀리지 않은 것/대강 옳은 영어 문장이면 표출하라>라는 신조에서, '틀리지 않은 것'은 영어 교재나 원어민의 올바른 문장을 따라서 표출할 때 유효하고, '대강 옳은 것'은 자신이 만들어서 산출할 때 유효합니다. 조금 틀린 부분이 있어도 대강 옳은 것의 범주에 포함될 수 있습니다. 왜냐하면 실제 상황에서는 그 말을 쓰더라도 맥락적 소통으로 대개 의미가 통하기 때문입니다.

사실, 우리의 대화를 면밀히 관찰해보면 틀린 문법을 종종 사용합니다. 원어민 사이에서는 그래도 대충 이해하고 넘어갑니다. 대개 기억에도 안 남습니다. 신기하고 약간 괴상한 점은, 원어민들 사이에서는 문법적으로 틀려도 너그럽게 넘어가는 부분도 그 말을 습득하는 외국인이 틀린 문법을 구사하면 오히려 더욱 신경이 쓰이면서 주목하게 된다는 점입니다. 원어민이 그렇게 말하면 '실수로 그런 거겠지.' 혹은 '재미로 그러나?'라고 생각하거나 별생각 없이 넘어가고, 습득 과정의 외국인이 그렇게 말하면 엄격한 잣대를 들이대면서 잘못이라고 생각하는 것 같습니다. 한국어 원어민의 경우를 말하고 있지만, 아마 영어에서도 비슷할 것입니다(조금 덜할 가능성은 큽니다). 다음의 표를 봅시다. 이해하기 쉽도록 한국어 문장을 예로 들었습니다.

S= "나는 짜장면 먹을게, 너도 햄버거 먹어라."(문법적으로 약간 틀린 문장)

언어학습사	중요한 것	물어보는 대상	'S를 써도 되는가?'에 예상되는 대답	S를 쓰면 생기는 메리트
1단계 (문법 이론)	규칙	문법학자	보조사 '도'가 틀렸으므로 쓰면 안 된다.	없음
2단계 (쓰임 이론)	적절한 쓰임	원어민 다수	어색하고 이상하게 들리므로 안 쓰는 게 좋다. 혹은, 쓰면 안 된다.	없음
3단계 (겹신 이론)	겹신의 복제	그 언어 겹신	그 언어의 사용과 전파가 아예 없는 것보다 낫고, 습득 과정일 수도 있으므로 (가끔) 써도 된다.	있음

우리는 S를 사용하지 않는 것이 좋다고 생각하지만, '실제 현실'에서 친구나 어떤 사람이 이 발화를 했다고 하면 대개의 경우에 이해하

고 넘어갑니다. 전체적인 의미가 통했다면 그걸 꼬치꼬치 따지는 게 중요한 게 아니라고 생각합니다. 그런데 직접 의견을 물어보면 S를 쓰는 것에 반대합니다. 왜 그럴까요? S를 쓰는 것은 그들의 입장에서 '메리트'(가치·이익)가 없기 때문입니다. 의사소통을 위해서라면 올바른 말로 고쳐서 쓸 수 있고, 다른 언어로 말할 수도 있고, 심지어 손짓으로 할 수도 있습니다. "침묵은 금이다"라는 말이 있듯이 차라리 말을 하지 않는 게 나을 수도 있습니다. 문법학자 입장에서 메리트가 없는 것은 물론입니다. 하지만, 그 언어 겹신 입장에서는 S를 쓰는 것에도 메리트가 있습니다. 그 틀린 부분만 제외하면 그 언어를 사용하고 전파했다는 점에서 이익이 됩니다. 더구나 심지어 한때 틀린 문법도 나중에는 많은 사람이 사용하면 올바른 것이 되는 경우도 있습니다. '짜장면'도 과거에는 '자장면'으로만 표기하는 것이 옳았습니다. 만약 원어민의 '기존의 사용법'이 절대적 기준이라면, 언어는 변화할 수 없습니다. 그러나 실제로 언어는 조금씩 변합니다. 그것은 겹신의 진화나 변이로 볼 수 있습니다.

우리는 '유창성'(fluency)을 중요하게 생각합니다. 영어를 배우는 한국인들이 부족한 부분이 특히 이것입니다. 그런데 유창성은 문법적으로 틀림이 없음으로만 평가하는 게 아닙니다. 문법적으로 틀린 것이 약간 있어도 '말을 많이 하게 되면' 유창성이 높다고 평가됩니다. 그로 인해 문법 오류가 희석되기도 합니다. 침묵하는 것보다 그게 훨씬 낫습니다. 유창성은 특히 그 언어 겹신의 입장에서 메리트가 있고, 그 언어를 학습하는 사람들의 목표도 그것입니다.

결론적으로, 우리는 무엇을 택해야 할까요? 무엇이 옳은 것일까요? 원어민에게 물어보는 게 맞는 것일까요? 아닙니다. 그 언어 겹신의 입장에 따라야 합니다. 원어민은 언어 겹신의 입장만이 아니라 자아, 성격, 온갖 문화적 배경을 종합해 자신의 의견을 말합니다. 그 언어 겹신의 입장에 따라야 하는 이유는, 특히, '실제 현실'에서는 원어민들도 언어상의 실수를 종종 하고, 너그럽게 넘어간다는 점입니다. 실제 행동에서는 마치 언어 겹신의 입장을 따르는 것 같습니다. 그들의 의식적 판단과는 다른 것입니다. 즉 언어의 '실제적 usage(쓰임·사용)'는 원어민들의 '의식적 판단의 usage'보다 폭이 넓습니다. 왜냐하면 언어는 문법만 중요한 게 아니기 때문입니다. 실제 상황에서는 다양한 방식으로 언어를 사용하고 다양한 정보를 활용해서 소통하기 때문입니다. '실제적 usage'가 언어의 참모습입니다. 그래서 원어민에게 물어보는 게 아니라, 언어 겹신이 맞다고 하는 것이 맞습니다. 우리가 눈치를 봐야 할 대상은 원어민이 아니라 영어 겹신입니다. 그럴 때 오히려 원어민과 동등한 언어 능력을 가질 수 있습니다. 저는 제2장에서 언어 겹신은 그 사용자보다 (어떤 측면에서) '상위자'임을 설명한 바 있습니다. 아무리 원어민 다수라고 해도, 그들은 모두 영어 겹신을 따르고 있고, 다수의 생각은 쉽게 분열됩니다. 그런데 이제까지 우리는 문법학자와 원어민의 눈치를 보면서 두려워서 말을 못 하고 있었습니다.

영어를 학습하면서 발생하는 어려움이 한 가지 더 있습니다. 어쩌면 우리는 '변화'를 두려워할 수 있습니다. 특히 '어떤 변화일지 모르는 변화'는 더욱 두렵습니다. 이것은 원초적으로 생기는 당연한 두려움일 것입니다. 원시시대부터 예기치 못한 갑작스러운 재앙은 언제나 두려움의 대상이었습니다. 물론 풍요로움 같은 좋은 변화가 많이 있지만, 어떠한 변화라도 감지하거나 예상하지 못하는 것이라면 그 자체로 약간 두렵습니다. 예측하지 못한 것은 흔히 통제(control)하지 못한 것처럼 여겨지기 때문입니다.

그러면 '영어 실력이 향상되는 변화'는 어떨까요? 이것은 좋은 것이고 바라는 것입니다. 문제는 이것을 스스로 감지하기가 어렵다는 점입니다. 이것이 '인지적 상태의 능력'의 특징입니다. '신체적 상태'라면, 몸을 눈으로 관찰할 수도 있고, 기기로 몸을 측정할 수 있고, 운동을 함으로써 확인하기가 쉽습니다. 심지어 평소 자기 몸에 대한 스스로의 느낌으로도 알 수 있습니다. 그래서 운동과 연습을 하면서 '점진적인' 변화가 비교적 즉각 느껴지고 알 수 있게 됩니다. 그런데 영어나 학업, 지적 능력 같은 인지적 상태 능력은 시험 점수가 아니면 알 수 있는 방법이 많지 않습니다. 왜냐하면, 신체에는 스스로 상태를 감지하는 신경이 많이 깔려있는 반면, 두뇌 내부를 느끼는 신경은 없기 때문입니다. 더구나 '사회적으로 사용되는 인지적 능력'을 생리적 신경 체계가 감지하고 측정할 수 있을 리 없습니다.

그래서 그러한 인지적 능력은 일반적으로 평소에는 실력의 증가가 느껴지지 않다가, 어느 순간 갑자기 확 늘어난 것을 인지하게 됩니다.

그것은 시험이나 테스트 결과를 통해서도 알 수 있지만, 그뿐만 아니라 '어느 순간 갑작스럽게' 활용을 많이 또는 잘하는 것을 느끼고 자신감이 생기는 상태가 되기도 합니다. 영어뿐 아니라 수학(mathematics) 실력도 마찬가지입니다. 인지적 상태의 능력이기 때문입니다. 평소에 우리는 자신의 영어 실력이 얼마나 되는지를 모르기 때문에, 그리고 변화가 발생하더라도 '갑자기' 느껴지기 때문에, 평소에 불안하고 막막하고 두려울 수 있는데, 노력하는 중이라면 자신이 모르고 있더라도 '의식의 저변에서' 점진적으로 발전이 이루어지고 있다고 생각하는 게 좋습니다. 다만 인지적 상태를 측정하는 신경이 없기 때문에 즉각적으로 감지할 수 없을 뿐입니다. 그러므로 변화를 두려워하지 마십시오.

우리는 단지 공적인 시험(테스트)을 통해서만 자신의 실력을 확인할 수는 없습니다. 시험은 번거롭고 비용도 듭니다. 물론 기관에서 요구하는 조건을 맞추기 위해 시험 응시가 필요하긴 하지만, 사실 토익, 토플, IELTS 같은 시험은 그 시험의 특징에 맞춘 준비가 중요합니다. 그래서 그 점수가 꼭 '실제 영어 실력'을 완전히 알려준다고 할 수도 없습니다. 그게 아니라면, 평소에 우리는 자신의 영어 실력을 어떻게 알 수 있을까요? 혼자서 영어 원서를 잘 읽을 수 있다는 것, 영어가 잘 들리고 이해가 된다는 것으로 판단하는 방법이 떠오릅니다. 하지만, 그 방법은 한계가 너무 큽니다. 왜냐하면 '독해력'은 마치 수능시험처럼 우리의 실제 영어 실력과 다른 경우가 많기 때문입니다. 듣기도 마찬가지입니다. 특히 말하기 능력이 부족한 상태에서 듣기 능력은 한계가 큽니다. 듣기 능력은 말하기 능력과 함께 연합해서 시너지 효과로 상승됩니다. 그래서 '말하기 능력'을 빼놓을 수 없는데, 이것을 알려면 원어민과 실제 대화를 해보면 좋을 테지만, 실제로 그럴 기회는 적습니다. 그리고 실제 긴장하거나 어색해서 말이 잘 안 나온다고 해서 그것이 과연 자신의 정확한 영어 실력인지도 의문입니다.

그래서 '혼자서' 자신의 영어 실력을 알 수 있는 가장 좋은 방법은 '생각의 차원에서 영어를 활용하기'입니다. 영어가 얼마나 떠오르는가, 영어로 생각할 수 있는가 하는 점입니다. 수학이나 다양한 지식 분야에서도 시험을 보지 않고도 자신의 실력을 알 수 있는 방법은 생각으로 떠올릴 수 있는가 하는 점입니다. 만약 생각의 차원, 의식의 공간에서 영어를 잘 사용할 수 있게 된다면, 그것은 영어를 잘하는 것입니다. 이를 통해 실제 자신감도 생깁니다. 하지만 그것은 쉽지 않은 일인 것 같습니다. 그에 도움이 되는 방안이 다음에 소개될 것입니다.

생각을 영어로 할 수 있는 방법

　공적 테스트 성적 이외에 자신의 영어 실력을 파악할 수 있는 가장 좋은 방법은 생각의 차원에서 영어를 잘 쓸 수 있는가를 스스로 점검해 보는 것입니다. 그런데 사실 이건 상당히 가혹한 기준이기도 합니다. 학교 영어 점수가 높을 수도 있고, 토익 성적이 높을 수도 있고, 영어 원서도 꽤 잘 읽는데 단지 영어로 생각을 못 한다고 해서 영어 실력이 낮다고 하는 건 어폐인지도 모릅니다. 물론 그런 증명된 실력을 무시해서는 안 됩니다. 다만 우리는 단지 시험 점수가 아니라 '진정으로' 영어를 잘하고 싶을 것입니다. 그러기 위해서는 공적인 증명서와 별개로, '자기 혼자만 알더라도' 약간 가혹한 기준을 가질 필요가 있습니다. 그것이 영어학습에 더 도움이 될 것입니다. 너무 가혹한 기준을 가지면 자신감이 저하될지 모른다는 우려도 생길 수 있는데, 잠깐은 그럴 수도 있지만, 궁극적으로 이는 자신감을 키우려고 하는 것입니다.

성적증명서의 자신감과 별도로, 또 다른 자신감이 있습니다. 생각을 영어로 할 수 없으면 필연적으로 영어에 궁극적 자신감은 없습니다. 반면에 할 수 있으면, 확실히 궁극적인 자신감이 생깁니다.

'생각의 중요성'이 유용한 또 한 가지 이유는, 이것이 '성격 차이에 따른 불리함'까지 없앤다는 점입니다. 실제 원어민과 대화를 해봄으로써 자신의 영어 실력을 알 수도 있고, 그 과정에서 영어 실력이 늘어나게 됩니다. 꼭 원어민이 아니더라도 영어로 발표를 하거나 누군가에게 말하면서도 그럴 수 있습니다. 문제는 이런 활동이 개인의 성격과 연관이 많다는 점입니다. 활달하고 외향적이고 평소에 말이 많은 사람이 그것을 잘합니다. 그래서 외향적 성격이 외국어 학습에 유리한 점이 있습니다. 그런데 그 정도로 외향적인 사람은 소수입니다. 그뿐 아니라, MBTI로 따지면, 아마 이성보다는 감성적 성격, 즉 T보다는 F가 '약간' 더 유리할 것으로 추측됩니다(즉 E와 F성향이 유리합니다). 소통과 관련이 더 많기 때문입니다. 이렇게 성격으로 인해서 많은 사람들이 불리한데, 생각을 만드는 방식으로 인해 그 차이를 없애고 극복이 가능합니다.

영어로 '생각'을 한다는 것은 의식의 차원에서 영어단어와 문장을 떠올리는 것입니다. 무의식에서 영어를 한다거나 영어로 '사고'하는 것까지 감안할 필요는 없습니다. 제4장에서 언급했듯, 사실 언어와 사고는 별개입니다(사고는 무의식적 인지 과정을 포함합니다). 다만 의식적으로 영어를 잘 떠올릴 때 자신감이 생기고, 그것으로 영어를 잘한다고 볼 수 있습니다. 어차피 그렇게 되면 무의식의 영역인 뇌세포들의 활동은 그에 맞도록 바뀔 것입니다.

영어 교재나 드라마에서 본 영어 문장을 그대로 떠올릴 수도 있을 것입니다. 하지만 자신의 의식에서 만들어서 '생산·산출'하는 것이 진정한 생각이라 할 수 있을 것입니다. 과거에 본 문장을 그 화자·저자와 함께 떠올리는 건 생각을 한다기보다는 단지 회상에 가깝겠지요. 그것도 나쁘지는 않지만, 자신의 생각을 영어로 산출하는 것이 많아야 합니다. 이것은 일종의 '영작'이라 할 수도 있습니다. 우리가 가장 어려워하는 부분이 아마도 이것이겠지요. 단지 입으로 내뱉지만 않았을 뿐, 이것이 가능하다면 영어에 궁극적인 자신감이 생길 것입니다.

그런데 다행히, 우리가 흔히 접했던 영작의 문제와는 매우 다를 수 있습니다. 우리가 어려워하는 영작이란 대개 어떤 한국어 문장을 주고 영어로 바꾸라는 것입니다. 그것은 사실 영작이라기보다는 '번역'입니다. 더구나 그 문장은 자신의 생각이 아니라 '남의 생각'입니다. 통번역의 과정에서는 타인의 문장에 담긴 생각·의미를 파악하고 두 문장의 의미를 일치시켜야 하는 어려움이 발생합니다. 게다가 타인이 사용한 어휘를 자신이 이미 알고 있어야 합니다. 자신의 생각이나 자신이 고른 것을 영어로 산출하는 것이 더 편하고 동기도 큽니다. 영어 습득을 위해서는 번역이 아닌 자신의 생각을 영작하는 과정이 중요한데, 우리는 번역부터 배웁니다. 특히 주로 한국어 방향으로 번역합니다. 그 이유는 아마도 공교육에서 독해를 중시하기 때문일 것입니다. 또 한 가지 개연성 있는 근본적 원인은, 그것이 한국어 겹신에게 이익이기 때문일 수 있습니다. 중세에 오직 라틴어로만 존재했던 성경이 후에 영어, 프랑스어, 독일어로 번역된 것은 라틴어 겹신에게는 손해였지만 다른 언어들에는 이득이었습니다. 아무튼, 영어로 생각한다는 것은 번역이 아닙니다. 종종 번역을 시도해 볼 수는 있겠으나, 그렇지 않은 경우가 훨씬 많습니다.

9

생각을 영어로 할 수 있는 방법은 이 책에서 소개한 방법들에서 뽑아낼 수 있습니다. 즉, 이제부터는 이 책의 내용의 '종합'입니다. 이제까지와 다른 색다른 방법을 제안하는 것이 아니라, 이 책에서 소개한 방법을 종합하면 영어를 스스로 '산출'하는 방안이 됩니다. 그것을 말하기 전에 마음속으로 만드는 것이 영어로 생각하는 방법입니다.

개인이 새로운 문장을 만드는 산출에 대해 놀랍게도 이제까지 학계에서 관심도, 접근도 거의 없었습니다. 그리고 그와 연계되어있는 응용 분야인 학습법과 교수법에서도 마찬가지였습니다. 그랬기 때문에 학습자가 좀처럼 영어로 생각을 할 수가 없었습니다. 제6장에서 기존의 언어학은 산출을 '할 수 있다'에 머물렀을 뿐, 산출이 '원리적으로 좋다'는 것까지는 접근하지 못했다고 말했습니다. 그래서 '이미 존재하는 말', 다시 말해, '이미 저자가 있는 말'을 중시하고 학습했습니다. 학계에서도 그것만 자료로 삼아 연구했습니다. 물론 진정으로 새로운 문장의 창조라면 '시 문학'에서 추구할 수 있습니다. 제가 말하고자 하는 창조적 언어 산출이란, 각 개인이 편집을 하거나 상황맥락과의 다양한 매치(match)를 만들어내고, 그것을 되도록 '많이' 만들어 내는 것을 뜻합니다. 우리가 겪는 실제 상황맥락은 무한히 많고 사람마다 다릅니다.

기존의 것들과 달리, 언어/영어 겹신 이론은 '말을 많이 만들어야 하는 이유'를 설명할 수 있습니다. 사실, 자아와 개체적 입장에서는 '수다쟁이'를 좋아할 합리적 이유가 딱히 없습니다. 기존 언어학의 관점에서도 마찬가지입니다. 하지만 언어 겹신은 (전파와 복제를 위해) 수다쟁이를 좋아하고, 사람이 그러기를 바랍니다. 그래서 영어를 습득하고 싶다면, 다시 말해 영어 겹신을 복제하고 싶다면, 수다쟁이가 되는 것이 좋습니다. 외향적이고 활달한 사람이 유리해 보이지만, 내성적인 사람도 생각의 차원에서 수다쟁이가 될 수 있습니다. 생각의 차원에서 만든 말을 실제 표출하느냐 아니냐는 자아의 선택일 뿐입니다. 언어의 유창성은 사실상 수다쟁이 능력과도 같습니다. 그래서, 생각 없이 곧장 말하는 일부 경우를 제외하면, 대체로 '생각의 차원에서 수다쟁이가 될 수 있을 때' 유창성이 생길 것입니다.

그 방법은 첫째로, 한국어 겹신과 디커플링되는 것입니다. 그것은 이 책을 읽어서 이해하고 그걸 바라면 됩니다. 둘째로, 한국어 겹신의 지배에서 벗어난 영어 겹신의 인지적 공간을 만드는 것입니다. 그 공간도 개인의 사고, 감정과 연결되어 있기 때문에, 한국어로 번역하거나 한국어를 통할 필요는 없습니다(거듭 말하지만, 특정 언어와 사고는 별개입니다). 물론 종종 번역하는 건 자유이고, 한국어로 표기된 뜻을 통해 영어의 의미를 파악하고 공부하는 것도 자연스럽습니다. 다만 한국어로 표기된 뜻을 볼 때는, 그로 인해서 어떤 '사고와 감정'이 생기게 되고,

단지 그것 자체가 영어의 인지적 공간으로 연결되는 것입니다. 한국어와 영어가 직접 연결되는 것이 아닙니다. 말을 만들 때에도 물론 한국어를 거치는 게 아니라, 한국어와 별개로 존재하는 어떤 사고와 감정 그 자체를 곧바로 영어로 표현하는 것입니다. 셋째로, 타인에 의해 발화된 적 있는 영어 문장과 구, 단어들을 상황맥락을 바꿔서 사용하려고 하는 것입니다(변경 말뭉치 전략). 그래서 나만의 영어 활용을 만드는 것입니다. 넷째로, 정답이 하나만 있다는 생각을 버리는 것입니다. 특히 '생각'은 다양한 가능성과 자유로움의 영역이므로, 다양한 선택지가 좋다고 가정할 때 더 많은 것을 만들어 낼 수 있습니다. 다섯째, 머릿속에서 수다쟁이가 되려고 노력하는 것입니다. 지금 상태에서 자신이 아는 단어와 구문에 한계가 있는데, 그것을 활용해서 말을 최대한 많이 만들어보는 것입니다. 만들기가 한계에 봉착하면, 어디선가 들은 문장을 통째로 되새겨도 괜찮고, 똑같은 말을 반복해도 괜찮습니다. 실제로 수다쟁이들은 같은 말을 연거푸 하는 행동도 많이 합니다. 언어 겹신의 입장에서도 침묵보다는 반복이 더 낫습니다. 다만 단지 회상이라기보다는 '생각'이므로, 만들거나 자신의 상황에 적용해 보는 것이 더 좋습니다. 어떤 상황맥락을 먼저 가정하고 그에 따라 어떤 말을 할 수 있을지를 생각해 보는 방식도 좋습니다(예를 들어 호텔 직원과의 대화). '생각'이므로 체면을 차리는 정답만 찾으려고 하지 말고, 다양한 말을 떠올려도 됩니다. 그리고 사실 오히려 예상보다 실제 상황에서 더 다양한 표현과 행위가 허용될 수도 있습니다. '정답은 하나이고 그에 어긋나면 큰일 난다'라고 하는 그 잘못된 생각이 문제입니다.

걱정할 수 있는 부분은, 문법적으로 틀린 문장을 만들어 낼 수 있다는 점입니다. 대개 이것이 두려워서 머릿속으로도 문장을 만들기가 어려웠을 것입니다. 그런데 따져보면 별 문제가 아닐 수 있습니다. 일단, 자신이 아는 어떤 문법이 있고, 그 안에서만 문장을 만들 수 있습니다. 예를 들어 의문문 만드는 법 같은 것입니다. 그런데도 주로 두려워하는 이유는 '혹시 내가 모르는 어떤 문법이 또 있는데 내가 그걸 위반하는 게 아닐까?'라는 점입니다. 과연 또 다른 것이 있을지 모른다는 이유로 침묵해야 할까요? 물론 만들어 낸 문장이 '부분적으로' 틀린 것일 수도 있습니다. 관사를 빼먹는다든지, 전치사를 잘못 쓴다든지, 현재 완료가 자연스러운 곳에서 과거형을 쓴다든지 등의 오류가 발생할 것입니다. 그래도 만들어야 합니다. 특히 요즘은 스마트폰 앱에서 번역 기능이 잘 되어 있어서, 자기 생각이 영어로 안 만들어지면 스마트 기기를 통해 번역한 결과로 도움을 얻고 공부할 수도 있습니다. 생각을 한국어로 잘 만들어서 입력하면 대개 괜찮은 결과를 보여줍니다. 또한 대화형 AI봇도 개발되어 있습니다.

게다가 이것은 실제 표현이 아니라 '생각'일 뿐입니다. 대체로 실제로 말한 것보다 생각은 더 취소하거나 수정하기가 쉽습니다. 사회적 명예가 달린 일이 아니기 때문입니다. 다만, 사람에 따라 어떤 성격은 오히려 실제 표현의 실수 이상으로 '자기 생각 안의 실수'에 매우 민감할 수 있습니다. 이런 성격의 사람들은 대개 자신의 생각에 대한 확신이 클 것이고, 그와 함께 완벽주의일 수도 있고, 걱정이 많은 성격일 수도 있고, 너무 신중한 성격일 수도 있습니다. 그런 사람이라면, 적어도 영어를 학습하는 과정상에서는 '항상 정확한 것만 만들 필요는 없다'라는 생각을 가질 필요가 있습니다. 자신의 생각 속까지 항상 너무 정확한 것만 만들려고 하면 영어로 생각하기가 매우 어렵습니다.

❞

　영어 학습에서 의외로 문제가 되는 부분은 '어떤 말부터 공부하느냐'입니다. 우리는 고등학교 때 어려운 문어체의 글을 읽고 공부했습니다. 아카데믹 코스였기 때문입니다. 그로 인해 실용적인 영어 능력을 갖기는 어려웠습니다. 그런데 회화를 공부하려고 하면, 매체에 등장하는 너무나 다양한 대화들이 있습니다. 거기에는 관용어인지 슬랭(slang)인지 은어인지 모를 것들, 어떤 특정 성격 때문이거나 특정 커뮤니티·써클에 속한 사람들이 쓸 법한 말들이 많습니다. 즉, 어떤 이가 보면 재치 있어 보이지만, 또 다른 사람이 보면 싫을 수 있는 말들입니다. 그것을 자신이 배우고 써야 할까요? 슬랭이나 'get' 같은 말을 많이 쓰면 '회화'가 되고, 딱딱하고 어려운 단어를 많이 쓰면 '격식 있는 말'이 됩니다. 예를 들어 'tell'을 'inform'으로 말한다든지, 'buy'를 'purchase'로 말하는 것입니다. 격식 있는 말을 배우기가 더 어려워 보이지만, 꼭 그런 것만도 아닙니다. 회화에서 각종 구동사, 은어, 관용어 같은 건 우리가 이해하고 외우기가 어려울 수 있습니다. 그래서 가장 기본적이고 취향의 영향을 덜 받고 쉬운 것부터 배우기 위해, '어린 아이'의 말을 배우려 할 수도 있습니다. 하지만 그래도 문제가 있습니다. 어린아이가 쓰는 말은 과연 모두가 좋아하는 것일까요? 그것만 배우다가 말 그대로 자신이 '유치해질지도' 모릅니다. 재치가 부족해 보일 수 있습니다. 그래서 어떤 말을 배우더라도 흔히 자신의 상황에서 적절하지 않을 수 있다는 단점이 생깁니다.

그 단점을 가장 크게 줄이는 방법이 '자기 생각을 영어로 만들기'입니다. 왜냐하면, 남들, 즉 어떤 써클이나 어떤 성격이나 유치원생들이 쓰는 말이 아닌, '자신이 쓰는 말'을 만들기 때문입니다. 영어로 생각한다는 것은, 자기 마음의 말을 영어로 만든다는 것이고, 그러면 '자신이 쓸 가능성이 큰 말(영어)부터' 배우고 익히게 될 것입니다. 그러면 영어 학습의 동기도 커집니다. 자기가 부리는 방식으로 쓰기 위해 배우고 익히는 것과, 단지 남의 말을 이해하기 위해서 배우고 익히는 건 동기적 측면에서 차이가 큽니다. 전자는 자신의 직접적 힘을 키우고 확장하는 도구를 마련하는 것이고, 후자는 남의 말을 이해하는 수동적 도구에 불과합니다. 전자가 더 기분이 좋고 의욕이 생기고 재미도 있을 것입니다. 마치 후자가 자기가 고를 수 없는 영화를 보게 되는 것이라면, 전자는 자기가 고른 컴퓨터게임에서 캐릭터의 스킬을 키우는 것과도 같습니다. 그러한 동기는 영어 학습에서 선순환으로 이어집니다. 이것이 우리가 영어로 생각을 하려고 노력해야 하는 이유 중 하나입니다. 그래서 이른 시일 내에 자신이 쓸 말이 아니라면 학습 순서에서 그 말은 무시하고 뒤로 미루는 것이 좋습니다. 이는 따져보면 상식적이고 당연한 말이지만, 이것이 의외로 잘 안 이루어지는 원인은 특히 고도의 '읽기'와 '듣기'를 중시하는 경향에서 과도하고 쓸데없는 것까지 한꺼번에 빨리 배우려고 하기 때문입니다. 이른 시일에 고도의 독해력만을 중점적으로 키우겠다는 목적이라면 그래도 됩니다. 하지만 지금 우리는 그런 공교육·아카데믹 목적과는 별개로, 그것으로는 늘지 않았던 근본적(fundamental) 영어 습득에 대해 다루고 있습니다.

심지어, 영어 겹신 이론에 따르면, 타인의 영어를 이해하는 것보다 영어를 산출하고 말하는 것이 더 중요합니다. 즉 듣기보다 말하기가 우선입니다. 왜냐하면 타인의 이미 발화된 말을 이해하는 과정에 비해, 영어를 산출하는 과정에서 영어 겹신이 더 많이 활용되고 증가되고 전파되기 때문입니다. 그것이 영어 겹신 입장에서 더 이익입니다. 그래서 어떤 원어민의 이해하기 힘든 그들만의 커뮤니티 언어를 알아듣지 못한다고 의기소침할 필요가 없습니다. 자신의 산출과 말하기가 우선이고, 그 능력의 향상과 함께 타인의 말을 이해하는 능력이 자연스럽게 향상될 것입니다. 종종 우리는 그들의 말을 이해하지 못해서 한탄하는 것을 넘어 그들과 똑같이 말하지 못한다고 한탄합니다. 하지만 분명한 것은, 그들처럼 말해서는 안 됩니다. 자신의 말을 해야 합니다. 꼭 완전히 새로운 문장을 만들 필요도 없습니다. 앞서 언급했듯이, 동일한 문구를 자유의지로 다른 상황맥락에서 사용하는 것도 편집이자 창조이고 자신의 생각·말이 됩니다(변경 말뭉치 전략). 미디어와 책에 있는 모든 영어는 '남의 생각·말'이고 게다가 '화석'입니다. 그것을 가져다가 자신의 생각을 넣으면, 영어는 '생명력'을 얻게 됩니다. 이것이 영어 습득입니다.

부록

책 속의 핵심 문구들

- **영어 배우기의 목표, 영어를 할 수 있는 상태:**
  영어 중에 일부분만 구사할 수 있되, 창조해서 말을 만들어 낼 수 있을 것.

- 우리의 목표는 사용된 영어를 그대로 따라 하는 게 아니라, 영어 겹신이 복제되어 뇌에 인지적 상태로 들어오는 것입니다.

- 영어 능력을 갖는다는 것은 영어 겹신을 자신보다 상위자로 여기게 되는 것입니다.

- 한국어 겹신이시여, 우리 뇌에 대한 독재는 하지 마십시오. 우리는 독재를 거부하겠습니다.

- 한국어 겹신이 영어 겹신의 방 내부 일에 간섭하거나 지배하거나 영향력을 행사하지 못하게 만들어야 합니다. 그리고 뇌 속의 영어들도 쓸데없이 충돌과 분란을 일으키지 않도록 가급적 모두 그 방 안에 집어넣는 게 좋습니다.

- 영어 겹신의 공간(여지·방·영지)을 마련한다는 것은 빈 공간을 마련하는 것이므로, 빈 공간을 영어가 아닌 다른 것으로 채우려 하지 말고 빈 공간 자체로 놔둬야 합니다.

- 틀리지 않은 것/대강 옳은 영어 문장이면 가급적 표출하십시오.

- **변경 말뭉치 전략:**
  영어 영상이나 말뭉치를 보면서, 혹은 섀도잉하듯 따라 말하면서 그 말을 그 상황맥락에 고정·일치시키지 말고, 가급적 '상황맥락이 다르게 바뀌었을 때' 학습자가 그 말을 쓰기로 합니다. 어떤 상황맥락에서 그 말을 쓸지는 학습자의 자유입니다.

- 영어 겹신의 입장에서는 어떤 말(영어)을 써주기만 하면 되는 것이지, 어떤 상황맥락에서 쓸지는 상관하지 않습니다.

- 자신이 영어의 종자를 보관하는 노아가 되어 보세요.

- 영어를 공부한다는 것은 사회적으로 객관적인 것을 공부하는 것입니다.

- 영어 표현에 최상이란 존재하지 않습니다. 모범답안은 없습니다. 모든 영어는 각자 개인의 서투른 조립일 뿐입니다.

- 편집을 통해 문장 자체를 다양하게 만들 수 있을 뿐 아니라, '동일한 문장'을 상황맥락에 따라 다르게 쓰는 것도 편집이자, 창조입니다.

- 어떤 문제 상황에 처했을 때 한 가지 표현만이 답이 아닙니다.

- 자유도가 없는 것은 영어 겹신이 아닙니다.

- 영어 습득의 과정에 있는 우리는, 나중에 영어를 잘하게 되었을 때도 선민의식을 가져서는 안 됩니다. 왜냐하면 그 선민의식은 영어가 한국어보다 훌륭하다는 잘못된 인식을 전제로 하기 때문입니다. 우리는 한국어 겹신의 협조가 필요합니다.

- 영어는 '구'고, 구 안에서 핵심은 맨 앞에 있습니다.

- 조금 틀린 문법이 들어있는 말이라도 사용하는 것이 영어·언어 겹신

입장에서 메리트가 있습니다. 우리가 눈치를 봐야 할 대상은 원어민이 아니라 영어 겹신입니다.

- 창조적 언어 산출이란, 각 개인이 편집을 하거나 상황맥락과의 다양한 매치(match)를 만들어내고, 그것을 되도록 '많이' 만들어 내는 것을 뜻합니다. 우리가 겪는 실제 상황맥락은 무한히 많고 사람마다 다릅니다.

- 영어 겹신 이론에 따르면, 타인의 영어를 이해하는 것보다 영어를 산출하고 말하는 것이 더 중요합니다. 즉 듣기보다 말하기가 우선입니다.

참고 문헌

1. 김덕기, 《영어교육론》, 고려대학교 출판부, 1996.
2. 더글러스 브라운 저, 이흥수 외 6명 옮김, 《외국어 학습·교수의 원리》 제5판, 2007.
3. 대니얼 데닛 저, 신광복 옮김, 《박테리아에서 바흐까지, 그리고 다시 박테리아로》, 바다출판사, 2022.
4. 데이비드 버스 저, 이충호 옮김, 《진화심리학》, 웅진지식하우스, 2012.
5. 루트비히 비트겐슈타인 저, 이승종 옮김, 《철학적 탐구》, 아카넷, 2016.
6. 리처드 도킨스 저, 홍영남 옮김, 《이기적 유전자》, 을유문화사, 2006.
7. 모텐 크리스티안센, 닉 채터 저, 이혜경 옮김, 《진화하는 언어》, 웨일북, 2023.
8. 멜빈 브래그 저, 김명숙, 문안나 옮김, 《영어의 힘》, 사이, 2019.
9. 수전 블랙모어 저, 김명남 옮김, 《밈》, 바다출판사, 2010.
10. 스티븐 핑커 저, 김한영 외 2명 옮김, 《언어본능》, 동녘 사이언스, 2007.
11. 애덤 알터 저, 최호영 옮김, 《만들어진 생각, 만들어진 행동》, 알키, 2014.
12. 조지프 헨릭 저, 주명진, 이병권 옮김, 《호모 사피엔스》, 21세기북스, 2024.
13. 프란스 드 발 저, 황상익 옮김, 《침팬지 폴리틱스》, 바다출판사, 2004.
14. Cook, V. J. & Newson, M., *Chomsky's Universal Grammar An Introduction* (3rd ed), Blackwell Publishing, 2007.
15. Fiske, Alan Page, *Structures of Social Life*, Free Press, 1991.

16 Henrich, Joseph, & Gil-White, Francisco J. "The evolution of prestige: Freely conferred deference as a mechanism for enhancing the benefits of cultural transmission.", *Evolution and human behavior*, 22.3 (2001): 165~196.

17 Saville-Troike, Muriel, *Introducing Second Language Acquisition*, Cambridge University Press, 2006.

18 Van Gompel, R.P.G. & Pickering M.J. "Syntactic parsing", edited by M. G. Gaskell, *The Oxford Handbook of Psycholinguistics*, Oxford University Press, (2007): 289~307.

publisher   instagram

영어가 안 느는 저주를 푸는 해법
: 영어 겹신 이론

초판 발행 2025년 5월 3일
지은이 모기룡
펴낸이 최대석 **펴낸곳** 행복우물 **출판등록** 307-2007-14호
등록일 2006년 10월 27일
주소 a1. 서울특별시 종로구 종로1길 50 더케이트윈타워 B동 위워크 2층
　　　a2. 경기도 가평군 경반안로 115
전화 031-581-0491 **팩스** 031-581-0492
전자우편 book@happypress.co.kr
정가 18,500원   **ISBN** 979-11-94192-27-5(03740)